U0131640

让 我 们 一 起 追 寻

The Battle for Aleppo and
the Remaking of
the Medieval Middle East

NICHOLAS MORTON

THE FIELD
OF BLOOD
血色战场

阿勒颇争夺战
与中世纪中东

〔英〕尼古拉斯·莫顿 —— 著

谭琦 —— 译

社会科学文献出版社
SOCIAL SCIENCES ACADEMIC PRESS (CHINA)

献给玛丽亚和莉亚

目 录

地图一　12 世纪的十字军国家与其邻国

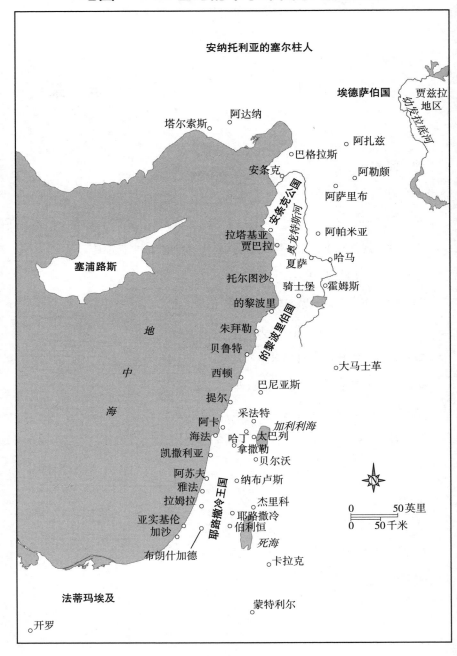

地图二　安条克与阿勒颇的边界地区

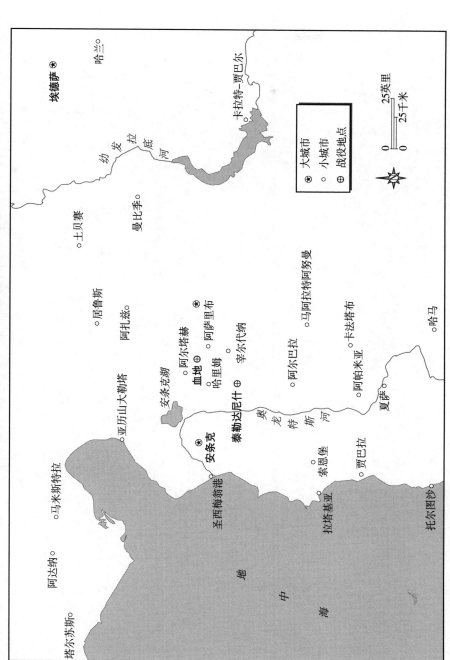

埃德萨 ⊛

哈兰 ○

幼发拉底河

卡拉特-贾巴尔 ○

土贝赛 ○

曼比季 ○

居鲁斯 ○

阿扎兹 ○

安条克湖

阿尔塔赫 ⊛

血地 ⊕

阿尔巴拉 ○

马阿拉特阿努曼 ○

卡法达布 ○

阿萨里布 ○

哈里姆 ○

宰尔代纳 ○

阿帕米亚 ○

哈马 ○

夏萨 ○

亚历山大勒塔 ○

安条克 ⊛

泰勒达尼什 ⊕

奥龙特斯河

马米斯特拉 ○

圣西梅翁港 ○

索恩堡 ○

贾巴拉 ○

阿达纳 ○

拉塔基亚 ○

塔尔苏斯 ○

托尔图沙 ○

地中海

25英里

25千米

0

0

⊛ 大城市

○ 小城市

⊕ 战役地点

序　章

尖叫声响彻贫瘠的荒野，那是一个垂死之人发出的痛苦声音。
奥利费内（Oliferne）的塞尔柱统治者科尔巴兰（Corbaran）在听到
这声惨叫后惊坐而起，将他的谋士和十字军俘虏召集一堂。他要求
这些人仔细聆听，也许那个人会再次尖叫。虽然不知何人发出这等
哀号，但这个陌生人在声音中传出的明显痛苦使他心中充满了怜悯
之情。随后，博韦的鲍德温（Baldwin of Beauvais）——科尔巴兰的
阶下囚——开口讲话。他早已听出了声音的主人是谁。那是他的兄
弟埃努尔（Ernoul）。兄弟二人于第一次十字军东征（也称十字军
东侵）期间在灾难性的西韦托战役（Battle of Civetot）中双双沦为
战俘，但即便分隔日久，他也不会弄错自己的亲人。那个垂死之人
的尖叫声愈发凄惨，然后慢慢远去，好像他正在被拖走。在他的叫
声戛然而止之前，埃努尔还在大声呼求圣尼古拉和圣母玛利亚
降临。

甚至在他们听到远方的尖叫声之前，这一天的情形就已经很奇
怪了。科尔巴兰的塞尔柱军队，连同一小撮被俘的十字军战士，并
非有意来到此地。他们迷失在底格里斯山（Mount Tigris）山坡上的
这片不毛之地，当时一阵狂风吹得空中尘土飞扬，他们晕头转向，
误入歧途。酷热的天气下，他们在一个小果园内宿营。无论塞尔柱
人还是法兰克人都不知道自己到底身在何处，但人人心怀忧虑，知

道是什么使远方的骑士如此痛苦不堪。那是巨龙萨沙纳斯
（Sathanas）。本欲避开其巢穴的他们反而直接撞入了它的狩猎场。

2　　在克制住自己的恐惧之后，鲍德温请求这位俘虏自己的对手允许他前去营救他的兄弟。科尔巴兰拒绝了。他警告鲍德温，就在大山深处有一座很久之前被恶龙摧毁的古城。现在古城已被人类遗弃，成为凶兽盘踞之地，而任何一个头脑正常的人都不会设法进入那些悬崖峭壁与萨沙纳斯正面对抗。

　　但鲍德温依旧坚持己见，科尔巴兰只好不情愿地同意了，给自己的这个俘虏（同时也是朋友）配好了所需的武器。这位塞尔柱领主请鲍德温自己挑选称手的武器，于是鲍德温选择了一副白色锁子甲、一顶头盔、一面盾牌、两把银制柄座的利剑和一支标枪。然后，他向自己在俘虏中的同伴福雷（Forez）主教忏悔，后者祈求上帝保佑鲍德温能活着见到耶路撒冷。他动身向山上走去，身后的塞尔柱人和法兰克人都在为他悲痛，好像他已不在人世一样。

　　鲍德温沿着毁损严重的道路小心翼翼地向群山中走去。他向高处攀爬了好几个钟头，携带的武器沉甸甸地压在身上，使他汗流浃背。在那些荒凉的峭壁上，除了蟾蜍、虫豸和毒蛇之外没有其他活物。快到顶峰时，他不得不手脚并用才爬完了最后一段距离。在山顶上，他把自己交托基督，为即将到来的战斗做好准备，并勇敢地呼喊着恶龙，向它发起挑战，让它出来决斗。然后，他绕过一块大石头，迎面撞上这头猛兽。在狼吞虎咽地吃完埃努尔的尸体后，巨龙昏昏欲睡，那位可怜的骑士只剩下掉落的头颅。

　　当鲍德温走近后，萨沙纳斯猛然醒来，后腿直立，通体鳞甲覆

盖的庞大身肢全部展露无遗。它竖起躯干上的体刺，凶恶的爪子在岩石上划来划去。鲍德温手画十字圣号，高喊着基督和诸位圣徒的名字，将手中的标枪狠狠地投向猛兽。这是英勇的一击，但对这恶魔附体的怪物全无损伤，枪杆一触即断。巨龙怒极狂吼。此时尚在远处的科尔巴兰和法兰克骑士们在听到它的咆哮声后，终于鼓足勇气，决心爬上荒山，以助鲍德温一臂之力。

　　鲍德温与萨沙纳斯展开了殊死搏斗，一时间剑光闪耀，爪影霍霍。鲍德温举起了一把镶嵌着银色十字架的剑，但这头野兽却张颔将其钳住，使其断为两截，并吞下碎片。却见上帝施法，使断剑于恶龙胸中不断生长，几乎爆体而出，凶兽因而痛苦不堪，扭动挣扎。

　　鲍德温见机又将第二把利剑插入恶龙口中。萨沙纳斯猛然一震，附体恶魔化身乌鸦从这头野兽的躯体中飞了出来。剧痛之下，恶龙浑身抽搐，猛扑向鲍德温，打落他的头盔，鲍德温霎时变成一个血人。随后鲍德温挥剑狠狠地砍在了萨沙纳斯的头部，但剑刃只是从其鳞甲上弹回。人与恶龙又陷入搏命厮杀中，直到鲍德温用力一推，把剑撞入猛兽的喉咙，顺势而下，刺入了其坚如磐石的心脏。恶龙当场毙命，而鲍德温也因疼痛和疲劳而倒下。[1]

　　博韦的鲍德温与恶龙萨沙纳斯之间的伟大决斗构成了传奇故事《悲惨之歌》（*Chanson des Chetifs*）的一部分内容，这部作品讲述了一群勇敢的十字军战士在第一次十字军东征期间不幸被俘，身处遥远的异国他乡，不得不在俘获他们的塞尔柱人的看守下自谋生路的故事。这一故事的最早版本见于 12 世纪中期，由十字军国家安条克公国（Principality of Antioch，位于叙利亚北部沿海地区的一大片守卫森严的领土）的亲王雷蒙（Raymond）委托文人所作。《悲惨之歌》虽是一部奇幻作品，但与大多数虚构故事一样，这部作品向目标受众传递了大量信息。

　　这是一种在宴会上传诵的故事，用于宾客酒足饭饱，准备抛下满腹烦心之事去聆听以战争、英雄骑士、神兽和美丽少女为题材的歌咏之际。尽管显贵云集的安条克宫廷无疑会尽享屠龙之逸乐而逃避现实——大概是当听到萨沙纳斯的躯体瘫倒于地时，齐声大喊赞许之意，并敲打着餐桌——但在这个故事中，仍有大量内容深刻地道出他们自己在已知世界边缘的现实生活。

　　安条克公国是第一次十字军东征的产物，这次盛大的军事远征一路披荆斩棘，横跨西方基督教世界（欧洲信仰基督教的地域）、拜占庭帝国（古代东罗马帝国的延续者）和中东地区，于 1099 年征服圣城耶路撒冷。这场远征作战以胜利告终之后，大部分幸存者乘船返回西欧的家园，但仍有一小部分骑士留下来保卫在多年战争中夺取的零星领地。他们的目标是将少数占领的村镇和城市改造成能够独立发展的国家，以保证基督教世界保留和守护近东各处圣地的能力。最初有三个这样的"十字军国家"，围绕着埃德萨、安条克和耶路撒冷这三个城市建立。随着时间推移，以的黎波里城（Tripoli）为中心的第四个十字军国家也建立起来，为其补充了力量。

　　这些早期的定居者顶着最强大的阻力，在险象环生的环境中艰

4

难求索。在创业早年，他们缺少资金、部队、据点、港口、治理机构以及建立一个稳定国家所需的基础设施。他们被语言和风俗习惯都不甚熟稔的邻居所包围，而且他们与新来的十字军战士相处也并不融洽。像博韦的鲍德温一样，援兵对他们来说非常遥远，而他们却试图在陌生的土地上开拓新的社会。在遥远的东方，底格里斯河之外或阿拉伯沙漠对面，存在着……他们未知的事物。他们没有理由不相信许多文化所讲述的故事，即"那里"存在着恶龙或狮鹫等可怕的野兽。他们就生活在传说的边界上。

他们所在的这片土地早已历经数千年的风风雨雨，而如耶路撒冷、安条克或埃德萨之类保障这些定居者（通常被称作"法兰克人"）生存于小块领土上的设防城镇，其历史起源往往可以追溯至希腊或罗马时代，甚至更早的铁器时代或青铜时代。他们的生活场所正是昔日帝国的废墟，就像传奇故事中的萨沙纳斯所居住的古城一样。 5

法兰克人决心扩大并巩固他们逼仄贫瘠的领土，推行了许多政策。他们获得了商业经验，学会了种植甘蔗以供出口，将从中国延伸而来的丝绸之路纳入征税体系，与周边各民族的贸易往来。他们南征北讨、转战各地，在阿拉伯沙漠边缘与贝都因人携手袭掠，在尼罗河三角洲肥沃的农田里与埃及人进退攻拒，在安纳托利亚南部高地围攻塞尔柱人的要塞，在地中海碧波荡漾的水面上与敌军战舰短兵相接。

他们适应了黎凡特（地中海东部地区）世界，习得了新的风俗习惯，开始喜欢吃当地的食物，同时又与当地各民族分享自己的西欧文化。他们在其所做的一切事务中都表现出强大的力量，尤其是在他们的建设工作中：建造了大量的要塞、城防工事、教堂、磨坊、房屋、商店和港口设施。他们是年少轻狂、心高气傲而又心虔志诚的征服者，白手起家，创立新国。

　　在战略层面上，法兰克人对近东的征服基本由两个相互重叠的阶段组成。当参加第一次十字军东征的成员们纷纷回国时，那些留在东方的十字军战士据守着三座重要城市（埃德萨、安条克和耶路撒冷）以及散落在它们附近的城镇。这些城市虽然为未来的十字军国家提供了起点，但就其自身而言，它们孤悬海外且易受攻击。因此，扩张的第一阶段是围绕这些城市建设乡间地区，收服此前未被攻下的卫星城镇，并强化这些城镇的防御能力，还要将足够的农田置于己方控制之下，以提供维持军队所需的食物、资源和税收。这些城镇中最重要的通常都是沿黎凡特海岸串联起来的港口。这些港口对于开启与西欧连通的补给线至关重要，然后西欧便可以提供急需的人力、贸易商品和军队，以保证法兰克人在东方得以生存下去。

　　第一步固然干系重大，但如果十字军国家想要在近东地区立地生根、长久不衰的话，那么成功地开展第二阶段的扩张行动势在必行：征服敌对势力位于阿勒颇、大马士革和开罗的主要权力中心。只有当这些内陆城市中至少有一座（但理想状况下是全部）被他们控制时，十字军才能将国土范围扩大至黎凡特海岸的狭长地带之外。[2] 这是困扰十字军国家统治者数十年的挑战，也是十字军国家能否成功的关键所在，这场斗争最终将决定法兰克人是通过扩张获得地区的主导权，还是被赶入大海。

对于近几十年的学术界来说，人们很容易把十字军国家视作一个注定要失败的事业，从来没有任何真正成功的机会。就我们所知，十字军东征最终确实失败了，十字军国家先是在1187年遭受灭顶之灾，然后于1291年覆灭。可以看得出，法兰克人在数量上始终远不及敌人，不可能在如此困难的局面下长期维持下去。更要指出的是，数百英里的海路将十字军国家与其在西欧的主要补给来源分隔开来。历史学家可以强调东方的陌生感，强调法兰克武将奋力与全地区的异教徒和政治联盟搏杀，最终却陷入盘根错节的大网中无力回天，而他们麾下的士兵和战马则挣扎适应着先前并不熟悉的饮食、气候和疾病。基于这些理由，十字军国家的最终灭亡可以被认为是一个预料之中的结局——十字军的征服行动终归是要失败的，只是早晚而已。

然而，这样的结论从根本上低估了法兰克人距离大功告成竟如此之近。相比之下，本书将要证明，十字军国家是多么地接近于实现他们的目标，即通过完成征服的第二阶段，夺取敌方的都城，从而巩固其在整个近东地区的存在。

在十字军国家建国初期的年代里，来自诸多文明背景的评论家都将法兰克人视作一股不可阻挡的力量，其最终的胜利指日可待。因此，人们不仅远远没有预料到基督教侵略者将会不可避免地被赶回西方基督教世界，而是深切关注，以为阿勒颇、大马士革和开罗等地区首府会被法兰克骑士的浩荡大军吞没。那么，是什么阻挡了法兰克人这一前进势头的脚步呢？他们是从什么时候开始被迫后退的呢？

在任何一场失败的征服战争中，通常都会有两种类型的转折点。第一种是遏止征服者前进势头的关键事件，迫使其从战略进攻转入战略防御。第二种发生在后来的时间点上，当征服者在业已吞并的领土内维系政权的结构性支撑体系被移除或摧毁时，其统治就会全面崩溃。迄今为止，研究十字军东征的历史学家往往把注意力集中在后一种转折点上，试图找出导致十字军大业最终崩溃的时刻。本书提出的问题则迥异于此。为什么他们未能成功？³法兰克人的敌人是如何设法遏止他们在近东地区最初的稳步推进势头，进而阻止他们征服更多内陆地区的？

为了回答这些问题，本书着重关注十字军国家历史上最为艰难的军事斗争之一——1118 年至 1128 年的阿勒颇争夺战。这场冲突实际上终止了法兰克人在北方的前进势头。在之前的几年里，法兰克人一直在叙利亚北部顽强推进，至 1118 年，他们已经蓄势待发，准备夺取阿勒颇的控制权。占领这座要害城市将全面强化他们的地位，使他们拥有可能征服整个地区的资源和战略定位。他们最终未能赢得这场斗争是十字军国家历史上的一个重要转折点，也象征着他们在叙利亚北部扩大统治范围的事业盛极而衰。

在 1118 年至 1128 年这关键的几年中，冲突的步伐无情地加快，每一年的正常作息都被进攻与反攻的反复循环打断。然而，在持续不断的杀戮中，有两次会战决定了整个冲突的进程。第一次较为重要：1119 年，十字军在血地之战中的灾难性失败。这一惨败逆转了法兰克人在叙利亚北部推进的势头，导致各大参战派系之间多年的混乱争战。第二次是 1124 年至 1125 年法兰克-阿拉伯联军尝试围攻阿勒颇的失败。这两个时刻，比其他时刻更能代表十字军征服阿勒颇的计划先胜后败的转折点。这次战略失败代表了法兰克人在近东地区的战略攻势遇到了第一个也是最重要的障碍。

　　本书再现了这一史诗般的会战。前两章的内容首先探讨了第一次十字军东征胜利后十字军诸国的早期崛起历程，以及基督教势力在叙利亚北部阿勒颇地区的稳步发展。第三章则开始讲述围绕阿勒颇展开的大战，特别关注了血地之战这一关键战役，探讨为何基督徒在经过多年稳步发展后败得如此之惨。第四章则转向战役的后果，以及后继的法兰克统治者为重拾昔日的扩张势头，试图在北方重新推行侵略性的军事政策，而继续发起的阿勒颇争夺战。

　　最后一章将这场争夺战置于十字军国家发展历史的大背景下。阿勒颇争夺战是法兰克人最接近征服敌人主要权力中心之一的时刻，但在随后的年代里，冲突仍将继续，后来的法兰克统治者也发动了自己策划的战役，意图夺取大马士革和开罗等其他近东地区的主要都市，然而都没有成功。这一部分内容不仅论述了这些后来的军事冒险——法兰克人试图重启侵略性政策并向内陆推进，而且将为一个更为宏大的问题提供答案，即十字军国家为何最终未能实现征服整个近东地区的战略目标。

　　血地之战以及规模更大的阿勒颇争夺战是一个非常复杂的事件，许多派系卷入其中——法兰克人、塞尔柱人、亚美尼亚人、阿拉伯人和拜占庭人。就像十字军国家的许多战争一样，这一冲突绝不是基督徒与穆斯林对决的简单问题。一个普遍的错误观念是，十字军东征是两大敌对宗教之间的直接决斗。本书所依据的史料提供了一个相当不同的，而且更为复杂的图景。

在鲍德温与恶龙萨沙纳斯搏斗的传奇故事中，科尔巴兰率领的塞尔柱人可能是之前俘虏他的敌人，但他们也是与鲍德温惺惺相惜的朋友，并且在他需要帮助的时候赶了过去。中世纪的近东世界就像这个故事所暗示的那样错综复杂，法兰克基督徒经常发现自己以盟友的身份与不同的民族或宗教团体并肩作战。友谊与联盟的形成跨越了文化和宗教上的鸿沟，倒是信仰同一宗教的信徒间经常相互交战。正如我们将会看到的那样，十字军国家所在的世界无法轻易地被加以分类，敌我双方的界限也很少泾渭分明。

本书将从中世纪近东世界的多样性出发，超越法兰克人的利益去考虑其他参与了血地之战和阿勒颇争夺战的主角的观点。在这些主角之中，塞尔柱人既是十字军最大的对手，也是整个地区的主导力量。和法兰克人一样，他们也是新近来到近东的征服者。在十字军东征前的一个世纪里，游牧的塞尔柱人离开了中亚草原地区的家园，大量向南迁徙。他们向伊斯兰世界发起冲击，征服了伊斯兰哈里发国的大部分地区，并将敢于阻挡其道路的人赶下台。1055 年，他们控制了巴格达，而后又西征叙利亚和贾兹拉（Jazira）①，取代

① 大致相当于现代伊拉克的西北部、叙利亚东北部和土耳其南部。"贾兹拉"在阿拉伯语里的字面意思是"岛"，意指幼发拉底河和底格里斯河将该地区与外界隔开，使之几乎成为一个岛。（本书脚注如无特别说明，均为译者注。）

了统治各大城市的阿拉伯和库尔德统治者。

不久之后，塞尔柱人入侵安纳托利亚（现代的土耳其境内），对伟大的基督教帝国拜占庭发动了一系列攻势。统治拜占庭帝国的希腊人为了抵御这些侵略者，不懈奋战了数十载，但仍然不断地丢城失地。他们最著名的失败是 1071 年的曼齐刻尔特战役（Battle of Manzikert），当时的塞尔柱苏丹阿尔普·阿尔斯兰（Alp Arslan）决定性地击败了一支拜占庭野战军主力，使帝国的防线分崩离析，并为塞尔柱人永久进入该地区铺平了道路。这些战败促使拜占庭人向罗马教廷派出使者，请求后者援助己方对抗这个强大的敌人，这些呼吁恰逢其时地帮助奠定了第一次十字军东征的基础。

当十字军开始于 1097 年穿越安纳托利亚——通往遥远的耶路撒冷的必经之路——他们进入的土地才刚刚落入塞尔柱人的掌控之下不过十数年的光阴。塞尔柱人决心直面法兰克人这一新的威胁，于是他们成为十字军漫长征途中的主要对手。不过，塞尔柱人对抗第一次十字军东征的斗争还因自己阵营内部的深刻分歧而变得复杂化。第一次十字军东征的部队到达时，发现塞尔柱派系正处于一场内战之中，同室操戈使他们无法团结起来对抗来犯的十字军——有些塞尔柱人甚至寻求十字军的庇护。塞尔柱人和法兰克人是近东地区最重要的角力者，在十字军征服耶路撒冷后的岁月里，两方势力将继续为控制近东地区而争斗。

在这一时期，塞尔柱人可能统治了近东的大部分地区，但他们是少数民族统治者，其治下的人口组成广泛而又多元：有阿拉伯人、亚美尼亚人、叙利亚基督徒、库尔德人和许多其他少数民族，这些臣民往往对其塞尔柱主人感到不满。第一次十字军东征的胜利削弱了塞尔柱人对这些民族的统治，鼓励了许多人反抗他们的统治者。这些民族都在围绕血地之战和更宏大的阿勒颇争夺战的历史事件中发挥了各自的作用。他们对瓜分该地区的征服者（无论是法兰克人还是塞尔柱人）并没有多少热爱，相反，引导他们的是于跌宕乱世中谋求自身安全的愿望。这是一个复杂的世界，由多重势力的计划所塑造。有人为上帝而战，也有人为财富或权力而战，但还有许多人只是为了生存而战。

第一章将为血地之战和阿勒颇争夺战的内容做铺垫，回溯第一次十字军东征及其直接后果，探讨法兰克人何以在黎凡特海岸初露峥嵘。

建国双雄：布洛涅的鲍德温与欧特维尔的坦克雷德（1100~1110 年）

第一次十字军东征已落下帷幕，耶路撒冷重归基督名下，13
大多数十字军战士在得胜后返回欧洲。尽管磨难重重，他们的
愿望业已实现。但对于留下来保卫那些在十字军东征期间征服
地域的一小批骑士来说，战斗才刚刚开始。将他们暂时的征服
成果改造为能独立发展的国家，将是一项挑战性不亚于十字军
东征本身的事业。

在腓尼基（Phoenician）沿海地区（黎巴嫩）林木茂密、山高 14
陡峭的深谷之间，布洛涅的鲍德温（Baldwin of Boulogne）此刻寡
不敌众，孤立无援。他的敌人聚集在他的周围，山坡上他们的营地
篝火在依然温暖的黎凡特黄昏里闪烁着。他直接撞入了一个陷阱，
但此前并非对这一状况茫然无知，因为南方有一巨大的战利品在等
着他：耶路撒冷。

他的兄长、圣城前任统治者戈弗雷（Godfrey）离世后，耶路
撒冷就成了鲍德温的囊中之物，但这一机会也意味着他要承担的风

险非同寻常。就在不久前，一个代表团抵达埃德萨——新近建立的、由鲍德温统治的伯国，向他奉上圣城。使者们显然是真心诚意的，但鲍德温绝非唯一的争夺者。其他实力派人物，包括刚被选派的宗主教、圣城内地位最高的教士丹伯特（Daimbert），以及强有力的诺曼武士、近期被攻取的太巴列城（Tiberias）领主欧特维尔的坦克雷德（Tancred of Hauteville）都在考虑别的人选，而且坦克雷德也从未原谅鲍德温在第一次十字军东征期间与他发生了龃龉。更糟糕的是，凛冬将至，各条道路马上将会危险丛生。

在这些因素的刺激下，鲍德温匆忙从埃德萨启程。然而，在旅程中，他对可能会存在另一位声索者的担忧逐渐消退了：他的主要竞争对手，安条克的博希蒙德（Bohemond of Antioch）此刻正在塞尔柱人的地牢里备受煎熬。事实上，当到达安条克公国时，鲍德温信心十足，安排女眷和行李通过海路先期出发，而他则与大队人马选择陆路行进。

鲍德温计划的路线是从法兰克人控制的安条克城出发，顺着沿海道路南下数百英里直趋雅法——目前由耶路撒冷王国的法兰克人控制的唯一港口——然后从那里择道内陆朝圣路线到达耶路撒冷（见地图一）。这是一条漫长而艰辛的道路，穿越崎岖不平的乡村地15 区，其中大部分区域仍在阿拉伯人或塞尔柱人的控制之下。他的小部队被拦截的危险真实存在。不过就在几个月前，他还曾前往耶路撒冷朝圣，并安全返回，所以没什么特别理由认为这次的情形会不同以往。当地的塞尔柱和阿拉伯统治者大多害怕引起法兰克人的攻击，故而不敢阻挠他的通行。

在拜占庭人控制的港口拉塔基亚（Latakia），任何有关这趟旅程能够一路平安的希望都被现实击得粉碎。鲍德温收到情报，塞尔柱敌人们正准备在路途中阻击他。大马士革的统治者杜卡克（Duqaq）——伟大的塞尔柱苏丹阿尔普·阿尔斯兰（Alp Arslan）的孙子——正集结一支军队以拦截鲍德温的小部队。这条情报在鲍德温的随行团队中引发了如此大的恐惧，以至于许多人都可耻地做了逃兵。其他人则佯装病倒。背信弃义者离队后，鲍德温麾下只余160 名骑士和 500 名步兵。当鲍德温一行到达的黎波里（Tripoli）时，严峻的形势越发恶化。该城的阿拉伯统治者渴望赢得法兰克人的好感，他告诉鲍德温，霍姆斯（Homs）城的塞尔柱统治者贾纳·达瓦拉（Janah al-Dawla）已经与大马士革的军队合兵一处。联军现在正朝他的方向开进，以封锁他的行军路线。[1]

鲍德温也许会寡不敌众，但就此撤退将是奇耻大辱。尽管战云密布，他仍大胆前行。从的黎波里出发，他继续向南深入腓尼基地区——黎巴嫩群山与大海之间的一条狭长地带。这是一片风景壮美之地，从山坡上高耸参天的雪松林一直延伸到蓝宝石般闪亮的地中海，植被茂密的深山幽谷里处处香草芬芳，鸟声啼啭。然而，在这个人间伊甸园，鲍德温的敌人正等着他自投罗网，他们的兵力集中在道路收紧之处：位于贝鲁特以北数英里处的狗河（Dog River）①。这是鲍德温行军路线上最容易受到攻击的要害之处。此地易守难

---

① 又称凯勒卜河（al-Kalb），其入海口附近的山崖有 20 余座石碑，碑上刻有楔形、象形、拉丁、阿拉伯等 19 种文字，记载了在黎巴嫩土地上发生过的重大历史事件，因此得名留言崖。

攻。当鲍德温接近此地时，手下探子回报，敌军已在前方不远处将道路封锁。战斗不可避免。

16 　　鲍德温的第一步行动是向敌军守卫之处发动一次试探性的进攻，结果彻底失败。虽然他的部队在这次遭遇战中伤亡不大，但在一天的鏖战之后，他毫无进展，被迫就地宿营。

　　就这样，志在耶路撒冷的鲍德温于大战前的夜晚陷入重围，处于危难的边缘。塞尔柱人占据了东面的高地，而且敌军舰队在北面投放了更多部队，切断了他返回远方安条克的退路。鲍德温被封锁在一个没有水源的狭小空间内。他的士兵开始感到干渴，更严重的是，马匹也是如此。夜里，塞尔柱人持续不断地向鲍德温条件恶劣的营地内射入箭雨，士兵们根本无法入睡。鲍德温的私人牧师沙特尔的富歇（Fulcher of Chartres）彻夜难眠，在自己的帐篷外枯坐了好几个钟头，渴望回到遥远的法兰西。[2]

　　鲍德温的部队犹如夹在锤子与砧板之间任人鱼肉，然而他们的领袖可还没有被击垮。当初，他从法兰西北部一路仗剑直行来到东方，与第一次十字军东征军的勇士们在无数次战斗中并肩作战，几乎赢得了每一场战役。背井离乡后长达四年之久的战事让他更加强硬，能以一位老兵的独到眼光发现战略优势。他对塞尔柱人的武器和战术了如指掌。比如说，他知道塞尔柱人的弓是以兽骨和兽角为材料的长弓体用黏胶整合在一起制成的。塞尔柱人的弓威力巨大，但黏胶一逢下雨就会溶化，变得毫无用处。这一情报在数月前的一场战斗中发挥了决定性作用，当时是在古罗马城市巴勒贝克（Baalbek）附近，他麾下的骑士摧毁了一支塞尔柱人的袭掠队伍。[3]

这一次，他决定利用塞尔柱人最有效的战术，以彼之道还施彼身。天色破晓时，鲍德温的部队就拆除帐篷，开始打通一条返回的黎波里的退路。所有迹象都表明，他们在试图逃跑。他放弃了山谷内的狭窄阵地，设法到达后方一个较为平整的地段。他的敌人嗅到了胜利即将到来的气息，群集在鲍德温的小部队周围，高声呐喊、 17 施放箭矢，而更多的水手则从停靠于近海的船只登岸。塞尔柱人在兴奋之余，离开了高地，开始在较平坦的地势上集结。这正是鲍德温所希望的。突然间，他麾军反身回战，发动冲锋。

基督教世界在这一历史时期的战术基于一项重要优势：重骑兵冲锋。训练有素、身披链甲的骑士们骑着精心饲养的大型战马，成为战场上的决胜者。基督教骑士在冲锋时组成突击阵型，其冲击力可使敌军阵脚大乱；如果能在开阔地上捕捉到敌人，那他们几乎就是不可战胜的。正是这些战术让他们在第一次十字军东征期间取得了许多惊人的胜利。有一回，一支只有 700 名基督教骑士的队伍击败了拥有 1.2 万名战士的塞尔柱大军；这就是重骑兵冲锋的威力所在。[4] 这种战术的诀窍在于诱使敌人将其部队部署在适合这一机动的平地上，而这正是鲍德温在此刻做成的事。

尽管鲍德温所采用的是与他的同时代人在十字军东征期间相同的进攻方式，但他的战术更具创新性。他的对手塞尔柱人是伏击战和"打了就跑"攻袭战术的行家里手。他们的作战方式十分流畅：像一群鸟儿（一位编年史家将他们比作一群"飞燕"）[5] 一样猛扑向敌人，然后迅速撤走。而鲍德温在此时采取了与塞尔柱人相同的战术，佯装逃跑，然后全军转身发出压倒性的一击。结果就是他取得了一场惊人的胜利。虽然双方在人数上对比悬殊，但鲍德温麾下的勇士们在敌人未来得及反应之前就将他们在平地上的部队横扫一空。[6]

对鲍德温来说，这是一场惊天逆转之战，而他的敌人则始料不及地完败。塞尔柱军队的幸存者几乎立刻逃之夭夭，鲍德温在次日返回狗河时发现那里的道路已经畅通无阻。数周之后，他率领这支自身也遭受重创的队伍进入耶路撒冷，并受到热烈欢迎。1100 年圣诞节当日，布洛涅的鲍德温被隆重加冕为耶路撒冷国王鲍德温一世。

一路苦战的耶路撒冷之旅与鲍德温随后的经历相比简直是小巫见大巫。作为一个存在不到两年的国家的新一代统治者，鲍德温在他到达后不久便会面临很多更艰巨的挑战。鲍德温的"王国"内一片混乱无序，他的王座也远非安然无虞。这个"王国"只是由一些杂七杂八的次级城镇组成，而且这些城镇是在第一次十字军东征的最后阶段及其之后被征服的。耶路撒冷城本身的宗教地位弥足珍贵，但其经济却贫穷落后。这座城市位于崎岖不平的山地，远离沿海平原的富饶农田，其控制范围内也没有主要的贸易路线。一来无矿，二来水源不足。城墙外则是土匪的地盘，当旅行者从唯一被法兰克人控制的港口雅法出发，甘冒风险走在蜿蜒曲折的道路上时，往往会遭到袭击。

更糟糕的是，鲍德温的军队兵微将寡。以实用主义者的眼光来看，他的军队甚至不足以抵挡来自耶路撒冷王国邻国的攻击，遑论扩大王国的边界了。他的王国国土面积狭小，四周恶敌环伺，其中最强大的当属塞尔柱人控制的城市大马士革和阿勒颇，以及什叶派

18

穆斯林控制的埃及哈里发国（由法蒂玛王朝统治），这些势力都有能力动员大规模的野战军。除此之外，国王之下的一位主要贵族——欧特维尔的坦克雷德拒绝承认鲍德温的统治权。

鲍德温的生存与否，如他的王国的命运一样，远远没有确定下来，但他的困境是所有新建立的十字军国家的共同特点。位于北方安纳托利亚山区中的埃德萨伯国（鲍德温统治的故地）和叙利亚北部的安条克公国，这些在第一次十字军东征期间创立的基督教国家都面临相同的问题：资源稀缺、强敌环伺和人力不足。然而，这些十字军国家的统治者都已决意既要生存又要壮大，保住第一次十字军东征来之不易的成果。

第一次十字军东征始于1095年，教皇乌尔班二世（Urban Ⅱ）₁₉在法兰西的克莱蒙所做的一场布道启动了这场大远征。在他的演讲中，乌尔班二世怒斥法兰西骑士的贪婪自大和内讧无止，要求他们以上帝之名挥舞刀剑，从而赎免自身的罪恶。他强烈要求骑士们向东方进军，向拜占庭皇帝阿莱克修斯一世·科穆宁（Alexius Ⅰ Comnenus）施以援手，保卫他在安纳托利亚地区东部支离破碎的边疆。更重要的是，他在很多人的心中植入了雄心壮志：夺回耶路撒冷。作为对他们出力的回报，参加十字军东征的骑士们普遍得到了宽恕（具体来说，就是取消他们对所有已告解罪恶的补赎要求），这可是一项宽大的回报。[7]

这场布道得到了山呼海啸般的回应。在此次宗教会议后，随着乌尔班二世巡游法兰西各地，宣扬这一信息，成千上万的武士们参加了这次远征。在早期阶段，那些将十字标识缝到自己衣物上的参加者中，很少有人了解他们将要面对的敌人，或是他们即将进军的土地。一些人说他们是要去攻打撒拉森人（广义上指穆斯林）；大多数人认为他们将与异教徒（一个针对非基督徒的泛称）作战。直到这场远征取得顺利进展后，"塞尔柱人"这个名号才在十字军的行伍之间变得耳熟能详。[8]

随着这场运动的募兵工作加快了步伐，这种狂热情绪席卷了基督教世界的很多地区，并以不同的方式表现出来。在一些地方，犹太人被暴民屠杀（这一行为违背了教会法）。在其他地方，人们看到了古怪的迹象并听到了离奇的预言。成千上万武装好的和没有武装的朝圣者踏上通往东方的漫长道路。

1096 年，一大群散兵游勇在高深莫测的布道者隐士彼得（Peter the Hermit）的领导下聚集在拜占庭帝国都城君士坦丁堡城外。但彼得率领的乌合之众绝非拜占庭人所期望的那种纪律严明的骑士团。"平民十字军"（People's Crusade）的成员无法无天，并且在经过拜占庭的领土时总是惹是招非。实际上，拜占庭皇帝阿莱克修斯对他们的到来大为震惊并迅速将他们打发到博斯普鲁斯海峡（君士坦丁堡与安纳托利亚之间的狭窄航道）对面。在此之后，仅仅数个月之内，彼得的部众就被塞尔柱人在西韦托之战中击溃。

在这次早期的失败之后，君士坦丁堡城外的田野里再次开始驻满了十字军战士，但这些人与上一批十字军的风格截然不同。大体上，这些部队是由高级贵族统领的训练有素的士兵组成。虽然领导人中没有主要的国王，但他们的队列中包括许多显赫的人物：布卢瓦伯爵斯蒂芬［Count Stephen of Blois，他的妻子是征服者威廉的女儿阿黛拉（Adela）］，塔兰托的博希蒙德［大名鼎鼎的诺曼征服者罗贝尔·吉斯卡尔（Robert Guiscard）之子］，以及欧特维尔的坦克雷德（博希蒙德的侄子）；还有布永公爵戈弗雷、图卢兹伯爵雷蒙、韦芒杜瓦伯爵于格（Count Hugh of Vermandois），而未来的耶路撒冷国王布洛涅的鲍德温自然也名列其中。这些统治者和他们的随行部队更符合阿莱克修斯所期待的那种经验丰富的援军形象，但他们的人数如此之多，以至于拜占庭皇帝担心他们可能会趁机袭击君士坦丁堡本身。

这是十字军与拜占庭之间一段剪不断理还乱的关系的开始，并在后来的数十年内依然如此。一方面，拜占庭皇帝需要法兰克人的援助，但他也同样戒惧他们。另一方面，十字军需要阿莱克修斯提供向导和后勤支持，但他们也对在征途中遭受拜占庭民团的袭击深感不满，并对拜占庭人于冷嘲热讽中表现出高人一等的老派风气感到恼火。一个特别棘手的问题是，皇帝要求十字军的将领们向他宣誓效忠，并承诺归还任何他们将来可能会占领的前拜占庭城市。最终，无论是否情愿，大多数十字军领导人被迫宣誓，但拒绝的也大有人在。

坦克雷德作为博希蒙德麾下的少壮派武将，是这些拒绝宣誓的人里最顽固的一位。当拜占庭人催促他宣誓时，他傲慢无礼地宣称，只有皇帝将宫廷内的皇家大帐赐予他时他才会遵从誓言，而且前提是里面装满了黄金。这个粗鲁的要求激怒了阿莱克修斯，他从御座勃然而起，轻蔑地将这个年轻人推到一边。鲁莽放肆的坦克雷 21

德竟然试图对皇帝进行人身报复，但被他的叔叔博希蒙德制服，后者将他狠狠地羞辱一顿，然后强迫他宣誓。[9]坦克雷德不愿向任何人屈服，他的固执和倔强将在未来几年内塑造东方十字军世界的进程中发挥重要作用。

尽管存在这些摩擦，拜占庭皇帝与十字军之间还是形成了一层纽带关系，这种关系足以使他们精诚合作，以达成这次战役行动的第一个目标：收复尼西亚，这座重要的城市于1081年沦丧于塞尔柱人之手。拜占庭人一直想要夺回此城。尼西亚城围攻战成功了；十字军第一批分遣队于1097年5月6日到达该城城墙之外，这座城市于6月19日重归拜占庭的控制之下。

双方的下一目标是尚处于塞尔柱人控制下的雄城安条克。这座一直到1084年还是拜占庭帝国领地的大城位于安纳托利亚地区的南部边陲，成为十字军前往耶路撒冷征途中的一个巨大障碍。从十字军的角度来说，征服安条克固然令人向往，但并非至关重要：此地距离耶路撒冷路途遥远，十字军本可选择绕城而走。然而，对于拜占庭人来说，光复安条克将成为帝国从塞尔柱人手中收复安纳托利亚的这一伟业中的重大进展。

穿越安纳托利亚到达安条克的征途堪称艰辛之至。很多人在这片不宜人居的土地上死于脱水、饥饿和寒冷。尽管在被毁弃的城市多里莱乌姆（Dorylaion，又称Dorylaeum）附近冒险进行的一场激战中遭到挫败，安纳托利亚的塞尔柱人还是反复袭扰十字军的行军队伍。当十字军最终于10月20日到达安条克时，人数已经大为缩减。[10]

尽管历经千辛万苦，在十字军向安条克进军阶段的最后数周里，他们愈发感觉成功的几率在不断增加。征服安条克及周边地域的时机业已成熟。安纳托利亚和叙利亚都是在十数年前才被塞尔柱人占领，当地的阿拉伯人、亚美尼亚人和叙利亚各民族都十分憎恨他们的统治。随着十字军的到来，很多地方首领抓住这次机会揭竿而起，公开反抗塞尔柱统治者；同时，塞尔柱王朝的稳定性由于各地将领之间的对立而更加恶化。塞尔柱帝国的一代英主——苏丹马利克·沙（Malik Shah）在数年前撒手人寰，整个塞尔柱王朝处于内乱的状态。

　　塞尔柱人统治的脆弱性在第一次十字军东征的部队穿越托罗斯山脉（Taurus Mountains）时变得愈发明显。在他们的征途中，一个又一个城市的亚美尼亚裔居民推翻塞尔柱领主的统治，欢迎十字军的到来或向其寻求援助。在这一阶段，法兰克人本来并未意欲永久地控制这些亚美尼亚城市。他们的目的可能是单纯地为围攻安条克进行铺垫，在该城周围开创一片对己友好的领地。然而，这些亚美尼亚人聚居地区的许多民众都已准备好接受法兰克人的统治，这就使长期征服的可能性显现出来。

　　在这一阶段的作战行动中，有两位雄心勃勃的年轻贵族一举成名：欧特维尔的坦克雷德和布洛涅的鲍德温。两人受命各自率领一支移动迅速的小分队去平定十字军行军路线上或附近的各个城市。这两位冒险家最引人注目的成绩是于 1097 年秋天拿下了位于奇里乞亚丰饶沿海地区的主要城市马米斯特拉（Mamistra）和塔尔苏斯（Tarsus）。虽然他们很可能受领导层指示，以十字军整体的名义接收这些城市，但他们显然将征服这些城市视作个人发迹的途径。[11]

在塔尔苏斯和马米斯特拉，坦克雷德和鲍德温为谁有权控制当地而发生了争吵。他们的争执最终升级为一场激烈而血腥的小规模冲突，因为显而易见的是，两人都不愿意向对方让出所有权。在这次丑闻发生之后，鲍德温和坦克雷德在三年多的时间里断绝了往来。他们的下一次相遇发生在遥远的南方，要等到鲍德温前往耶路撒冷继承王位时双方才会再次产生交集。

这次事件后不久，鲍德温就脱离了十字军主力部队。与他同行的伙伴中有一位名叫巴格拉特（Bagrat）的亚美尼亚人，此人在尼西亚围攻战时加入他的麾下。想必是与巴格拉特交谈的缘故，鲍德温被说服向东冒险，举兵朝幼发拉底河进发，进一步深入亚美尼亚人的土地，与当地的基督教贵族结盟，并驱逐塞尔柱守军。征战期间，埃德萨主教代表自己的主人——提奥洛斯（T'oros），埃德萨城主——与鲍德温接洽，寻求后者的援助来对抗塞尔柱人。鲍德温率领一支由 80 名骑士组成的卫队，在埃德萨及其邻近的城镇受到热烈欢迎。[12] 他在稍后一次针对提奥洛斯的叛乱中渔翁得利，成为该城统治者，并顺势建立了第一个十字军国家——埃德萨伯国。[13]

鲍德温忙于在埃德萨开创基业时，十字军主力部队正深陷残酷的安条克围攻战之中。经过 8 个月的对峙——其间法兰克人还击退了两支塞尔柱援军——十字军最后于 1098 年 6 月 3 日攻陷安条克城。根据领袖们之前对阿莱克修斯的誓言，他们有义务将这座城市交还给拜占庭人，但恰恰相反，塔兰托的博希蒙德将安条克据为己有。[14]

　　博希蒙德攫取安条克的依据是该城陷落前不久他从十字军领袖们那里索取的承诺。当时，十字军东征已经处于失败的边缘；他们的军力日渐削弱，而安条克城坚不可摧的防御设施却基本上保持完好无损的状态。雪上加霜的是，他们又刚刚得到情报，第三支塞尔柱援军正在逼近，这支庞大的军队由摩苏尔统治者卡布加（Karbugha）统领。同时，形势已经越来越明显，拜占庭皇帝阿莱克修斯已经抛弃了十字军，任他们自生自灭。在万分绝望、走投无路之下，十字军的领袖们同意了博希蒙德的一项提议：如果他能让十字军攻入城中，他就可以将这座城市归于自己统治之下。

　　6月2日，夜黑风高之时，博希蒙德率领一支骑兵部队离开十字军大营，向远离该城的方向奔驰而去，他希望此举会诱使塞尔柱守军相信他正在挥兵前去迎击接近中的塞尔柱援军，继而放松警惕产生一种错误的安全感。夜深以后，他又率军折返，悄悄地回到安条克城墙下。那里他已事先做了安排，一名内应者放下一挂牛皮绳梯，让十字军战士登上城墙。第一批先登的战士在攀爬的时候不情不愿，生怕中了什么阴谋诡计。但当25名战士登顶之后，剩下的人就急不可耐了，以致绑系绳索的石制护栏都垮塌下来。绳梯因此掉落，几位不走运的攀登者被城墙下的一排木桩刺穿。一想到守军会因为同伴掉落发出的尖叫而惊醒，聚集在安条克城墙顶部的小分队就心惊肉跳。不过，什么也没有发生，遇难者的叫声已经淹没在猎猎风声之中。绳梯随即被重新接上，当60名战士在城墙上集合后，他们袭击了邻近的塔楼，并确保控制住一个后门。十字军就此杀入城中。[15]

24

在安条克沦陷后的血腥余波中，第二个十字军国家——安条克公国诞生了。博希蒙德作为该城统治者的头衔并非无人争抢。在十字军攻取该城两日后，隶属于卡布加的塞尔柱大军的第一批部队抵达城门之外，先前还是围城者的法兰克人此时反倒成了瓮中之鳖。卡布加对十字军重重围迫，于是后者开始断粮挨饿；经过十字军漫长的围城后，这座城市已经完全没有了余粮。很多人弃城逃跑。逃兵中身份最显赫的人当属布卢瓦伯爵斯蒂芬，他在羞愧交加地返回西方基督教世界后颜面扫地。此人后来在妻子的劝说下于 1101 年再次参加十字军东征，为自己赎罪。[16] 最后，在 6 月 28 日这一天，博希蒙德率领留下来的十字军部队走出安条克的桥门（Bridge Gate）。至此，他们已经损失了大部分马匹，饥肠辘辘的基督教军队只能徒步出战，去对抗人数更多、装备更精良的敌军。

通常在马背上作战的塞尔柱人，本应能够在不需要近身肉搏的情况下，向没有战马、行动迟缓的十字军战士施放出阵阵箭雨。然而，博希蒙德在全军上下所贯彻的钢铁纪律，再配上宗教狂热感的加持——如此强烈以至于一些人声称他们在战斗中得到了由圣乔治（Saint George）、圣德米特里（Saint Demetrius）和圣梅古利（Saint Mercurius，224~250）① 所率领的一批白衣骑士的相助——使得基督徒能够保持严整有序的阵型。[17] 十字军在阵前还高举一样法力强

① 基督教圣徒和殉道烈士，在蛮族侵略罗马帝国时率领军队奋勇抵抗，大获全胜。当信仰多神教的德西乌斯皇帝赴神庙献祭时，梅古利缺席不至。皇帝召他入宫，质问他为什么不参加祭神典礼。梅古利坦白表明了自己基督徒的身份后被押解往卡帕多西亚，饱受酷刑，后被斩首。

大的圣物：耶稣受难（Crucifixion）时刺穿他身体一侧的长矛，这件圣物被一个名叫彼得·巴塞洛缪（Peter Bartholomew）的朝圣者于两周前在安条克的圣彼得大教堂（Saint Peter's Church）的地板下发现。虽然并非所有的人都相信这件圣物的真实性，但许多人把发现长矛一事解读为上天眷顾。[18]

相比之下，塞尔柱军营这一边，卡布加则竭力约束手下的众多副帅，其中一些人之前还是他的敌人。[19] 他的军队因为沿着长长的城墙线部署而被分散，与十字军陷入乱战之中，其数量优势在某种程度上被抵消了。[20] 最重要的是，塞尔柱人任由自己被卷入近战之中，结果被十字军重装步兵如砍瓜切菜般杀戮。十字军取得了惊人的胜利，战果如此辉煌以至于很多人坚信这是奇迹。

得胜回城的博希蒙德很快又与图卢兹伯爵雷蒙对峙，后者在究竟谁应统治安条克的问题上向博希蒙德发出挑战。博希蒙德宣称这座城市理应归属自己，但包括雷蒙在内的其他贵族都认为应当邀请阿莱克修斯接管。雷蒙的计划最终受挫，在一番激烈的唇枪舌剑之后，他与十字军的剩余部队向南出发，进击耶路撒冷。

形势愈发明显，十字军领导层开始逐渐分裂成两派：一派无意 **26** 留在东方，只希望完成他们的朝圣之旅后就返回家乡；而另一派，无论是出于宗教虔诚，还是投机心理使然，或者两者兼有之，希望留下来为自己开拓领地。从那时起，随着十字军向南朝着耶路撒冷推进，领袖们开始占领城镇，试图拼凑起一块核心领土，为日后的发展打下基础。在这方面尤为突出的是图卢兹伯爵雷蒙，他殷切希望能在这一地区取得一个立足点，但他的这种尝试一再受到阻挠。

雷蒙所受到的最大羞辱发生在耶路撒冷。那时正值 1099 年夏季，十字军已经沿着黎凡特海岸向南行进。耶路撒冷遥遥在望，他们的目标几乎就要实现了。当十字军誓师出征时，圣城还是塞尔柱人的领地，但当他们正在围攻安条克时，耶路撒冷已经被埃及的法蒂玛哈里发国征服了。

十字军原本对埃及的法蒂玛王朝没有多少敌意。事实上，双方就建立同盟一事的商谈已经进行了将近两年的时间。[21] 当十字军向耶路撒冷进发的时候，他们希望能够说服法蒂玛王朝缔结一项让对方交出耶路撒冷，同时还能与这一重要的地区强权保持友好关系的协议。但谈判破裂了，于是十字军很快就包围了圣城。由此，双方在一段时间内展开了激烈的攻防战，圣城最终于 1099 年 7 月 15 日陷落。耶路撒冷的居民在城陷后经历了残酷的大屠杀——可能多达三千人罹难。[22]

在这座城市经历了可怕的陷落之后，由谁成为其统治者的问题浮出水面。显而易见，由于雷蒙是一个颇具权势且富有的将领，并也愿意留在东方，他是候选人之一。然而，他再次失算，圣城的统治权被授予布永公爵戈弗雷。颜面扫地的雷蒙怒火中烧，在前往约旦河进行了一次朝圣之后很快就离开了。尽管有雷蒙的大发雷霆，而且又一次屠杀与阴谋交织在一起，在此背景下还是诞生了第三个十字军国家——耶路撒冷十字军王国。

此时，十字军国家正初现雏形。北方，是位于安纳托利亚南部崎岖多山地域的埃德萨伯国，也是唯一一没有出海口的十字军国家。

埃德萨伯国的西南方是安条克公国，其第一代统治者塔兰托的博希蒙德大举开疆拓土。而遥远的南方，则是位于沙漠边缘的耶路撒冷王国。

第四个也是最后一个十字军国家则是在数年后由图卢兹伯爵雷蒙建立的，他在创建自己国家一事上屡屡受挫之后终于得偿所愿。一开始，他试图在叙利亚北部的拉塔基亚城及其周边地区划地自立，此举又激怒了博希蒙德，因为拉塔基亚离安条克很近，在传统上就是安条克核心区域的一部分。雷蒙随后又参加了1101年发动的另一次大规模十字军东征，这次行动旨在重现第一次十字军东征的辉煌胜利，但雷蒙的队伍在尝试穿越安纳托利亚的行军途中遭遇灾难性打击。最终，他收整残军并于1103年围攻的黎波里城（位于现代的黎巴嫩北部）。的黎波里于1109年被十字军征服，而雷蒙却早已在城陷的四年前离开人世。即便如此，他在屡战屡败之后面对逆境的顽强决心，为最后一块基督教领土——的黎波里伯国打下了基础。

十字军国家的早期统治者所面临的挑战十分艰巨：不仅人力和资源均显不足，他们新创的头衔，诸如"国王"、"亲王"和"伯爵"也只不过是自己的发明而已，缺乏同类贵族和王室称谓的恒久性和权威感，这种历经数世纪之久才沉淀下来的传统和遗产，却恰恰是他们所亟须的。此外，耶路撒冷王国的统治者布永的戈弗雷在执政一年后就撒手人寰，他的弟弟鲍德温不得不迅速南下，夺权上台。

28 　　这些征服者内部之间也存在分歧。鲍德温于 1100 年圣诞节加冕之后，便再次与欧特维尔的坦克雷德处于剑拔弩张的状态，一如多年之前他们在奇里乞亚的旧事。坦克雷德早已表明态度，他不会承认鲍德温是他的国王；而且为了新近被征服的海法城领主权一事，两人一直争吵不断，这使他们的矛盾日趋激化。[23] 当来自安条克的一个代表团于次年 3 月抵达时，这一有可能引发内战的僵局才最终被打破。安条克的统治者博希蒙德一世被塞尔柱人俘虏，身陷囹圄，安条克的贵族们希望坦克雷德能代替他统治。于是，坦克雷德的上位结束了他与鲍德温的僵持不下。坦克雷德愿意放弃他在耶路撒冷王国内的领地，以便能平稳地获得统治安条克公国的权力。因此，他与鲍德温匆匆和解，然后便动身前往北方。

　　在随后的几年里，这四个十字军国家都面临着来自塞尔柱和埃及邻居的严重军事威胁。这种危险的严重性迫使十字军国家的统治者们通力合作，但他们也从未忘记，自己的基督教同道既是盟友，又是对手。

　　外敌环伺之下，法兰克人在建国初期采取了极为激进的进取型军事策略。这也是战略必要性使然。为了使自己羽翼未丰的王国在面临对手实力远超于己的局势下能维持下去，法兰克人统治者迫切需要土地和城市来提供必要的收入和人力。操作的法则简单明了：要么野蛮扩张，要么被赶入大海。此外，第一次十字军东征的惊人胜利在邻近的塞尔柱统治者之中催生出一种恐惧感，这正好也是十字军急于加以利用的。在 12 世纪最初十年里，耶路撒冷王国和安条克公国频频运用这种恐惧感威吓塞尔柱人，令其纳贡以换取和平。

将恐惧感刻意注入敌人内心是意大利南部诺曼人（坦克雷德的族人）的惯用招数。一位诺曼编年史家记述了这种做法的一个特别有效的例子，故事发生在数十年前诺曼人对拜占庭人控制下的意大利南部地区进行征服的时期。他回忆道，在希腊人围攻一座诺曼城堡的某一刻，他们派出一位骑马的使节去要求守军投降。招呼这位使节的是一位名叫于格的诺曼骑士，他接过使节马匹的缰绳并开始抚摸马鬃。然后他突然发难徒手击打马颈，将这头畜生当场格杀，接着就将其尸体从城堡的城墙上扔下。拜占庭将领们被这种赤裸裸的武力展示吓坏了，以至于他们拒绝告诉自己的士兵发生了什么，因为他们担心士兵们会不愿意参加即将到来的战斗（而他们确实输了这场战斗）。[24] 恐惧可能就是这样一种强有力的武器。

然而，若要保持恐惧的效力常在，就需要通过不断的征服来维持。在南方，鲍德温一世的首要目标就是确保在黎凡特海岸占据尽可能多的港口。这些港口对他的王国的生存至关重要：通过这些港口开辟的与西方基督教世界的海上交通走廊，援军和朝圣者可被输送到东方拉丁世界（Latin East，十字军国家的别称）并壮大这些国家羽翼未丰的军力。而且，这些港口还将使法兰克人在横纵交错于地中海上的商业网络中占有一席之地，通过这些利润丰厚的商路创造税收机会，增进交通往来。

基督教世界的主要海上势力也热衷于在这项事业中为鲍德温提供支持，而且意大利城邦国家如威尼斯、热那亚和比萨均派出舰队来到地中海东部，它们不仅寻求通过参加保卫耶路撒冷的"圣战"

来侍奉上帝，也期望通过在近东建立贸易点来追求自身利益。[25] 因此，在鲍德温一世执政的最初几年，他保持了十字军东征所积聚的势头，攻克了一个又一个港口，包括阿苏夫（Arsuf，1101 年）、凯撒利亚（Caesarea，1101 年）、阿卡（Acre，1104 年）、贝鲁特（Beirut，1110 年）和西顿（Sidon，1110 年）。他还率兵深入内陆拥有肥田沃土的霍兰（Hawran）地区，又向南进入外约旦（Transjordan）地区，积极地扩张自己的疆土。

30　　虽然征服近东的地中海港口对于十字军国家至关重要，但只有摧毁强敌的主要权力中心——开罗、大马士革和阿勒颇——才能真正确保法兰克人可以在这片土地上长治久安。征服这些势力中的任何一个都将毫无疑问地为其他两个势力的立即崩溃铺平道路（见地图一），故而在法兰克人最初巩固其在东方的地位之后的年代里，十字军东征的军事史基本上就是他们不断试图实现这一目标的故事。

　　开罗（以及周围的尼罗河三角洲）是地中海的经济中心。彼时，这座城市处于法蒂玛王朝的控制之下，这个阿拉伯王朝于 969 年征服埃及。理论上讲，法蒂玛王朝的国政大权操于哈里发之手，但到了 12 世纪中期，实际权力已经旁落于哈里发的维齐尔（首席大臣）之手，而后者自身的权威则完全依仗军队的支持。法蒂玛王朝其实属于少数派统治者——他们是伊斯兰教什叶派支脉伊斯玛仪教派的信奉者，但其绝大多数臣民是混居的逊尼派穆斯林、科普特派基督徒和犹太人。法蒂玛王朝的军队非常庞大，但其组成也殊不寻常，核心军团的成员招募自不同的民族，包括亚美尼亚弓箭手、作为骑兵的马穆鲁克（奴隶士兵），以及来自埃及南部边疆地区的步兵。[26] 法蒂玛王朝也格外富有。尼罗河三角洲肥沃的土地为这一地区提供了丰盛的食物，而繁忙的港口城市亚历山大和达米埃塔（Damietta）正好坐落于两条历史悠久的商业要道上：发端自撒哈拉以南非洲的"黄金之路"和起始于中国的"丝绸之路"。因此，拥有埃及会给其征服者带来无法想象的财富，如果再加上十字军现有的地盘，可能足以主宰整个中东地区。十字军对埃及的潜力心知肚明，甚至在征服耶路撒冷之前就有人建议十字军应该先占领埃及，这样埃及的资源就可以为他们征服圣地提供支持。[27]

大马士革位于前黎巴嫩山脉（Anti-Lebanon Mountains）① 以东，是塞尔柱人控制下的一座大城，逊尼派穆斯林在其人口组成中占绝对多数，城周围环绕着浓密的果园。[28] 作为举世闻名的学术中心，大马士革城墙之内矗立着多座图书馆。待到十字军第一次东征时，大马士革虽然仍保持着大城强权的地位，但其辉煌时日已经一去不复返。这座城市的全盛时期是数个世纪前倭马亚（Umayyad）王朝统治的年代，而且城内许多最伟大的建筑，如大清真寺，都是在那时兴建的。尽管其人口缩减，在整个伊斯兰世界中的重要性也大打折扣，但大马士革仍是称霸近东的关键城镇之一。如果法兰克人能将其纳入控制之下，就不单能为己方领土再增添一座重要城市，更能切断埃及与阿勒颇之间的所有交通联系，届时二者的实力都将大

31

---

① 沿黎巴嫩与叙利亚边界由北向南延伸的山脉，与黎巴嫩山脉平行，两山脉之间隔有贝卡谷地。

为削弱。法兰克人同样也认识到征服大马士革的重要性，早在 1100 年，十字军就遣使要求该城投降。[29]

阿勒颇也同等重要。围绕市区的城墙巍峨耸立，七座城门雄踞其间，雄伟的卫城城堡矗立于市中心高丘处，这座城市主导着叙利亚北部的政治格局。博学多识的旅行家穆卡达西（al-Muqaddasi）曾于 10 世纪晚期路过这一地区，对当地居民赞誉有加，认为他们举止得体、生活富足且颇有才华。[30] 它地处幼发拉底河西岸附近，其统治者控制着许多将叙利亚、圣地与游牧部族在伊拉克的核心领土甚至更遥远的波斯连接在一起的河流渡口。因此，阿勒颇的陷落也将阻断塞尔柱人的交通线，这些交通线连接着黎凡特沿海地区的领地与东方国土。阿勒颇也同样富甲一方：作为贸易中心，其市场接纳了来自安纳托利亚、埃及、伊拉克甚至山高路远的印度和中国的商人。征服阿勒颇的意义重大，尤其是对其最近的法兰克对手安条克公国而言——安条克的统治者们几乎立即意识到，阿勒颇既是他们在当地最大的竞争对象，也是他们最紧迫的军事目标。[31] 布永的戈弗雷和另一位十字军指挥官，即布尔克的鲍德温（Baldwin of Bourcq）甚至在第一次十字军东征结束之前就开始讨论如何征服这座城市。[32] 而早在 1100 年，安条克亲王塔兰托的博希蒙德就曾考虑通过兴建围城堡垒来封锁这座城市——这几乎可以肯定是为发动一场正面进攻做准备。[33]

开罗、大马士革和阿勒颇这三座通都大邑，作为十字军的长期战略目标，自法兰克人在黎凡特立足之日起，就在十字军国家的领袖们之间被广泛地认为是必须加以优先考虑的头等大事。在以后的岁月里，一代又一代的法兰克统治者锲而不舍地追求这些目标。如若十字军想要在整个近东地区取得支配地位，就必须攻下这三处要害之地——其城门之前就是决定十字军国家未来命运的战场。

起初，这三座城市均实力雄厚，以至于正面进攻所冒风险太大。第一代十字军既没有尝试攻击阿勒颇，也有意避开了大马士革。耶路撒冷国王鲍德温一世在位期间偶尔会奔袭大马士革的领地，但他没有对该城本身发动强攻；短期内，他不得不专心攻略沿海港口。同样，对埃及开展入侵行动所涉干系重大，也须再三斟酌。

然而，随着时日渐长，十字军已经在叙利亚北部站稳了脚跟，形势愈发明晰：阿勒颇势单力薄。这座城市内斗不断、政治紊乱，使得它容易受到攻击，这很快就引起了安条克的法兰克统治者的注意。角力的舞台已经搭好，各方为争夺这座城市的控制权展开了一场旷日持久的战争，这场战争最终将导致血地之战的发生。

颇有先祖之风的坦克雷德，在执掌安条克公国的军政大权后，就侵略性十足地推进攻取阿勒颇的战略。作为一个强势的鹰派人物，他生来就是为了征服。深刻的信念和精明的机会主义眼光塑造了他好战的天性，这些品质将在后来的岁月里赋予他优势。而且坦克雷德恰是风华正茂之时，与同时代的诸多骑士一样，他将以赫赫功绩充实短暂的一生。在接管安条克的权力时，坦克雷德年仅 25 岁左右，而他并没能活到自己的 40 岁生日。

33

坦克雷德出身于武士世家。他的祖父就是伟大的诺曼征服者罗贝尔·吉斯卡尔，其家族在数十年前攻占了西西里岛和意大利南部。[34] 坦克雷德的叔叔博希蒙德即罗贝尔·吉斯卡尔之子。在地中海南部地区长大成人的坦克雷德，对沿岸一带的各种文化都甚为熟稔。他的家族与拜占庭帝国互为宿敌，但其间他们也曾多次与君士坦丁堡的帝国宫廷开展广泛的外交联络。诺曼人对伊斯兰世界也了如指掌；实际上，西西里在被诺曼人征服之前就曾是伊斯兰世界的领土，而岛上人口的一大部分也是穆斯林。博希蒙德和坦克雷德麾下的部队很可能就包括很多精通阿拉伯语和希腊语的人。[35]

1101 年春，当坦克雷德抵达安条克之时，这个公国的未来还不甚明朗，而且树敌众多。与他在南方的十字军征服者同行一样，坦克雷德也急需肥沃的土地来提供粮食和收入，而且需要港口来开辟与西方基督教世界的往来渠道和贸易路线。他还面临着其他利益相关方对安条克的主权要求：一方面来自拜占庭皇帝——他对十字军攻取安条克之后没有立即将该城交割于他感到愤怒；另一方面来自邻国的塞尔柱统治者——阿勒颇的里德万（Ridwan of Aleppo），他正是该地区的主要权势者。

在被俘之前，博希蒙德就对以上三个战略目标的重要性洞若观火，并在巩固自己地盘的过程中取得了一些成功，尤其是在与阿勒颇军队的作战中。[36] 坦克雷德迅速着手将他叔叔最初取得的成果进一步扩大。他的第一步是引军向北，进入奇里乞亚的肥沃平原。奇里乞亚地区的主要城镇如马米斯特拉、阿达纳（Adana）和塔尔苏斯都在短期内相继落入坦克雷德之手。然后，他又把自己的意志强加于拜占庭控制之下的拉塔基亚，于 1101 年夏天对该城发起一场围攻战，这场战事持续了一年半之久。对这座伟大城市——因古代的高架水渠和倒下的罗马雕像而宏伟壮观——的征服，显然消耗了坦克雷德贫乏的军事资源，但他的豪赌得到了回报，随着该城陷落，坦克雷德终于拥有了一座重要港口。[37]

34

截至 1102 年，坦克雷德的权势崛起如此之快，以至于当他以前的老对手、耶路撒冷国王鲍德温一世在与法蒂玛王朝的埃及军队作战中遭遇惨败后向其求援时，他能够率领一支军队南下来到距离安条克公国边界数百里之遥的耶路撒冷。由于他的强大实力，当他不在的时候，其居城没有受到任何攻击。

在经历了初期的自我巩固阶段之后，安条克公国相比之前更为稳定了。然而，尽管坦克雷德已经大幅扩张了公国的疆域，但他本人统治地位不稳的弱点即将暴露出来。他并不是安条克亲王，只是公国摄政。他的任期将在自己的叔叔博希蒙德脱离牢笼的那一刻结束。因此，坦克雷德对于支付自己叔叔的赎金一事并不热心。他的这种不情不愿被博希蒙德知道得一清二楚，幸运的是，博希蒙德还有其他愿意支付赎金的友方，这促成了其在 1103 年获释。之后他立即重新夺回大权。博希蒙德理所当然地对侄子的行为感到恼火，他归国后不久就剥夺了坦克雷德的大部分土地和资源。[38] 于是，初尝大权在握的感觉之后，坦克雷德不得不再次给自己的叔叔打下手。

尽管彼此之间的关系麻烦不断，坦克雷德和他的叔叔还是出于为公国开疆拓土的目的而一致对外，博希蒙德马上向敌人的边境地带发起一次又一次的猛攻。在大多数情况下，他的猛冲猛打都奏效了。时间来到 1104 年，自身势力已经安如磐石的博希蒙德，在坦克雷德和安条克宗主教的辅佐下，为响应友邻埃德萨伯国的求援之请，率领自己的主力部队跨过了幼发拉底河。

与安条克公国一样，埃德萨伯国的国运也处于快速上升期。当该国第一代统治者布洛涅的鲍德温前往耶路撒冷接受王位时，他将统治权交付自己的亲戚布尔克的鲍德温。后者则证明自己的锐意进取之心不亚于前任。就在一年前，布尔克的鲍德温向南方纵深之处发动长途奔袭，进攻阿拉伯城镇拉卡（Raqqa）① 和卡拉特－贾巴尔（Qalat Jabar）。[39] 此时，他正在图谋野心更大的作战行动。

位于埃德萨伯国南部边陲的名城哈兰（Harran）最近陷入混乱。一个名叫穆罕默德·伊斯法哈尼（Mohammed al-Isfahani）的叛乱头目起兵反抗该城的塞尔柱统治者并一举成功。而后穆罕默德本人又在一场持续很久的酒宴中被自己的副手贾乌里（Jawuli）刺杀。[40] 法兰克人将这场内斗视作绝不可以放弃的大好良机，布尔克的鲍德温集结起埃德萨伯国的军队向哈兰进军，将该城团团围住并请求安条克公国施以援手。博希蒙德和坦克雷德即刻起兵回应，他们的动机不仅仅是出于再一次攻城略地的愿景，也是军情所迫：邻近的塞尔柱统治者索克曼（Sokman）和贾科米什（Jokermish）合兵一处，以求为哈兰解围，而更令人忧心的是，这支大军直奔埃德

① 叙利亚中北部城市，位于幼发拉底河北岸，距离阿勒颇 160 公里。该城历史悠久，为亚历山大大帝在东征波斯帝国渡过幼发拉底河时始建，于 639 年被穆斯林征服。

萨伯国本土而来。双方的调兵遣将遂成为一场大战的导火线。

在这场战役中，索克曼和贾科米什智胜法兰克人。在向埃德萨虚晃一枪后，他们引诱法兰克联军离开哈兰追击己方部队，进而诱使敌军远离边境、深入南方，来到塞尔柱人为他们选择好的战场上。基督徒与塞尔柱人的军队在实力上旗鼓相当，各自拥有一万人左右的兵员，双方于拜利赫河（Balikh River）附近相遇。在基督徒军队的阵营中，博希蒙德占据右翼位置，坦克雷德统领中军，而布尔克的鲍德温则坐镇左翼。[41] 他们麾下的部队装备齐全，以应对塞尔柱人的战术；士兵们排列成紧密的重甲阵型，将盾牌锁紧在一起以抵御塞尔柱人的箭雨，如同古罗马军团的龟甲阵（testudo）一般坚不可摧。[42] 这场会战异常激烈，双方伤亡均十分惨重。尽管如此，塞尔柱人还是能够将基督徒的各路部队分割包围，布尔克的鲍德温的阵线最终崩溃，进而引发了基督徒全军的败退。

基督徒军队的部分问题似乎在于缺乏团结。他们的领袖之间总是发生争吵，而坦克雷德与鲍德温尤为不和。这一矛盾又因亚美尼亚部队的不满而进一步加剧，他们对哈兰围城期间发生的一起事件耿耿于怀。一名法兰克骑士决定好好戏弄一下该城守军。他切开一条面包，向里面排便，然后把这条面包放在哈兰城门之外，看看是否会有饥不择食的居民将其吃掉。这个麻烦制造者可能只认为这是一个令人不快的恶作剧，而亚美尼亚人却认为这种玷污面包的行为罪孽深重。[43] 从这时起，亚美尼亚士兵之间就弥漫着一种认定这支军队必遭厄运的想法，军中士气低沉。

十字军于 1104 年 5 月 7 日这天在哈兰所遭遇的失利是一次惨

36

败。战败后残余的部队远离友好势力的领土，不得不长途跋涉才能到达安全之地。埃德萨伯爵布尔克的鲍德温在作战中被俘，而更多的士兵则在泥泞的撤退道路上丧生。滂沱大雨使路面化为泥浆，基督徒士兵被迫丢弃行李和较为沉重的武器以求逃得一命。

当蓬头垢面的幸存者们灰溜溜地退回埃德萨伯国边境时，法兰克人的众多死敌抓住机会竞相攻打安条克和埃德萨。安条克公国在奇里乞亚的领地群起反叛，而一支拜占庭舰队重新夺回拉塔基亚。塞尔柱人更是急于乘胜追击。索克曼大肆劫掠被基督徒丢弃的辎重车队，用他们的武器和军服武装自己的士兵，然后率领伪装好的部队在法兰克大旗下向安条克公国的边境开拔，顺势攻取了数座城堡。[44]

对于法兰克人来说，哈兰战役及其后果令人痛心地凸显了一系列至关重要的战略教训。第一个教训是，如果十字军想要生存下去，他们就必须精诚合作。沙特尔的富歇就内部争吵一事严厉批判了那些战败的法兰克人，并认定这一点是灾难的主因。[45]第二个教训是，这场战役将法兰克人在叙利亚危如累卵的态势暴露无遗。此等程度的失败绝不可等闲视之，因为这并不单单是一场边疆常态中的短兵相接。借助那些穿越贾兹拉地区来到幼发拉底河以东的无数土库曼部落，塞尔柱人可以在一场失败后相当迅速地召集新的部队，但法兰克人并没有同等体量的人力资源供其挥霍。[46]如果失去他们的军队，法兰克人就只能依靠剩余的士兵勉强度日，直到新的生力军从耶路撒冷或者西欧赶来。第三个教训是，法兰克人统治着多个不同的民族，这些臣民对法兰克政权的忠诚或默许是基于法兰克人提供安全保障的能力，而对于那些更加叛逆的人来说，顺从的前提是铁腕控制的力度。真正的危险在于，一次重大的失败可能会引发叛乱和入侵的多米诺骨牌效应，最终将法兰克人逼入大海。

　　法兰克人熬过了这场危机，不过他们的领地大幅缩水。对于坦克雷德来说，哈兰战役在战略层面无疑是奇耻大辱，但从个人层面来说，这为他重新掌权创造了机遇。布尔克的鲍德温身陷囹圄之后，埃德萨伯国急需一位领袖，而当地民众邀请坦克雷德介入。博希蒙德之所以全力支持这项提议，很可能是他急于摆脱这位权力欲望强烈的侄子。坦克雷德将成为埃德萨伯国的代理统治者，直到布尔克的鲍德温脱离牢笼返回家国。之后不久，博希蒙德又下定决心：只有向西方基督教世界求援才最符合安条克公国的利益。因此，他将安条克公国也托付给坦克雷德管理并动身前往西方。数年后，他从西欧向拜占庭帝国发动了一场目标过高的战役行动，结果以失败告终。博希蒙德此生再未返回叙利亚，于1111年在意大利去世。[47]

　　虽然博希蒙德在暮年与希腊人的战争都是以失败结尾，但他的离开从两方面提升了坦克雷德在安条克的地位。其中最重要的一点是，坦克雷德得以无拘无束、随心所欲地统治安条克（以及暂时管理埃德萨）。此外，博希蒙德还为自己的侄子送来一份大礼：一位王室新娘。

　　当博希蒙德返回西方基督教世界后，他被尊为第一次十字军东征的伟大胜利者。他的归来所引起的追捧、奉承近乎歇斯底里。他被接纳进最上层人士的圈子，贵族们争相拉拢他成为自己儿女的教父。而最风光的事莫过于法兰西国王腓力一世（Philip I）对自己

38

的女儿康斯坦丝（Constance）下嫁博希蒙德一事欣然应允。[48] 博希蒙德进而又请求腓力一世赐婚，将他的另一个女儿塞西莉亚（Cecilia）嫁给坦克雷德。对于还是一个幼童的塞西莉亚来说，一想到自己要被送往遥远边疆嫁给一位头发开始灰白的十字军军阀，此事必定让她担惊受怕。但对于不过是一个冒险家和临时代理统治者的坦克雷德来说，此事无异于鲤跃龙门。能娶到一位王室公主是无上的荣耀：这不仅提高了他的社会地位，为他统治者的身份赋予合法性，更是实质性地提升了他的名望，因为他之前的资历主要源于他的军事能力，时常被人质疑。

随着安条克公国和埃德萨伯国都落入他的掌控之中，坦克雷德可以毫无顾忌地放手大干了。尽管手握的资源已被前任挥霍殆尽，他还是迅速扭转了基督徒在叙利亚北部的运势。1105 年，当阿勒颇的里德万向公国发起正面攻势时，坦克雷德果断将其军队击溃，继而收复法兰克人在哈兰战后余波中丢失的多数城镇。坦克雷德再接再厉，杀入塞尔柱人控制的领土，甚至连雄城阿勒颇都受到了真正的威胁。

在随后的几年里，坦克雷德继续巩固他的战果。拉塔基亚被他夺回，奇里乞亚也再次被征服。安条克军队愈发顺利地深入南部山区，在这一地带处于支配地位的势力是由阿拉伯人统治的城市阿帕米亚（Apamea）和夏萨（Shaizar）。在这种锐意扩张和霸权崛起的气势下，坦克雷德更宏大的目标慢慢成形。在军事上，最诱人的目标可能就是阿勒颇了，这座多年来饱受内斗困扰的城市是叙利亚北部的关键所在，必将成为丰厚的战利品。阿勒颇在西面和北面受到安条克公国和埃德萨伯国的步步紧逼，而东面又是经常与其敌对的塞尔柱首领，故

39

而对于坦克雷德来说，征服这座城市正在成为一个现实的目标。

坦克雷德开始稳步收服阿勒颇周边的卫星城。阿萨里布（Al-Atharib）于 1110 年陷落。宰尔代纳（Zardana），一座位于安条克与阿勒颇之间的城镇，也于次年被攻取。由于害怕法兰克人的攻势，连阿勒颇以东（与安条克相反的方向）定居点的居民都纷纷开始逃离。在他还没有猛攻阿勒颇的腹地时，坦克雷德便勒令当地统治者向他进贡——这项策略以事半功倍之效强化己方的优势地位，同时又使敌人一直处于失血状态。

坦克雷德显示了自己是一位精明的征服者。他认识到与当地势力合作的必要性，无论对方是基督徒还是穆斯林。他很清楚，从长远来看，如果要巩固自己的领土收益，就需要得到地方实力派的支持。因此，为了保证亚美尼亚人的利益得到维护，他煞费苦心地解放那些被游牧部族掠为俘虏的人。他对自家领地上的亚美尼亚人是如此慷慨，以至于在他亡故后，时常尖酸刻薄的亚美尼亚作家埃德萨的马修（Matthew of Edessa）回忆道，坦克雷德是一位圣洁之人，其一生都富于同情和谦卑——这对一个如此铁石心肠的武将来说倒是一种不同寻常且发人深省的结论。[49]

坦克雷德同时也小心翼翼地避免与该地区的穆斯林农场主群体产生疏离，他需要这一群体的合作、劳动力和税款。[50] 甚至，还有一些重要的穆斯林人物叛投到基督徒的阵营：在 1107 年至 1108 年，阿扎兹（Azaz）的总督霍特洛格（Khotlogh）叛离阿勒颇的里德万，试图将自己管辖的城镇交给坦克雷德以换取另一个城镇。[51] 据说，有一批阿拉伯难民千里迢迢从波斯湾上的城市巴士拉（Basra）

赶来寻求坦克雷德的庇护，以躲避塞尔柱人的骚扰。[52] 安条克公国蒸蒸日上，在国力竞争中超越了塞尔柱王朝和希腊对手。套在阿勒颇周围的绞索越来越紧。争夺叙利亚的战斗正在升温。

40　　　坦克雷德在北方战功赫赫，那些身在南方的法兰克贵族也干得同样出色。随着图卢兹的雷蒙实现了自己的夙愿——征服的黎波里，基督教世界在这一地区的利益于 1109 年向前迈进了一大步。这是十字军诸国期待已久的进展，即便运气不佳的雷蒙本人未能在有生之年亲眼看见。

　　的黎波里本身就坐落在一个伸入地中海的海岬上，这一地利使该城的三面都免于攻击之虞，并为航运船只提供了庇护。这座城市还是一个贸易中心，城内有熙熙攘攘的集市，六层楼高的房屋里拥挤着大量居民。[53] 其朝向陆地的一面由一道深沟和高耸的城墙拱卫。此外，这座城市还有一条高架水渠向城内提供淡水。在其铁城门之外，陆地逐渐抬升，直至与黎巴嫩山脉的高度持平，山脉的走向与海岸平行，只是略微向内陆延伸。从海上飘来的云层在掠过座座山峰时被托举上浮，带来了充沛的雨水，滋润着的黎波里周围的乡村土地，使其富饶丰产。海岸沿线一带种植着甘蔗，而与甘蔗种植园混杂在一起的是柑橘和柠檬种植园。海枣树和香蕉树也生长得很茂盛。坐拥的黎波里、享易守难攻之便的统治者必将财源广进。

　　雷蒙在的黎波里陷落之前就迫不及待地创建自己的国家。他几乎是在围城战开始之后就立刻着手这项工作，征服周边城镇并在的黎波里城墙之外建设营地，很快这个营地本身也成为一个主要定居点。法兰克军队占领了南面沿海地带的大部，同时分兵北上，绕过山区，进入内陆的霍姆斯峡谷（Homs Gap），向塞尔柱人统治的城市哈马（Hama）和夏萨挺进。在围城战的最初几年，的黎波里守军在卡迪（qadi，法官）① 法赫尔·穆尔克（Fakhr al-Mulk）及其后代的领导下顽强抵抗。守军得到援助的主要来源是埃及的法蒂玛王朝。通过陆路向该城输送补给是不可能的，因为的黎波里的陆地一侧已经被围城军队封锁，于是埃及人通过海路支援这座城市。

41

　　尽管承受的压力越来越大，的黎波里的军民还是英勇抵抗法兰克侵略者。他们数次突出城墙之外，猛攻十字军的围城工事。在1105年的一次袭击战中，守军部队成功地穿透法兰克人的防线，突破距离如此之远以至于他们足以在敌军营地燃起熊熊大火。被烈火吞噬的建筑物中，有一座工事恰好是图卢兹的雷蒙观察穆斯林攻势的瞭望台。当其坍塌之时，雷蒙跌入大火之中，不久之后他就不治身亡。[54] 在他离世后，雷蒙的堂兄弟塞尔达尼亚的威廉·若尔丹（William Jordan of Cerdanya）接手领导权（中间一度被解除），继续围城。

　　甚至在攻占这座城市之前，这个由法兰克人一手创建的的黎波里伯国就迅速成为一股不可小觑的势力。在其北面，安条克的坦克雷德注意到了这个崛起的政权，而且的黎波里伯国的北部边界开始与安条克公国的最南端边界交合。在其南面，耶路撒冷的鲍德温一

---

① 伊斯兰教教职称谓，系阿拉伯语音译，意为“教法执行官”，即依据伊斯兰教法对穆斯林当事人之间的民事、商事、刑事等诉讼执行审判的官员。

世同样渴望确保这个新近崛起的国家不会妨碍他的利益。

　　的黎波里围城战在图卢兹伯爵雷蒙之子贝特朗（Bertrand）于1109 年年初率领一支军队从西方基督教世界抵达后不久就迎来了大获全胜的结局。贝特朗麾下的舰队规模庞大，除了己方的四十艘船之外，还有来自热那亚的一支海军舰队为其助阵，拜占庭皇帝也慷慨捐赠了一大笔战争资金：累计起来，贝特朗拥有足够的兵力和资源，可以决定性地影响这一地区的均势。[55] 他的到来本应是十字军诸国的一次大好机会，但贝特朗证明自己是一个刺头人物，在距离安条克最近的港口圣西梅恩（Saint Symeon）登陆后没多久就开始挑起争斗。

　　坦克雷德一听闻贝特朗率军来到安条克公国后就急忙赶去见他。满载着法兰克战士的大舰队来到东方的景象难得一遇，他希望这些部队能加入他推进安条克公国利益的一场战役中。然而，贝特朗另有想法。面对坦克雷德的欢迎，他的回应是要求后者交出他的父亲雷蒙曾经短暂占有的部分安条克城区——这是第一次十字军东征时期安条克被攻陷后的旧账。坦克雷德及其前任博希蒙德对该城这部分市区的所有权已经十多年（这是拉丁东方世界快速发展的一个时代）无人提出异议了。尽管如此，坦克雷德还是不愿失去一个强大的潜在盟友，所以他宣布，如果贝特朗可以帮助他扩张公国领土，他愿意考虑这个请求。这种妥协的意愿对坦克雷德来说绝非常见之事，尽管他热情有加，但双方的谈判还是破裂了，两人不欢而散。贝特朗在黎凡特的第一个行动就是树立了一个敌人。

　　随后不久，事态迅速升级为一场全面危机。贝特朗扬帆驶向南方，在托尔图沙（Tortosa）登陆。这座城镇本由威廉·若尔丹（雷蒙的继承者和的黎波里伯国的现任统治者）的人马把守，但贝特朗立马将其据为己有，并且要求威廉·若尔丹将自己的领地割让予他。这一要求背后的含义很明确：贝特朗想把的黎波里伯国抢到自己的名下，而威廉·若尔丹应当考虑自我放逐，痛快交权。威廉回绝了这一要求。自己打下的地盘岂可轻易让予他人？何况这个国家原是由他保卫，抵御外敌，渡过了许多难关。他对的黎波里伯国也拥有自己的权利。就这样，贝特朗又为自己树立了一个敌人。

结果，威廉·若尔丹转而向坦克雷德求援，提出如果后者愿意帮助他对抗贝特朗，他就承认坦克雷德为他的宗主。这个请求让坦克雷德有机会向南扩张他的公国（成为威廉·若尔丹领地的宗主），并将妄尊自大的贝特朗打落尘埃——这是一个何其畅快的想法。于是，坦克雷德集结起自己的军队向南进发。

至于贝特朗，他直至此时才迟钝地认识到在拉丁东方世界寻找盟友的迫切性。所以，和威廉·若尔丹一样，他也寻找帮手，给耶路撒冷国王鲍德温一世写信，把自己营造成一个受害者：作为的黎波里伯国的继承人，这种与生俱来的权利正面临着被剥夺的风险。鲍德温一世同意支持贝特朗的主张，他也召集自己的军队向北进兵。在这个节骨眼上，鲍德温国王使各方矛盾进一步激化，他致信坦克雷德，指责对方窃取了埃德萨伯爵布尔克的鲍德温的地产。而埃德萨的统治者本人也率兵南下前往的黎波里城外的围城阵地。所有的法兰克领袖齐集的黎波里城下，每个人都拥兵自重，而且每个

43

人都怒气冲天。

在 1109 年的最初几个月，拉丁东方世界的毁灭性内战一触即发，这场大战一旦打响必将会给法兰克人带来灾难。幸运的是，坦克雷德与鲍德温一世都认为有必要采取外交手段。他们达成的妥协让各方都十分满意，从而阻止了法兰克人的自相残杀。贝特朗接管了的黎波里伯国的大部，但他也将奉耶路撒冷的鲍德温一世为宗主。威廉·若尔丹则将保留他作为的黎波里伯国统治者期间征服的土地。这项协定也让坦克雷德心悦，因为他将成为威廉·若尔丹领地的宗主，这些土地正好位于安条克领土以南。坦克雷德还得到了他以往在耶路撒冷王国内拥有的土地，但作为交换，他必须归还从布尔克的鲍德温那里攫取的一些地产。

耶路撒冷国王鲍德温一世在这件事中似乎是主要的调停人。虽然他曾在第一次十字军东征期间（十一年前）与坦克雷德大打出手，但这些往事不过是少年意气的冲动所为；多年的戎马生涯早已将他磨砺成一位比较精明睿智的领袖。坦克雷德则更为咄咄逼人，如果他认为有必要，就不介意与自己的基督教同道在战场上较量。就在前一年，在哈兰战役中被俘的布尔克的鲍德温终于被赎回本国，为了自己在埃德萨伯国重新掌权一事，他与坦克雷德兵戎相见。这次暴力冲突仅仅发生于他们在的黎波里会面的几个月前。

44　　　即便如此，当各路诸侯于的黎波里的围城阵地上相会时，坦克雷德还是能够看出和谈的好处，于是他支持和平提议。事后看来，此次达成的和解是拉丁东方世界进入缓慢稳定过程中的一个形成节点：在第一次十字军东征之后的时代，四个法兰克十字军国家从这个充斥着战火、条约、妥协和野心的世界中崛起。尽管如此，在这四个政权当中，耶路撒冷王国和安条克公国仍然扮演着主要角色，只不过谁将取得至高无上的地位这一问题仍未确定。[56]

随着这次的和解尘埃落定，十字军就可以放心地将注意力转向仍未攻克的坚城——的黎波里。联军的气势固然令人生畏，但对于守城军民来说，法兰克人的陆上军队可能并非他们最大忧患来由。这座城市早已经受了多次地面攻击的考验，但由于可以依靠埃及海军的援助，所以屡屡能够绝境逢生。而现在，一支热那亚舰队完成了法兰克人对该城的闭环包围圈，封锁了进入港口的路径，而且不利的风向使得埃及援军无法抵达。

此时，十字军可以着手进行更大程度上的攻城作战了。法兰克人在这一时期的攻城战术总体上是围绕巨型移动式攻城塔的使用开展的。在第一次十字军东征期间或之后落入其军队之手的许多城市，都是通过使用这些威力巨大的战争机器夺取的。攻城塔通常分为两种类型。第一种是典型的轮式建筑，它被推向并抵住敌方城墙，大批战士从中涌出，冲上城头。第二种是一种升高式火力平台，通常高出敌方城墙，弓箭手和弩手可以从平台上向敌军投射火力，扫荡守军工事，为总攻做好准备。[57]在的黎波里攻城战中，法兰克人采用了前一种类型的攻城塔，就在他们将攻城塔缓慢移动到城墙近处后不久，该城的领袖们屈服了，在历经多年的英勇抗争后，于 1109 年 6 月投降。随后，法兰克人入城并彻底洗劫了这座城市。

的黎波里围城战本来是很容易以拉丁东方世界领导人之间的恶

45 语相向和自相残杀收场。然而，从长远来看，这一战的胜利成为十字军国家在持续发展过程中的一个里程碑。尽管困难重重，第一次十字军东征所征服的分散领地已经转变成为拥有生存能力的国家，法兰克人此时可以略带信心地展望未来了。黎凡特海岸线的大部分，及其宝贵的港口和肥沃的农田，现在都掌握在他们的手中。

十字军国家的早期历史，在血地之战发生之前的年代里，从很多方面来讲就是一连串的残酷作战、大肆破坏和焚烧城镇。这是一个阴暗凄惨的故事，而那些从中脱颖而出的人物通常都表现出与其所处环境相匹配的个人品质：冷酷无情、讲求作战实效、精明算计且野心勃勃。这些品质在坦克雷德身上体现得淋漓尽致，而且这类人比比皆是。即便如此，人们还是很容易忽视这场斗争的其他方面。十字军东征亦是一场意义深远的宗教战争，它以上帝之名行事。坦克雷德为了保卫和扩张自己的公国可能会诉诸现实政治手段，无所不用其极，但单是安条克公国的存在，抑或其他十字军国家的存在，体现出了这些建国者根深蒂固的信仰。理解这些人物的精神层面对于剖析他们更为广阔的世界观至关重要。

如果这些武士参加第一次十字军东征的初衷是为了寻求财富或权力，那么他们可能选错了战场。黎凡特算不上一个诱人的目标。这一地区并非特别富庶，而耶路撒冷本身既不富有也不丰饶。在上个世纪，这片土地因长年大旱而萧条，并在法蒂玛王朝与塞尔柱王朝的战争中饱经创伤。征服者，如同商人一样，通常都会寻找风险最小回报最大的机会，但在这里，风险大大超过了回报。企望获得世俗的权力与金钱并不足以解释他们对于征服这一地区何以如此义无反顾。

信仰提供了一个更好的答案。[58] 当然，基督教世界的骑士们有着强烈的理由渴望得到十字军东征一开始所承诺的宗教回报。他们对赎免自身罪恶孜孜以求的需要，源自他们军人天职中所固有的道德冲突。这些人出生并成长于一个要求其成员接受军事训练的贵族社会。那些武艺高超之辈即这个社会的英雄，被奉为他人顶礼膜拜的偶像。然而，他们同时又出生在一个信仰基督教的社会，宗教为他们树立了一个全然不同的榜样，耶稣的生平即为典范。他在传道中言及要去爱自己的敌人和邻居，此类教义与中世纪欧洲好战的贵族政治格格不入。教会很清楚这种对立的关系，在过去的几个世纪里，许多思想家提出了神学理论，以解决骑士们所面临的道德困境：他们既要从事自身的血腥职业，又要保留一些救赎的希望。[59] 一些学者建议骑士们在每次战斗之后都应该忏悔自己的罪过，以避免诅咒当头。然而，对于那种一个人完全打算再次犯下的罪恶，这种寻求宽恕的做法无异于缘木求鱼。另一种解决办法是从《旧约》中寻找灵感，这部古籍记载了大卫王和犹大·马加比（Judas Maccabaeus）等人物为了对抗凡人难以逾越的劫难而进行的史诗般战争。尽管有抱负的骑士肯定会把这些古代领袖作为自己的榜样，但依靠旧约典故对于调和自身行为与耶稣教义之间的矛盾犹如杯水车薪。更重要的是，即便是旧约典故也没有为杀害同宗教徒提供正当理由，但在许多分裂西方基督教世界的战争中，这种需求可谓屡见不鲜。

46

中世纪史家卡昂的拉尔夫（Ralph of Caen）在他对坦克雷德参加十字军东征的事迹的记述中，对这一问题做出了清晰的解释。他注意到坦克雷德时常为自己的战士使命苦恼不已，意识到自己的所作所为与对敌人宽大为怀的基督教导相悖。此外，明显让坦克雷德揪心的是，士兵们对自己的教友远远没有表现出基督徒应有的仁慈，而是往往将民众的所有财产掠夺得一干二净。这些自相矛盾之处显然使年轻的坦克雷德经受了许多不眠之夜，他既不愿放弃自己为之而生的戎马生涯，却又因自己未能遵循耶稣的教义而天人交战。[60]

第一次十字军东征有助于解决这种道德上的冲突。教会明确指出，参加"圣战"是一种直接符合上帝意愿的行为。那些参战的勇士是投身于一场能把他们从以前犯下的罪孽中拯救出来的战争。这在一定程度上解释了为何教皇乌尔班二世提出的十字军号召得到了广泛的响应，而数以千计的骑士们踊跃参与的事实也凸显了他们在拥有一条救赎之路时油然而生的集体解脱感。

但是，加入十字军的誓言绝非他们可以为所欲为的许可证。他们仍然被要求在自己生活的其他所有方面保持较高的道德标准。闯入近东的十字军战士并不是狂性大发、难以自抑的野蛮人。他们的暴行仍受道德原则的约束。他们消灭敌军，无情地屠杀了许多城市的居民，但并不经常强奸沦陷城镇的妇女（像历史上的许多军队所做的那样）。[61] 那些与妇女发生婚外关系的十字军战士会受到严厉的处罚。十字军的信仰体系迫使他们好战的狂性只能通过狭义的渠道来发泄。

这就是坦克雷德和布洛涅的鲍德温等将领崭露头角的背景。他们作为十字军的骨干，把自己视作——他们所在的社会也鼓励这种看法——基督教世界的守护者和基督的骑士。他们的楷模是诸如圣乔治这样的武士圣人，而且在第一次十字军东征的部队与卡布加的战斗中，一些战斗人员也确实声称他们得到了由圣乔治、圣德米特里和圣梅古利所率领的一批神秘白衣武士的相助。后来，安条克的历代统治者也同样崇拜这些圣人英雄，他们对圣乔治的崇敬之情反映在公国发行的一些货币上，这些货币上的图案描绘了圣乔治屠龙的场景。[62]

如前文所述，坦克雷德并非每每都能达到十字军"圣战"的理想标准。他曾攻伐基督徒的城镇，有时还与自己的基督教同道作战。尽管如此，十字军的"圣战"理想还是全方位影响着他的世界观，给他的行为施加了道德压力。也许对坦克雷德来说，他坚信自己正在建设一个基督徒的新家园，这对于保卫耶路撒冷来说大有裨益，为了达到这一目的，不择手段乃理所当然的。

当的黎波里于 1109 年陷落时，第一次十字军东征的大潮此刻已经远去，十字军国家的法兰克人所处的环境越发安全，而且他们既有资金又有兵员来保卫自身。现在，他们已经巩固了自己的领地并获得了一定程度的安全保障，可以将注意力转移到敌人的内陆权力中心。阿勒颇和大马士革与十字军国家的边界近在咫尺，尤其是阿勒颇，征服这座城市的时机业已成熟。法兰克人此时可以认真开展征服战争的第二个阶段了。

第二章

逆风而行：塞尔柱人与阿拉伯埃米尔
（1111～1118 年）

49　　　　第一次十字军东征的到来给近东的政治生态系统带来了深
远的影响。塞尔柱人尤其需要面对这样一个事实：十字军使他
们的民族遭受了一个多世纪以来最严重的军事挫折，而且扩张
之中的十字军国家还具备了将他们彻底驱逐出黎凡特地区的潜
力。法兰克人对阿勒颇的威胁特别令人担忧，因为如果阿勒颇
沦陷，塞尔柱人在叙利亚和贾兹拉的政权就会完全崩溃。然
而，对于很多阿拉伯统治家族以及其他被塞尔柱人降伏的民族
而言，法兰克政权的崛起既是威胁也是机遇。一些群体将其视
作推翻塞尔柱主子的突破口，而其他群体则发现自身夹在两大
敌对的征服势力之间进退两难。

50　　　　从 1111 这一年回顾前事，两年前的黎波里的沦陷对于夏萨的
阿拉伯埃米尔苏丹·伊本·阿里·伊本·蒙基德（Sultan ibn Ali ibn
Munqidh）来说是一个沉重的打击。[1] 而法兰克人声势大涨，一方面
得益于的黎波里的财政收入，另一方面因己方的成功而欢欣鼓舞。

这种态势对蒙基德家族治下的那一小片领土产生了直接影响，因为这片区域正位于安条克公国边境以南。的黎波里沦陷后不久，坦克雷德就果断地向南出击，占领了邻近的城镇巴亚斯（Banyas）和贾巴拉（Jabala）。安条克的军队随后开始向南包抄夏萨的侧翼，攻克库尔德堡［Hisn al-Akrad，即日后的"骑士堡"（Krak des Chevaliers）］。而来自的黎波里的法兰克人也能够向北直趋夏萨，他们的军队曾在1109 年年末攻打位于库尔德堡以东的城镇拉法尼亚（Rafaniya）。虽然这次进攻未能取胜，但对于蒙基德家族来说，被两大法兰克强权夹击的可能性却愈发真切。法兰克人的势力范围如此之广，以至于他们甚至可以从居住在蒙基德领地附近的东方基督教农民那里索取收入。[2] 夏萨有如一座沙堡，被汹涌而来的大潮包围。

邻近的其他阿拉伯精英家族则于近期寻求与他们的法兰克征服者和解，承认后者强势崛起的现实。就在最近，贾巴拉的总督法赫尔·穆尔克（的黎波里的前任统治者）同意将他自己的城镇归在坦克雷德名下，尽管他不久之后又前往夏萨投奔蒙基德家族。[3] 对于1111 年的苏丹·伊本·蒙基德来说，法兰克人无疑是距离他的小埃米尔国最近的威胁。

但形势并非一成不变。在过去的数十年里，塞尔柱人几乎一直是最大的危险。当他们于 11 世纪 70 年代闯入这一地区，给广大地域带来滔天浩劫和兵燹之祸时，许多阿拉伯穆斯林王朝被塞尔柱人无情的兵锋消灭。塞尔柱人称雄近东大地，在原来的阿拉伯城市设立区域性权力中心。正是在那个动荡不安的时期，苏丹·伊本·蒙基德的家族夺取了夏萨的控制权，于 1080 年成为该城及其直辖乡

51　村地区的统治者。不久之后，这个家族也被迫屈从于塞尔柱人的权威之下，苏丹·伊本·蒙基德的兄长纳斯尔（Nasr）于 1086 年将大片领土割让给塞尔柱苏丹，这才保住了家族的独立地位。虽然因为这一协定付出了巨大的代价，但与叙利亚北部的诸多阿拉伯统治家族不同，蒙基德家族生存了下来。[4]

在阿拉伯人眼中，塞尔柱人在带来恐惧之余也是备受轻蔑的对象。这种不屑古已有之，定居的农业文明普遍都对其草原游牧邻居抱有鄙夷之心。塞尔柱人常被描述为野蛮、愚蠢、粗鲁且嗜酒如命。当时流传着一个在蒙基德家族听来非常入耳的故事，与塞尔柱苏丹阿尔普·阿尔斯兰在阿勒颇的短暂驻跸有关。故事中，这位苏丹在一天夜里喝得酩酊大醉，然后在恍惚之中叱令将该城的阿拉伯总督处决。一位谋臣试图劝说他改变主意，结果却被主子用脸盆打伤。这时苏丹后驾到，命令自己的丈夫赶紧就寝；次日早晨，她痛责苏丹在前日夜晚的荒唐行径。据说苏丹本人极力否认，推脱说他对下令处决地方大员一事一概不知。[5]这则故事极尽嘲讽之能事，把苏丹描绘成一个容易受骗、残暴不仁的大傻瓜。这是一个老套的逸闻，旨在取笑塞尔柱人，即使它默认了塞尔柱人掌控大权的事实。

故事的背景便是塞尔柱人已经异军突起，雄霸一方。那些来自草原的游牧民族曾备受鄙薄，而如今在其治下俯首帖耳的正是当初对他们嗤之以鼻的人。从前，阿拉伯人可以公然奚落塞尔柱人，但此时他们只能背地里嘲骂对方。然而，在这一时期，还有许多被征服的穆斯林对塞尔柱人的统治采取了另一种更为精明的回应。阿拉伯政治家、神学家和朝臣们煞费苦心地使塞尔柱人融入自己的宗教和文化之中，鼓励后者信奉伊斯兰教并向往穆斯林的典范。这种手法——在本书后文另有详述——代表了一种比直接辱骂更微妙的策略：若是无法打败对手，那么不妨让其加入己方阵营。

　　阿拉伯人刚开始勉强接受来自中亚的征服者，第一次十字军东征的部队就如同破堤洪水般冲出安纳托利亚，无数精兵猛将杀入叙利亚。这一时机对于蒙基德家族来说很微妙。夏萨正好位于十字军的行军路线上，法兰克人对其构成了明显的威胁。即便如此，蒙基德家族也认识到十字军的狂飙突进之中有着内在的机遇。待到安条克围攻战结束之时，十字军在一年多一点的时间里已经击败了四支敌军大部队——这是一项史无前例的成就，借此展现了他们摧毁塞尔柱人地区性野战军主力的能力。塞尔柱人此前不是没有过在战场上败北的经历，最广为人知的一次是败给法蒂玛王朝的军队，但从未遭遇过这种屡战屡败的局面。在此形势之下，近东大地上许多曾被征服的民族胆气渐生，看到了反抗塞尔柱主子的机会。因此，当法兰克人还在围攻安条克的时候，苏丹·伊本·蒙基德便不失时机地开始密谋对付阿勒颇的里德万（这一地区最有权势的塞尔柱统治者），为里德万的维齐尔提供庇护——这位首席大臣刚刚与其主人闹翻。[6]

　　当塞尔柱人的国运被第一次十字军东征幡然逆转时，蒙基德家族并非唯一一个从中渔利的阿拉伯统治家族。在十字军于安条克围城期间击败阿勒颇军队之后，阿拉伯部落基拉布家族（Banu Kilab，在塞尔柱人到来之前统治着阿勒颇）便悍然扯起叛旗，在阿勒颇地

52

区大肆劫掠，进一步削弱了塞尔柱人的统治。[7] 一时之间，随着十字军连战连胜、塞尔柱人节节败退，此消彼长之下，由亚美尼亚人、阿拉伯人和其他族群煽动起来的叛乱活动风起云涌，塞尔柱人在叙利亚北部的主宰地位确有可能被彻底颠覆。甚至连远在东北方向数百英里之外的格鲁吉亚也感受到了这种均势的根本性转变所带来的
53　涟漪；塞尔柱人年复一年的侵袭对于当地来说不啻于祸源，但此时突然终止，使得格鲁吉亚国王"建设者"大卫（David the Builder）自忖能够停止向侵略者纳贡。[8]

　　基于这些原因，当第一次十字军东征的兵锋进抵夏萨城门之时，蒙基德家族与这一地区的大多数阿拉伯统治者一样，并没有多大兴趣阻拦法兰克人。无论是何种情况，夏萨本身的实力都过于弱小，不足以抵挡这样一支大军。相反，两方的领头人物在会晤后同意互不作战。苏丹·伊本·蒙基德还为十字军提供食物，并让他们有机会购买新的马匹。[9] 这是一项审慎的策略，既能确保夏萨的生存，又不会妨碍十字军推翻塞尔柱人的努力。

　　尽管他们对法兰克人表示出谨慎的欢迎态度，但后者在蒙基德家族和这一地区的其他首要阿拉伯统治家族的眼中似乎并不比塞尔柱人好到哪里去。在过去的几个世纪里，与信奉伊斯兰教的哈里发帝国相比，西欧一直是一潭死水，几乎没有引起过穆斯林精英阶层的好奇。北非或遥远的安达卢西亚（al-Andalus，伊比利亚半岛的伊斯兰世界）的一些埃米尔曾袭掠南欧的海岸线，大量奴隶被穿越地中海的船只运送到北非的大庄园劳作，但基督教世界太过贫穷和弱小，无法引起太多关注。总体而言，穆斯林——当他们真的念及

法兰克人的时候——只是以最轻微的好奇心或自视甚高的鄙弃看待法兰克人及其同类。然而，十字军的到来迫使这些民族进行了更密切的接触，在接下来的几年里，阿拉伯人开始更多地了解法兰克人（反之亦然）。[10]

与对待塞尔柱人的方式如出一辙，蒙基德家族对法兰克人到来的回应也是创作出关于他们所谓的小缺点的"趣味"故事。这些故事大体上都带着不屑一顾的语气，尽管他们又总是不得不承认法兰克人在战场上所向披靡。让阿拉伯人特别不敢相信的是，法兰克人愿意允许他们的女人——包括那些随从十字军东征部队来到东方的和那些旅居到该地区的女性——享有实质性的人身自由。例如，穆斯林惊诧地注意到，如果一对已婚的法兰克夫妇在路上行走时，另外一位男子走来与妻子攀谈，丈夫就会在无人陪伴的情况下，径直离开他的妻子而任其畅谈，直至谈话结束。此外，法兰克人在医术上的粗糙也令他们感到惊恐。[11]

尽管法兰克人在阿拉伯穆斯林作家的笔下愚不可及、粗野无礼，但各种各样流传至今的故事里也确实包含了一些跨文化交流中互相尊重的意味。苏丹·伊本·蒙基德的侄子乌萨马·伊本·蒙基德（Usama ibn Munqidh）对一些法兰克个体的描述相当友好，甚至将其视作朋友——尤其是那些更加适应近东生活的人。乌萨马还描述了一段经历：他曾经因为自己的权利受到一位法兰克贵族违法行为的侵害而去觐见耶路撒冷国王，要求讨回公道。经过商议，基督徒的法庭做出了对乌萨马有利的裁决，将罪责归咎于自己人中的一员，并得出结论：乌萨马理应得到赔偿。这则故事说明乌萨马相信法兰克人的法庭会公平地处理他的案件。[12]

通过不干涉和友好协商政策，许多阿拉伯统治者明智地处理了第一次十字军东征的部队过境的问题，但到了 1111 年，地缘政治形势急转直下。对于割据夏萨的蒙基德家族来说，塞尔柱人不再造成与以往同等程度的威胁，此时在边境蠢蠢欲动的反而是法兰克人。诚然，邻国阿勒颇的塞尔柱统治者里德万仍然是一个不断制造麻烦的危险源，尤其是因为他与令人恐惧的刺客组织"阿萨辛派"（Assassins）的奇怪友谊。

"阿萨辛"这个名字是用来称呼敌对分子的词，指代一个名为"尼扎里派"的恐怖宗教团体。[13]"尼扎里"分子是伊斯兰教什叶派伊斯玛仪教派的信徒，这个教团不久前才出现在埃及并且在叙利亚北部拥有众多的追随者。他们以将谋杀作为一种政治工具而臭名昭著、深受憎恶，因此受到塞尔柱统治者的追杀打压。但阿勒颇的里德万却是规则中的异类。由于他在阿勒颇的地位十分脆弱——外有法兰克人的侵攻，内有异议分子的对立——迫于形势他不得不与阿萨辛派合作。作为回报，他们时刻准备刺杀他的敌人；据传，里德万至少有一次策划了对邻近的阿拉伯统治者的暗杀行动。[14]

里德万一直是蒙基德家族的心腹大患，但在 1111 年法兰克人才是更大的威胁。阿拉伯人与塞尔柱人在近年来的争斗正合法兰克人的心意。其时正值十字军国家初创，两方的明争暗斗让塞尔柱人无暇顾及力量薄弱的法兰克人。而现在法兰克人已经在黎凡特站稳脚跟并且自信满满地大举扩张。他们早在 1108 年就对夏萨发动了一次突袭。更令人忧心忡忡的是，在两年之前，邻近城镇阿帕米亚的阿拉伯统治者哈拉夫·伊本·穆莱卜（Khalaf ibn Mulaib）惨遭阿萨辛派暗杀，他的儿子自愿将该城献给安条克公国。坦克雷德的反应可谓神速，先是控制好局面，继而以高官厚禄封赏哈拉夫的儿子们，在自己的公国内赐予他们领地和地位。[15]

哈拉夫幸存的家族成员在 1106 年面临的基本困境与蒙基德家族在 1111 年面对的形势在本质上并无区别。他们深陷于法兰克人和塞尔柱人这两大敌对强权之间，而且对其中的任何一个都不是特别中意。在阿帕米亚，事态的发展迫使统治家族幸存下来的成员们选择阵营，而他们选择了法兰克人。然而，蒙基德家族决心保住自己的独立地位。这意味着他们要密切关注事态进展，在手中没有好牌的情况下偷奸使诈，审慎运用外交、阴谋与武力相结合的手段，确保自己永远不要被失败的一方拖累。这一策略在蒙基德家族和安条克的法兰克人之间营造出一种诡异的关系：有双方和平共处、以礼相待乃至缔结友谊的时刻，也有跨文化交际中产生误解、残暴不仁进而大行杀戮的时刻，多种情形混杂在一起，扑朔迷离。

苏丹·伊本·蒙基德的侄子乌萨马在关于夏萨和安条克的兵马之间发生一次小规模会战的记述中，很好地捕捉到了这种氛围。战斗结束之后，坦克雷德与苏丹·伊本·蒙基德同意讲和，本着恢复友谊的精神，坦克雷德向苏丹传话说他对埃米尔的一匹战马甚是欣赏（他大概是在双方之间的小规模战斗中目睹了这匹战马的表现）。苏丹很有礼貌地派出自己的代表，一个名为哈萨南（Hasanun）的库尔德年轻人将这匹战马作为礼物送给坦克雷德。在埃米尔的使节 56

抵达法兰克人的宫廷后，颇具骑士风度的坦克雷德安排他参加了数次赛马活动，与自己手下的法兰克骑手同台竞技，而哈萨南技高一筹，赢得了这些比赛。哈萨南的骑术给坦克雷德留下了深刻的印象，以至于安条克摄政王慷慨地赏赐他礼物。但哈萨南婉拒了厚礼，只是要求坦克雷德保证，如果日后他在战场上不幸被俘，能放他一条生路。一段时日之后，当两方之间战事再起时，哈萨南的坐骑被法兰克人的长矛刺伤。负痛狂奔的战马将哈萨南抛下，使他沦为法兰克人的俘虏。坦克雷德下令，在哈萨南被赎回夏萨之前要挖出他的右眼，以破坏他的战斗能力。于是，曾经作为友好使者的哈萨南，此刻成了残废的战俘。

那么，坦克雷德是否违背了自己授予哈萨南安全保障的承诺呢？乌萨马认为其实并没有。他指出，当坦克雷德与哈萨南最初达成一致时，双方都没有完全理解对方的语言，因此他们的约定可能都被彼此误解。[16] 这是一个互赠厚礼与赛马的同时发生着死亡与致残，两者并行不悖的世界。

然而，在 1111 年，夏萨的未来晦暗不明。当年春天，坦克雷德领军来犯，并开始在夏萨的近前筑造堡垒。他的意图显而易见：以这座新建成的堡垒为基地，切断该城的所有供给并将其全面封锁。这是法兰克人自第一次十字军东征以来屡试不爽的经典侵攻策略。通过兴建这样的堡垒，进攻一方得以在敌方据点的城门之下立于不败之地，从根本上将敌方遏制于绝地，直至其屈服。苏丹·伊本·蒙基德的运气很好，一股新的力量已经来到这一地区，实力强大到足以将他的家族从这一威胁中拯救出来。[17]

蒙基德家族得救的希望建立于一个重大地缘政治变化的基础之上，这一转机正在重塑整个叙利亚政治版图：法兰克人正在逼近阿勒颇，征服这座城市似乎指日可待。尽管乍一看，这座城市变换主人的前景可能不会给该地区的阿拉伯统治家族带来多少安慰，但他们还是很快意识到伊拉克的塞尔柱苏丹开始认真看待失去阿勒颇的可能性。这就为双方结盟创造了机遇。数月之前，一群来自阿勒颇的神职人员和商人前往塞尔柱苏丹穆罕默德（Mohammed）位于巴格达的宫廷寻求援助。为了能让他们的意见得到重视，他们在苏丹驾临清真寺时觐见。痛哭失声的鸣冤者们打断了星期五祷告，[18] 并拒绝保持沉默，直至穆罕默德承诺向他们派去援兵。[19] 苏丹对求援的回应十分果断，他组建了一支军队用于保卫阿勒颇，由他的副帅、摩苏尔的马乌杜德（Mawdud of Mosul）指挥。马乌杜德是一位善于用兵的良将，在对法兰克人的作战方面经验丰富。就在一年前，他曾奉苏丹之令攻打过埃德萨。

马乌杜德于 1111 年当年便集结起一支主力大军，浩浩荡荡往叙利亚北部杀奔。在得知这支军队到来的消息后，苏丹·伊本·蒙基德抓住机会，给马乌杜德写信，寻求与塞尔柱军队一道对抗他们共同的敌人。起初，他的请求似乎被马乌杜德忽视了。与他的期望不同，塞尔柱大军向北方发动攻势，先是短暂地袭掠了埃德萨伯国的领土，然后便转进阿勒颇（按照塞尔柱苏丹的命令）。

此时，马乌杜德可能是期盼阿勒颇的里德万率军出城，与他合兵一处，但里德万却拒绝对他施以援手。由于里德万已经与令人痛恨的阿萨辛派结盟，他担心马乌杜德的军队会将他当作敌人对待，同时也不想违反他与法兰克人缔结的一项和平协定，于是紧闭城门。里德万的所作所为使他与一大批民众（其中就包括那些向苏丹求援的人士）产生对立，因此他严禁城中居民外出，甚至将一名被他抓到在城墙上吹口哨的市民斩首。为了报复这种背叛行径，马乌杜德的军队大肆蹂躏阿勒颇辖下的领土，洗劫了他们此行本应救援的土地。[20]

在此次作战行动经历了这个不光彩的开端之后，马乌杜德麾下的一些将领开始返回自己的家乡，但马乌杜德仍然决心攻打法兰克人。一位塞尔柱将领向他进言，建议夺回的黎波里。这对新兴的法兰克政权来说将会是一个沉重打击，而且这一方案与马乌杜德的大战略颇为切合。

然而，就在马乌杜德开始领兵向的黎波里伯国边境进发后不久，苏丹·伊本·蒙基德前往他的大营并再次恳请他援助处于困境的夏萨。这一回马乌杜德同意了他的请求，并下令让部队改道转向这座陷入敌方重围的城市。[21] 对于蒙基德家族来说，此举无异于雪中送炭，他们恭顺而又不失谄媚地表达感激之情并结交马乌杜德，以求获取对方的好意。他们煞费苦心地保障这位统帅的部队给养充足，并由其家族成员亲自侍候塞尔柱军队的主要将领。[22]

此时，夏萨城外的局势进一步恶化。坦克雷德的部队再添臂助，援军竟是他的老对手耶路撒冷国王鲍德温一世。的黎波里伯国和埃德萨伯国也派兵前来助战。实力壮大后的联军向夏萨杀来。对于蒙基德家族来说幸运的是，由于马乌杜德军队的到来，两大阵营在流经夏萨城墙外的奥龙特斯河隔岸对峙并很快陷入僵局。河的一边是塞尔柱军队和蒙基德家族本部兵马，另一边则是法兰克大军。塞尔柱人采取的战略是发挥他们的主要军事优势——机动性。他们数量众多的轻骑兵包围了基督徒的营地、切断了那里的补给，而弓箭手则阻止法兰克人从河里取水。最终，他们的袭扰战术取得了回报，而且让蒙基德家族大为高兴的是，坦克雷德和鲍德温一世在经历了几天令人沮丧的对峙后被迫撤退。夏萨安全了。

现在，随着法兰克人回师本土，阿拉伯-塞尔柱联军面前出现了机会：趁势追击法兰克军队，极有可能将他们的撤退转变为溃败。自古以来，战术性撤退都是难度极大的军事机动，甚至对最富有经验的指挥官来说也是考验。坦克雷德的策略是在晚间拔营撤退并在夜色的掩护下行军。这是一个明智的选择。[23] 黑暗使塞尔柱弓箭手无法有效地发挥其箭术的威力，这迫使他们要么任凭基督徒撤走，要么进行肉搏战（在这种情形下通常都是法兰克人获胜）。然而，塞尔柱人明显是受到了最初胜利的鼓舞，因此，他们开始追击并且当坦克雷德试图在奥龙特斯河下游建立新的营地时，不断骚扰法兰克军队。坦克雷德不得不再一次放弃己方营地并下令进行第二次夜间行军。这一次，塞尔柱人如此自信以至于他们不顾夜色向法兰克人的行军纵队发起攻击。十字军明显处于大败亏输的绝境，但一个人的英雄主义行为则挽狂澜于既倒。一名法兰克骑士从基督徒的队伍中冲出来，单枪匹马地杀向塞尔柱全军。这位骑士的战马几乎立刻就被射杀，但他自己设法徒步作战，一路杀回到自己的战友身边，同时还阻止了塞尔柱人的继续前进。

这种惊人的英勇行为还有一段有趣的后续情节。几个月后，这

59

位伤口尚未痊愈的骑士带着一封坦克雷德写就的介绍信来到了夏萨。他解释说，此次专程来访，目的就是观摩敌方的武士是如何接受军事训练的，而且他受到了阿拉伯敌人的欢迎。这次不可思议的会面再次体现出这个时代的精神面貌。武士们可能在战场上奋勇杀敌，他们的领袖可能为了确保自己手中的政治优势而心狠手辣、不择手段，但这个故事绝非教派或种族之间的针锋相对。[24] 双方之间总有惺惺相惜和侠义之道的余地，甚至还能跨越文化障碍缔结友谊。

在阿拉伯-塞尔柱联军取得显著的胜利之后，苏丹·伊本·蒙基德告别马乌杜德和打算离开的塞尔柱军队。他个人大获成功，堪堪躲过一场重大危机，同时又巩固了自身地位。他的的确确是 1111 年作战季节唯一的赢家。对于法兰克人来说，事态真的让人大失所望：他们夺取夏萨的努力不仅前功尽弃，还反被逐回本国。对于马乌杜德来说，这场战役令他尴尬不已。他在此时的任务是要向苏丹穆罕默德解释，为什么他那庞大的军队除了蹂躏属于最初向苏丹求援的子民的土地之外，几乎一无所获。这支军队最初组建的目的是向阿勒颇提供援助，但最终却使这座城市比之前更加脆弱。

蒙基德家族在其家族漫长的生存游戏中赢得了本轮求生竞技赛，但他们不可能永远安全无虞。阿拉伯人在近东的地位处于漫长的衰落期中。阿拉伯人控制的城镇本已为数不多，统治这些城镇的大多数阿拉伯统治家族又被塞尔柱人稳步剔除，尤其是那些领地位于更远的东方的家族。夏萨本身也于 1157 年的一场地震之后被塞尔柱人收为己有。

第一次十字军东征部队到达黎凡特时正值塞尔柱人在该地区着手巩固己方的霸权，而当地的大多数统治者要么早已屈服，要么不敌败亡。基督徒在 1097 年至 1099 年的胜利打断了这一进程，为那些希图反抗塞尔柱人的势力创造了窗口机遇期，而塞尔柱人直到数十年后才完全恢复了主宰地位。在此期间，剩余的阿拉伯埃米尔们仍然在近东这个龙争虎斗的竞技场上长袖善舞，这些地方领袖在后续年代里的历史事件中也发挥了自己的作用。

对于叙利亚北部的塞尔柱领袖来说，1111 年的战役行动不过是 61 一场雷声大雨点小的插曲而已。然而，里德万拒绝与马乌杜德的军队合作一事表明，互不信任与意见不合在困扰着塞尔柱苏丹国。塞尔柱人的将领之间一直存在着明争暗斗，但在第一次十字军东征之前这种矛盾很少能阻止塞尔柱人在整个近东大地开疆拓土。但现在，塞尔柱人非但没能更上一层楼，反而连守住原有的领地都很艰难。法兰克人对阿勒颇的威胁尤其危险。接下来数年的局势将是决定性的，塞尔柱人究竟是能卷土重来再造霸业还是被扫地出门都将取决于这一阶段。他们在整个近东地区的统治力外强中干。如同十字军一样，他们也是最近才到达该地区的征服者，自身的霸权还没有完全巩固。

塞尔柱人最早侵入伊斯兰世界之时是在第一个千年之交的前几年。当时，成千上万的游牧战士和他们的家庭成员突然涌出中亚的草原家乡，向南进入伊斯兰世界的农耕文明。这种大迁徙发生的确切原因尚不清楚。一种看法认为这些游牧民系被气候变化驱赶向南方：寒冷的温度迫使这些游牧部落向南迁移，进入气候温暖的地区。另一种假设是，这场迁徙运动系由数个部落联盟的内讧推动形成的。[25] 无论内在原因如何，中亚的多个部族连同其他游牧族群进入伊斯兰世界的边疆，并迅速占领了波斯（今日的伊朗）全境，然后又向西进入伊拉克。他们的到来造成了大范围的破坏，因为将领们与他们的对手之间战事连绵，而游牧的土库曼部落群则游荡各地，烧杀抢掠。

62　　　这些游牧部族的主要首领都是一位名为塞尔柱（逝于 1002 年）的伟大武士的后代。在进入伊斯兰世界后的战争中，塞尔柱家族成功上位，使自身的霸权凌驾于阿拉伯和库尔德本土统治者以及塞尔柱部族内部的对手之上，而且在 1055 年攻占巴格达后，塞尔柱的孙子图格里勒（Tughril）以塞尔柱苏丹的头衔自居。在接下来的几年里，塞尔柱人一路攻城略地，将征服的地域整合成一个新创的帝国。一些阿拉伯和库尔德本土统治者臣服于塞尔柱人的统治之下，其他人则设法通过谈判维持一种"准独立"的形式，还有一些人则选择抵抗到底然后亡国灭种。不管怎样，塞尔柱王朝的势力在这一期间蒸蒸日上，南亚、中亚和近东的大部分地区都落入他们的掌控之中。到了 11 世纪 60 年代，他们的领土从喜马拉雅山一直延伸到安纳托利亚的边界。

　　　在 11 世纪 70 年代至 80 年代间，塞尔柱人在叙利亚和安纳托利亚的扩张势不可挡。1071 年，伟大的苏丹阿尔普·阿尔斯兰攻入叙利亚，迫使阿勒颇的阿拉伯统治者马哈茂德（Mahmud）奉他为宗主，然后继续向拜占庭的领土进军。在曼齐刻尔特战役中，他击溃了由皇帝罗曼努斯四世・戴奥真尼斯（Romanus IV Diogenes）率领的拜占庭野战军主力，攻破了希腊帝国的边境防御体系，无数土库曼游牧部落乘虚而入，给安纳托利亚大地带来人间浩劫。而基督教王国格鲁吉亚早在数年之前就遭到阿尔普・阿尔斯兰的铁骑践踏，成了一片废墟。至于南面的叙利亚，土库曼部族首领阿即思（Atsiz）于 1073 年攻下耶路撒冷，又于 1075 年降服大马士革。随着叙利亚城镇次第落入己方掌控之下，他得以向埃及进军，法蒂玛王朝费了九牛二虎之力才把阿即思的军队赶出尼罗河三角洲。

11 世纪 80 年代，塞尔柱苏丹的权威在苏丹马利克・沙和他伟大的维齐尔尼扎姆・穆尔克（Nizam al-Mulk）的领导下达到了巅峰。但这一高潮并没有持续多久。马利克・沙在 1092 年的驾崩引发了一场毁灭性的内战，波及塞尔柱帝国的大部分领土，使其四分五裂，最终为包括十字军在内的外来侵略者打开了大门。这场同室操戈的混战的核心在于苏丹之位的争夺——马利克・沙的两个儿子巴尔基雅鲁克（Berkyaruq）和穆罕默德为了王位而在伊拉克大打出手。这场内战，加上帝国各地爆发的一系列叛乱和遭受的入侵，让塞尔柱各派系一直密切注意着其中心地区，直至巴尔基雅鲁克于 1105 年死去。 63

起初，当第一次十字军东征的军队到达帝国西部边陲时，在苏丹继承战争中打得焦头烂额的参战各方并未将其带来的边患视作头等要务。叙利亚沿海地区和圣地对于帝国来说都属于边缘地带，而且也从未令人顺心遂意地归属塞尔柱人的治下。虽然巴尔基雅鲁克在摩苏尔的部属卡布加确实领兵前去与第一次十字军东征的部队交战，但这只是个案。对于苏丹大位的竞争者来说，还有更多比法兰克人更紧迫的事务亟待他们处理——实际上，塞尔柱王朝的一些阿拉伯历史学家在记录这一时期的事件时，甚至都没有提及法兰克人。

从塞尔柱帝国的角度来看，作为众多边疆省份之一的叙利亚地区只不过是一个次要地区。在马利克·沙去世后，对这一地区宣称拥有统治权力的是他的兄弟突突什（Tutush）。突突什也曾自命为新的苏丹，在第一次十字军东征的前夕，也就是1095年那一年，他领兵对抗巴尔基雅鲁克，结果在达什鲁之战（Battle of Dashlu）中败北殒命。突突什的权力被他年轻的儿子们瓜分，里德万得到了阿勒颇而杜卡克则在大马士革掌权。总体而言，在第一次十字军东征前夕，叙利亚的塞尔柱政权处于混乱状态，犹如一盘散沙。席卷帝国中心领土的内战吸引了西部军阀的大部分注意力（以及他们的兵力）。使事态更加复杂的是，里德万和杜卡克在上台后没多久就立刻开始互相攻击，甚至当十字军从北方杀来时，他们还在继续内讧。

随着十字军一路推进，塞尔柱人的颓势进一步加剧。里德万和杜卡克曾分别试图为安条克解围，却在十字军的手下连吃败仗，而这些失败激发了这一地区的本土臣民阿拉伯人和亚美尼亚人的离心和反叛。法蒂玛王朝也嗅到了血腥气息，利用这一乱局从南方入侵，并于1098年收复耶路撒冷（十字军征服该城的前一年）。正是基于这些原因，塞尔柱人对法兰克人的抵抗在第一次十字军东征后的几年里非常有限。他们自身的地位已然十分脆弱，而法兰克人只

64

是众多敌人中的一个。

面对如此险恶的地缘政治局势，阿勒颇的里德万一向认为，与其冒险在战斗中直面法兰克人，不如向他们进贡更为明智。他曾于1097 年、1100 年和 1105 年三度向法兰克人发起军事行动，但每一次都铩羽而归。阿勒颇城内本身就内乱丛生，并且屡屡陷入被当地阿拉伯部落攻袭的危险境地。甚至连他麾下的一些塞尔柱官员都已向法兰克人输诚效忠。此外，连绵不断的苏丹之位争夺战不仅威胁到了他的自身地位，还拖住了原本可能会前来增援他的武士。

1106 年至 1107 年的系列事件就是一个典型例子，这一地区内相互竞争的各路塞尔柱军阀受制于这种政治死结，无法认真地抗击法兰克人。1106 年，塞尔柱苏丹派遣一位叫作贾武利（Jawuli）的将领前往叙利亚维护苏丹的权威并讨伐法兰克人。拉赫巴（Rahba）城的控制权被允诺给贾武利，作为他的大本营。贾武利继而前往摩苏尔，他向该城统治者借兵以求加强此次远征部队的实力。毫无疑问，摩苏尔的统治者只关心如何保住自身势力，并不情愿伸出援手，于是贾武利纵兵洗劫了他的领地，大败摩苏尔本地军队。摩苏尔统治者的子嗣们随后向安纳托利亚的塞尔柱人求助，后者派兵来援，却再次被贾武利击败。此后，贾武利来到他意欲占据的拉赫巴城，却发现自己遭到当地居民［阿拉伯部落沙班家族（Banu Shayban）］和他们的宗主大马士革塞尔柱统治者的强烈抵制。贾武利这时又召集阿勒颇的里德万和一些土库曼部族武装加入己方阵营。在他们的帮助下，他攻下了拉赫巴城，但没过多久就再

65 一次面对安纳托利亚塞尔柱人的大举来犯。他勉强击败了新的挑战者，然后率兵向东讨伐摩苏尔以报仇雪恨，不久之后就占领了该城。但在此次东征摩苏尔的过程中，他又疏远了自己的盟友里德万和土库曼部落民。[26]

这一系列损人不利己的闹剧正合法兰克人的心意。苏丹派遣贾武利来到叙利亚本是为了打击十字军国家，结果却适得其反。耶路撒冷、埃德萨和安条克的法兰克部队非但不用面对新的敌人，反而可以心安理得、不受束缚地扩张领土，因为他们知道塞尔柱人正在窝里斗。塞尔柱王朝支离破碎的政治格局意味着，猜疑、背叛和忠诚冲突使该地区的许多塞尔柱军阀无法团结一致对抗任何敌人，而且叙利亚的塞尔柱人不信任苏丹将领们指挥的军队，害怕后者会试图强迫他们屈从。

所有这些问题在苏丹于 1115 年策划的一场新战役行动中集中暴露出来。两年前，阿勒颇在里德万因病亡故后陷入派系纷争。里德万的长子和继承人阿尔普·阿尔斯兰试图独揽大权，却被他手下一个叫作卢鲁（Lou Lou）的宦官在 1114 年刺杀。卢鲁随后向苏丹穆罕默德求援，提议献出阿勒颇城以换取后者的庇护。苏丹穆罕默德将此提议视为巩固自身势力的良机，故而再次向北方发动大规模征战。然而，由此引发的战役再次揭示了塞尔柱帝国内部的裂痕。[27]

这支讨伐军于 1115 年 2 月在哈马丹的布尔苏克（Bursuq of Hamadhan）的指挥下出征，在贾兹拉得到了额外的部队补充，然后向西开拔，在拉卡渡过幼发拉底河。当布尔苏克率军接近阿勒颇时，他要求卢鲁履行他的承诺，交出对阿勒颇的控制权，并提供苏丹的信件来佐证他的权威。卢鲁似乎惊恐万状，认定放弃权力太过危险。于是，他又央求大马士革政权［此时的统治者为图格塔金 **66**（Tughtakin），杜卡克已于若干年前亡故］和土库曼部族首领伊尔加齐（Ilghazi）将他拯救出这一危局。[28]

　　这一请求将图格塔金和伊尔加齐这两位叙利亚和贾兹拉军阀中的头面人物置于危险境地。一方面，如果他们公开反抗苏丹的军队，那么实际上就等同于宣布自己是犯上作乱的贼子。不过这也不是什么大问题，因为无论图格塔金还是伊尔加齐在当时都已与苏丹反目（并与法兰克人结盟），但故意阻挠苏丹的军队将是一种公然撕破脸皮的行为，殊无必要。另一方面，如果坐视苏丹穆罕默德通过占领阿勒颇在叙利亚得到一个稳固的立足点的话，那么包括他们自己在内的所有当地统治者臣服于苏丹就不过是一个时间上的问题。这一地区的塞尔柱首领可能已经准备好承认苏丹在理论上至高无上的地位，但这种权威通常距离他们还很遥远，而首领们对自身的独立地位视若至宝。最终，这两位军阀都做出了自己的抉择：他们合兵一处以保全阿勒颇，与苏丹的大军正面相抗。

　　随着东面的各路敌军动员集结，安条克公国的法兰克人——此时已由新一代统治者萨勒诺的罗杰（Roger of Salerno，坦克雷德已于 1112 年去世）领导——对这些部队调动愈发警惕，担心塞尔柱人正联合在一起准备向安条克发动攻击。于是他们也集结起了自己的军队，驻扎在边境据点阿萨里布。法兰克人似乎并没有立刻意识到妨害塞尔柱军队的深层次矛盾，但当伊尔加齐和图格塔金与法兰克人取得联络，提议双方携手共同对付苏丹的军队时，这种裂痕很快就明朗化了。法兰克人接受了他们的提议并又从他们在的黎波里伯国和耶路撒冷王国的盟友那里请来了更多援军，这些兵马随后不久便启程前往安条克公国。

这一连串事件想必让布尔苏克在错愕的同时又警觉了起来。他原本被告知阿勒颇的领袖们会心甘情愿地投靠苏丹宫廷，不想却迎面撞上了叙利亚塞尔柱派系与法兰克人组成的大同盟军。相较法兰克人，自己的同胞令他更为恼怒，因此，在对埃德萨伯国进行了短暂的袭扰之后，他挥兵南下进攻大马士革统治者图格塔金治下的城镇哈马以惩罚后者。布尔苏克迅速而又成功地结束了这场围攻战，随后移师夏萨，与法兰克-大马士革联军对垒，后者则在安条克公国的城镇阿帕米亚城外扎下营盘。

对于夏萨的蒙基德家族来说，这些事件又一次使他们处于进退两难的尴尬境地：应该像 1111 年时所为，支持苏丹的军队（冒着激怒既有法兰克人和也有塞尔柱人的所有邻国的风险），还是应该辜负苏丹的美意，将其逼近的大军视为侵略者？在此次事件中，他们站在苏丹这一边。不幸的是，这一次他们做出了错误的选择。布尔苏克指挥下的苏丹军队在夏萨城墙外一直无所作为，而且谣言四起，说塞尔柱人在大营内酗酒。只是当情报传来，鲍德温一世的军队不日即将抵达，与法兰克-塞尔柱联军一起作战，布尔苏克的军队才行动起来。[29]

布尔苏克赶在安条克军队与鲍德温一世的军队会合之前向其大营发动了一次正面进攻，但一无所获。萨勒诺的罗杰是一位能干的武士，深知塞尔柱人的强项在于他们的弓箭手和机动性。因此，他将自己的军队排列成紧密的阵型，并严令手下的士兵留在阵线以内。他拔剑在手，沿着己方军阵而行，告诫士兵们在任何情况下都不得向塞尔柱人出击。这让许多内心冲动不已、渴望借此机会夺得荣耀的骑士们深感沮丧，但这是明智之策。[30] 塞尔柱人企图挑动法兰克人反击。如果基督徒们被激怒，在时机不当的时候发动冲锋，塞尔柱人就会轻易地转向，保持在他们的锋芒所及之外，直到基督徒们的马匹精疲力竭为止。然后，塞尔柱人便可以扑向他们。罗杰知道这一危险。他还是一心等待鲍德温一世的到来，在此之前绝不冒险与敌军决战。

　　发现常用的策略未能奏效后，布尔苏克又生一计，转而诉诸别的手段。他假装撤退，给人留下一种他已经接受失败的表象。他的敌人果然上当受骗，以为威胁已过去，于是各自散去。图格塔金和伊尔加齐返回自家领地，罗杰也率军返回安条克，其他的法兰克军队也回师的黎波里和耶路撒冷。一俟联军主力解散，布尔苏克突然急速回军，并于 1115 年 9 月向安条克边城卡法塔布（Kafartab）发动新一轮的凶猛攻击。[31]

　　对卡法塔布的围攻战以最快的速度完成。法兰克领主倾向于在攻城塔和投石机的帮助下进行耗时且煎熬的攻城战，寻求翻越或摧毁敌人的城墙，而塞尔柱将领则更喜欢在城墙下方挖掘地道。塞尔柱人雇用专家来完成这一危险的工作，最有名的地道工兵来自远在东方的呼罗珊地区。从卡法塔布干涸的护城河着手，塞尔柱工兵部队在城墙下挖掘作业。这是一项技术工作。首先，他们在城墙下清理出一大片空间，用大木梁支撑住城墙的地基，这样砖石就不会掉

68

落到挖掘者身上。当工兵们在城墙下挖掘到足够远的地方时，他们用木柴填满整个地下空间并将其点燃。大火烧毁了支撑的木梁，导致城墙坍塌，为攻城部队创造出突破口。[32]

随着罗杰的军队向塞尔柱人进发，他的侦察兵回报敌军并未注意到他们部队的抵近；因此，罗杰手握发动奇袭的机会。凭借这一优势，他于 9 月 14 日大清早便率军突袭苏丹的军队。法兰克骑兵被分编成数个分队，每一队都接到指令：平端骑枪（长枪放在腋下，而非像持标枪一样高举过头顶），在不同的地点向敌军发起猛攻。骑兵们向敌人猛冲过去，在第一轮冲锋中他们的长枪纷纷折断，于是他们拔剑投入肉搏战之中。塞尔柱人根本没有时间摆好队形，便被蜂拥而来的骑兵冲垮。塞尔柱大军慌作一团，布尔苏克本人在卫队的陪同下爬上一座小山，这才得以从己方的溃败中逃出生天。[33]

这场后来被称为泰勒达尼什（Tell Danith）之战的战役是一场经典的骑兵战术胜利，与第一次十字军东征时使基督徒骑兵威震天下的战术一脉相承。这种策略确保了骑兵冲锋的全部威力能直接贯穿敌军阵线，不给敌军部队留下任何规避机动的机会，然后骑士们就可以在敌阵中猛冲过去，在普通士兵之间制造出呈病毒式蔓延的惊恐和混乱，从而趁对手利用其压倒性的数量优势淹没法兰克人之前击溃任何抵抗。

对于法兰克人来说，泰勒达尼什战役是一场重大胜利，他们的军队满载敌军的财宝回到安条克公国，在城门迎接他们的是宗主教组织的庆祝凯旋大游行。而对于布尔苏克来说，此战无异于奇耻大辱，羞怒交加的他在第二年就去世了。对于叙利亚的塞尔柱军阀图格塔金和伊尔加齐来说，这一战迫使他们暴露了真面目。他们已经摆明车马，如果苏丹试图夺取叙利亚的控制权，那么他们就会与法兰克人站在同一阵营。塞尔柱王朝一如既往地四分五裂，而且在布尔苏克的残兵败将向东逃逸时，图格塔金自己的部队仍然不断骚扰这些幸存者。

对于大马士革的图格塔金来说，这场战役勉强算是一场大捷，然而他将自己对苏丹的不臣之心表现得过于露骨，因而担忧其同胞对此做何反应。传入他耳中的谣言称，他在苏丹的宫廷里树敌众多，于是在 1116 年，他动身前往伊拉克，并在抵达之前就送去了华丽的礼物，以此寻求与苏丹穆罕默德和解。最后，穆罕默德还是接受了图格塔金的示好姿态。或许这位苏丹认为，叙利亚过于遥远，局势过于复杂，所以无法征服，与其拒绝图格塔金的好意，将他驱赶到与自己永久对立的一方，倒不如接受他浅薄的表演式效忠。

70

1115 年的战事对于苏丹的军队来说在很多方面都是一场灾难，而且苏丹未能如愿夺得阿勒颇的控制权。这是苏丹第二次派遣军队来支援这座城市，然而他的军队两次都遭到了该城统治者的抵制。

布尔苏克的军队被击败后，太监卢鲁在阿勒颇的权力稳步上升。他早已谋杀了里德万的继承人阿尔普·阿尔斯兰，继而宣称自己是里德万另一个儿子、只有六岁大的苏丹·沙的阿塔贝格（atabeg，摄政王）。[34] 至 1116 年，卢鲁已经胆大妄为到离开自己位于卫城城堡的巢穴，开始在公开场合行使自己权力的程度了。后来的事件证明这是他的失策。一日，卢鲁出行，与欧盖伊家族（Banu Uqayl）会谈，这个与阿勒颇相邻的阿拉伯统治家族统治着位于幼发拉底河河岸的城镇卡拉特－贾巴尔。在途中他停了下来，显然是为了去方便，然后便被自己手下的士兵射杀。[35]

卢鲁暴毙之后，阿勒颇立刻陷入内乱。卢鲁的统治可能无法体现出道德正统性，但他还是做了一些维护秩序的表面功夫。在随后的几个月里，权力在城内不同派系间转手，这些派系互相争吵。这座城市在政治上的"断层"众所皆知，所以邻近的主要政权统治者都开始思考如何将阿勒颇据为己有。第一个下手的是拉赫巴城的塞尔柱统治者，这位忠于塞尔柱苏丹的武将名为阿克桑古尔（Aqsunqur）。有流言说他正是卢鲁遇刺的幕后黑手，而且他确实在暗杀事件发生后，立刻气势汹汹地向阿勒颇进军。他的到来使城内分为两派。一些阿勒颇的将士热情地欢迎他，其他人则抵制他作为统治者候选人的资格。这些反对者并不准备接受一个与苏丹关系如此密切的统治者。

71　　结果，这座城市对阿克桑古尔紧闭城门，但城内势力现在必须想办法将他赶走。阿勒颇人对进兵神速的阿克桑古尔深感焦虑。他们首先向土库曼部族首领伊尔加齐求助，但后者并未立刻赶到；然后又向法兰克人乞援，法兰克人迅速向阿勒颇的东部行政区域发动大规模突袭，迫使阿克桑古尔退兵。在摆脱了这一威胁后，阿勒颇于 1117 年与法兰克人签订了一项条约，授予法兰克人对该城的贸易进行征税的实质性权利。

这一条约本可能让局势稳定下来，但不久之后，即 1117 年夏天，伊尔加齐也应邀来到城门之外。他获准入城，但发现卫城城堡的守军已经做好了抵抗他的准备。于是他很快就离开了，宣称这座城市已经无法管理。到了这个阶段，阿勒颇内部似乎有一个派别强烈支持法兰克人接管该城，因为在伊尔加齐离开后不久，一支阿勒颇-法兰克联军袭击了伊尔加齐在阿勒颇东部的据点巴勒斯（Bales）城，试图将他逐走。

阿勒颇统治权的争夺战正在成为一场多方参与的混战，因为不久之后另一支军队又抵达该城城墙外，这一回领军的是大马士革统治者图格塔金。鉴于他曾在过去与城内的武士们并肩作战，他寄希望于市民们能自愿接受他的统治。但城门依然紧闭，也许是因为阿克桑古尔也在图格塔金的随行队伍中，市民们可能担忧图格塔金会把他作为新的统治者强加于他们头上。恰恰与图格塔金的愿望相反，阿勒颇再次向法兰克人寻求军事保护。图格塔金在得知耶路撒冷王国入侵大马士革的领地后不久便离开了。

到了 1118 年，阿勒颇已经迅速过渡到法兰克人的霸权统治之下。该城的市民领袖们经常向安条克公国寻求保护，以抵抗邻近的塞尔柱人，而且他们早已将该城收入的一大部分交给这个基督教公国。对于法兰克人来说，他们离实现掌控阿勒颇的长期目标只差一步之遥。此时，安条克公国的地位如此稳固，以至于在 1118 年夏，72
罗杰可以率领一支大军前去支援耶路撒冷王国抵御法蒂玛王朝的入侵，并于作战季节的高峰期在亚实基伦（Ascalon）附近驻留将近三个月的时间，丝毫不担心他的敌人们会利用他不在国内的机会。

其至连安条克公国的长期对手拜占庭人，为了应对法兰克人不断增长的实力，也在改变他们的策略。由于这个公国已经强大到无法使用武力颠覆的地步，拜占庭人转而开始寻求联姻，希冀通过外交手段赢得安条克。[36]

借助手中的军事实力，罗杰可以在阿勒颇周边的土地纵横无阻，兵锋远及该城行政区域以东而安然无虞。这座城市已经任其摆布，法兰克人势必将迫使它屈服，将其从一个保护国吞并为己方领土。这将会是一个决定性事件。阿勒颇在叙利亚的地位举足轻重。在经济上，阿勒颇的统治者可以从城内市场和周围的农田获得巨额收入。在战略上，该城及其卫星城镇控制着幼发拉底河北部的许多主要渡口，其中还包括大多数连接着黎凡特海岸和塞尔柱苏丹在伊拉克领土的交通要道。在军事上，占据阿勒颇及其乡村腹地有助于孤立南面的大马士革，这样法兰克领土就可以从三面包围这座大城。此时，由于阿勒颇几乎完全处于法兰克人的控制之下，如若打赌，庄家很可能会为法兰克人短时间内统治整个地区的前景开出有利的赔率。

在回顾这段充斥着战争、条约、友谊和背叛的历史时，令人震惊的是，12世纪早期的事件与人们对十字军东征的普遍看法之间存在的相似之处何其之少。这并不是基督教与伊斯兰教、东方与西方，抑或是欧洲与中东的对决。现实要复杂得多，也有趣得多。实际上，这一时期的战争是许多不同派系间的大混战，每一个集团都在推动各自的战略规划，在这些规划中，己方领袖的个人野心与其

亲属所主张的更为广泛的目标交织在一起。战场上的阵营划分很少　73
泾渭分明。第一次十字军东征的战役和 12 世纪早期的战争都包括
游牧部族派系之间相互攻伐、基督徒与基督徒刀兵相向、基督徒与
塞尔柱派系联手对抗其他基督徒与塞尔柱派系联盟的例子，而且这
样的事例清单还会拉得很长。对于许多武将来说，昨天的敌人可能
就是今天的朋友，可能还会成为明天的对手。其余不论，政治世界
绝非单纯的"我们"与"他们"之间的较量。

也许对十字军东征最具误导性的解读就是认为这是一场基督教
和伊斯兰教这两个对立宗教之间的战争。毫无疑问，这场冲突中自
有宗教因素存在，但那个时期留存下来的史料迅速打破了这种简单
化的模式。首先打破这种观念的就是那些随着十字军东征部队新近
到达东方的法兰克人。第一次十字军东征并非一场刻意针对伊斯兰
教发动的战争。大多数参与者在出发时只知道他们的对手将是某种
非基督徒，甚至连那些认定自己此行是为了与"撒拉森人"作战的
人也对伊斯兰教几乎一无所知。十字军至高无上的目标是将耶路撒
冷收回到基督教的控制之下，为了达到这一目的，他们不排斥与该
地区的非基督教势力结盟。

然而，这并不是说他们对伊斯兰教有好感，或者认为穆斯林在
宗教信仰体系中有着与他们一样的平等地位。他们把伊斯兰教视作
一个严重的宗教谬论。[37] 尽管如此，他们坚信伊斯兰教是一种伪教
的看法并没有导致他们切断与穆斯林的所有联系，或不加区分地将
所有穆斯林都定性为反对的目标。中世纪的基督教并没有将这样的义
务强加给信徒（事实上，还强调了接触非信仰者以促使他们皈依的

必要性），而且法兰克统治者也没有愚蠢到要疏远自己治下很大一部分人口，毕竟这一群体在税基（tax base）中占据了相当大的比重。因此，他们对与自己的穆斯林邻居和臣民合作做好了充分的准备。然而，第一代十字军战士和他们的后代确实打算以基督教世界的名义征服这一地区。虽然他们并不打算强迫那些非基督徒居民改宗，或是杀戮、驱逐他们，但早已下定决心实行基督教的统治。从这种意义上来说，十字军东征确有其宗教规划。

此外，这一地区还存在着其他基督徒群体，包括亚美尼亚人和拜占庭人。尤其是拜占庭希腊人，他们与法兰克人的关系剪不断理还乱，双方偶尔还会爆发公开冲突，特别是在与安条克公国的关系方面。当苏丹穆罕默德在 12 世纪最初十年向法兰克人发起一系列战役行动时，穆斯林的史料显示，他得到了基督教皇帝阿莱克修斯一世·科穆宁的鼓励；法兰克人是他们共同的敌人，而宗教完全不是问题。[38]

要在这场冲突中辨识出一个鲜明的穆斯林阵营就更成问题了。塞尔柱人是近东世界最强大的非基督徒势力，寥寥数年内就征服了这一区域。然而，他们的宗教认同却在不断地转变。在他们于 11 世纪凶蛮地迁入信仰伊斯兰教的哈里发帝国境内之前，大多数塞尔柱人的核心宗教信仰本应是萨满教。他们的信仰可能还吸收了一些来自犹太教、基督教或伊斯兰教的影响，但这些内容可能在当时与他们的传统信仰进行了融合。在那些接近伊斯兰世界的塞尔柱人社群里似乎有更多的伊斯兰教信徒，但即便是在这样的环境里，各种宗教信仰也是混杂在一起的。

后来，当他们刚一入主伊斯兰世界的时候，塞尔柱人似乎普遍开始接受伊斯兰教的信仰和文化习俗（军事征服者在文化上被其征服的民族所征服的经典故事）。即便如此，这也是一个漫长的过程。到了 12 世纪初，塞尔柱人仍然处于这种信仰转变的过程中，且许多萨满教的原始信仰还存续了数十年之久。

当第一次十字军东征的战士们行进到曾被塞尔柱人控制的领土时，他们注意到了这种宗教信仰混杂的情况。一些观察者评论说，塞尔柱人倾向于蓄须并且在己方统治的城镇里响应祷告的号召，这都是向伊斯兰教靠拢的迹象。他们还注意到，安条克的圣彼得大教堂被塞尔柱征服者改为一座清真寺，在施工的时候他们用水泥掩盖住了雕像（这一做法反映出伊斯兰教禁止在宗教建筑内描绘人物形象的教规）。[39]

然而，这些对伊斯兰教独有习俗的记录，却与其他截然不同的报告混合在一起。一些十字军战士观察到，塞尔柱人在下葬死者时，将包括黄金、衣物和武器在内的贵重物品一起陪葬。[40] 这可不是伊斯兰教的习俗，而是表现出塞尔柱人在往昔草原生活中的传统信念。许多作家——他们的文化背景多种多样——都描述了塞尔柱人对酒的酷爱（伊斯兰教恰恰禁止饮酒），这也让人想起他们以前的游牧生活方式，发酵的马奶酒（qumiz）是他们基本食物的一部分。[41] 还有记载称，塞尔柱人相当看重占星术，这又是他们延续过往生活方式的一个潜在证据，尽管这种习俗在穆斯林的世界里也很流行，但伊斯兰宗教领袖们则试图消除这些风气。[42]

总体而言，塞尔柱人的宗教信仰在这一时期的遗存线索混合了

75

不同元素，折射出一种处于转型期的文化。伊斯兰教、阿拉伯和波斯的文化正与萨满教、塞尔柱的文化以及草原世界的风俗交融在一起。而塞尔柱人他们自己在成为伊斯兰世界大部分地区的主宰后，很可能不仅将任何启发或吸引他们的习俗化为己用，同时拒斥那些与他们的基本文化认同相冲突的习俗。作为胜利者，他们大可随意挑选。

这些征服者，与他们之前的征服者一样，可能认为让自己适应臣服者的文化才是审慎之策。作为统治着广大人口的少数民族，如果他们以同宗教徒的面目治国的话，当地民族就更乐于配合了。这种对宗教信仰的实用主义态度在这一时期很常见。在第一次十字军东征到来之前，正与自己的兄弟杜卡克打得难解难分的里德万（从理论上来说是逊尼派信徒）向法蒂玛王朝（什叶派信徒）大献殷勤，以求得后者援助。为了回报法蒂玛王朝的支持，里德万允许在自己统辖的大部分领土上的呼图白（khutbah①，每个星期五在清真寺的宣教仪式）上都提及法蒂玛王朝哈里发的名字，这是表示恭顺姿态的一个重要标志。[43] 而且在后来的第一次十字军东征期间，也有记载提及，一些不知姓名的塞尔柱将领（很可能就包括里德万在内）提议改信伊斯兰教什叶派以换取法蒂玛王朝的帮助。[44] 总而言之，种种迹象表明，这一时期的许多塞尔柱人对自己的信仰毫不在

---

① 伊斯兰教宣教仪式。阿拉伯语音译，意为"宣讲"、"演说"，专指发表宣教演说。穆罕默德于622年迁移麦地那后的聚礼日发表呼图白，623年又将呼图白定于开斋节和宰牲节会礼之前。呼图白中宣讲的内容主要是伊斯兰教义，其次是针对社会上的某些实际问题发表的演说。

意，完全乐于为政治上的便利而调整自己的教派隶属关系。有鉴于此，法兰克人与塞尔柱人的战争不能被轻易地归结为基督教与伊斯兰教之间的简单斗争。实际情况更为错综复杂。

此外，其他穆斯林群体也参与了这一时期的历史事件：阿萨辛派、法蒂玛王朝、阿拉伯埃米尔和贝都因部落民。这些群体的信仰和文化也远非一致，他们信奉各种各样的伊斯兰教派，并以不同的方式相互联系。许多群体惧怕阿萨辛派，而一些群体则是法蒂玛王朝的天然盟友。

最后，12 世纪初的近东大地是一个多民族参与其中的大舞台。到目前为止，本书所讨论的群体均是主要角色，但也有许多其他群体登场，包括犹太人、德鲁兹派（Druze）① 穆斯林、撒玛利亚人（Samaritans）②、拜火教教徒（Zoroastrians）和科普特（Coptic）基督徒。每一个群体都有着自己的目标。

有时，冲突介乎于宗教阵营之间，但大多数情况下却并非如此。更为常见的是，冲突是由政治分歧引起的。塞尔柱苏丹试图重新控制叙利亚北部的举动就属于后一类范畴；拜占庭人为收复安条克所做出的努力也是如此。另外，还有一些种族间暴力斗争的例子，比如阿拉伯人和亚美尼亚人寻求摆脱塞尔柱人的统治。这些相互竞争的政治规划纠结在一起，以及由此造成的混乱，为这一时期

---

① 近东的一个伊斯兰教派别，产生于埃及法蒂玛王朝第六任哈里发哈基姆（996~1021 年在位）统治的末期，属于什叶派伊斯玛仪派的一个分支，被许多正统伊斯兰教派视为异端。该教派信徒主要分布在黎巴嫩、叙利亚、约旦和巴勒斯坦等地。

② 中东的一个古老族群，最早见于《圣经·新约》的福音书中，据称是在 3000 多年前迁居到以色列王国北部的一个部落的后裔。

的戏剧性事件奠定了基础，形成了一个利益冲突的旋涡，既将一些
角色卷入冲突，又创造了许多非比寻常的合作伙伴关系。[45] 正如一
77 位同时代的穆斯林作家曾哀叹的那样："今日之世界已然天翻地覆；
有人与法兰克人握手言和，有人与穆斯林争斗不休。"[46]

　　除了战争冲突之外，十字军东征时期也见证了一些耐人寻味的
跨文化互动时刻。在第一次十字军东征之前的数个世纪里，西方基
督教世界和近东各民族之间存在着一定程度上的贸易和通信往来，
但十字军国家的出现大大拉近了这些文化之间的距离。意大利诸城
邦大幅增加了它们在地中海东部的商业投入，同时与十字军国家和
拜占庭帝国通商。它们的代表还在原有关系的基础上，通过尼罗河
三角洲上的港口，尤其是亚历山大，与埃及加强了联系。同样，返
回西方的十字军战士和朝圣者为自己的故土带回了异域的风土人情
和来自这些遥远他乡的珍奇物品。穆斯林朝圣者和旅行家则发现自
己正穿行在十字军国家的领土之上，而许多穆斯林社区也处于法兰
克人的管理之下。跨越文化边界的互动变得越来越普遍，不同的群
体无论自身愿意与否，都会有更直接的接触。

　　这些遭遇的结果各不相同。当然，它们给相关群体的宗教领袖
和世俗领袖带来了一些异乎寻常的困境。例如，在 1126 年，亚历
山大的宗教机构就被要求确定从基督徒的领土进口奶酪的行为是否
违反了伊斯兰教法。[47] 而在地中海的另一边，似乎很多十字军战士在
回乡时都戴着塞尔柱人的帽子，以至于有人试图禁止他们这样做。[48]
棕榈枝和各类圣物也是虔诚的旅行者从圣地带回家乡的常见纪念

品。另一个更加惊世骇俗的例子是一位法兰克骑士试图将一头驯服的狮子运回法兰西。他在圣地期间似乎与这头野兽结下了深厚的感情，但他却找不到愿意运送如此凶猛的"乘客"的船主。当骑士不情愿地乘船前往西方，将他的"宠物"抛之身后时，这头孤独的狮子据说跟着主人的船跑进海里，游出了一段距离。[49]

十字军东征的时代及其引发的跨越文化或宗教界限的诸多冲突，也引导了一些人借用或模仿他们在其他文化中观察到的思想或技术。法兰克人的武器和盔甲在阿拉伯和塞尔柱战士中很受欢迎，他们要么急切地从阵亡的基督徒将士的尸体上抢掠，要么通过贸易获得这些装备。军火交易的规模如此之大，以至于教廷忧心忡忡，教皇们曾不遗余力地阻止商人向穆斯林港口出售武器（但无济于事）。同样地，法兰克人的象征物和器具也开始渗入黎凡特的文化和艺术。鸢尾花形的纹章（fleur-de-lis）似乎启发了许多艺术家的想象力，很多留存至今的艺术品例子表明，这一时期的亚美尼亚和穆斯林工匠在创作过程中将这一图形吸收进了自己的设计当中。[50]反过来，法兰克人也从东方设计中获得了灵感。例如，一些法兰克人开始借鉴穆斯林的模式建造房屋或安排起居生活。这一时期典型的伊斯兰风格房屋以中央庭院为基础，通常被高高的无窗外墙围绕，注重强调隐私的需要。[51]在黎凡特生活的法兰克人中，光顾公共浴室的习惯似乎也成为一种愈发流行的风潮，这在西方也并不常见。

法兰克人还借鉴了近东的其他信仰基督教的群体，在艺术、铸币（许多钱币上都刻有希腊语或阿拉伯语的铭文）和服装方面都受到了东方文化的影响。这在十字军时期建造的许多建筑中也有明显的体现，譬如圣墓教堂（Church of the Holy Sepulchre）。这座教堂是基督教信仰体系在耶路撒冷的活动中心，涉及世人认定基督受难、下葬和复活等神迹发生的地点。在法兰克人统治这座城市的时代，他们对这座建筑进行了扩建，其中最引人注目的变化是建造了两层高的主外墙。外墙装饰上的一个显著特点就是兼具了法兰克人自己的风格和东方基督徒，尤其是亚美尼亚人的风格。[52]

西方和东方基督教世界在建筑风格上的融合也彰显了双方在社会层面上更广泛的融合，从十字军战士在东方定居开始，就产生了跨文化婚姻的例子。鲍德温一世和鲍德温二世都娶了亚美尼亚新娘，后来许多统治者也娶了亚美尼亚或拜占庭贵族女子为妻。[53] 婚姻是交流思想和习俗的重要媒介。例如，鲍德温二世的女儿梅利桑德（Melisende），其母系是亚美尼亚人，据说她负责了 12 世纪中叶在耶路撒冷进行的数项重大建筑工程（包括圣墓教堂在内），而这些工程包含了很多明显的亚美尼亚文化特征。异族间的通婚可能代表了不同基督教社会之间的桥梁，但也反映了社会交往的边界，因为，尽管基督徒进行异族通婚很常见，但与异教徒通婚是被禁止的。

另一种形式的跨文化融合发生在饮食层面。许多新到东方的朝圣者、定居者或十字军战士完全不习惯当地的饮食和气候。有些人则显然沉浸在新环境中，这点从乌萨马·伊本·蒙基德记述的一个故事中可以看出。他讲述了安条克一位上了年纪的法兰克骑士邀请一个穆斯林熟人吃饭。客人到达的时候可能显得有些紧张，这位基督徒主人立即告诉他，自己从来不吃法兰克人的食物，家里的饭菜都是由一位埃及厨子准备的，而且自己的府中禁食猪肉。这似乎让这位穆斯林客人放宽了心并与法兰克骑士一道用餐，尽管他吃得很少。[54] 至少在这个例子中，这位骑士的文化适应性是显而易见的。

在其他一些例子中，定居者试图改变周边的环境，以求重新创造出故土的文化规范，而且养猪业和葡萄种植业在法兰克人的领地上也越发广泛地发展起来，这反映出他们对猪肉和葡萄酒的偏好。[55] 80 中东的饮食也使新登陆的十字军战士的消化系统易遭到一系列新的寄生虫的侵害，而这些十字军战士对此准备不足。反过来，最近对在古代粪坑中发现的中世纪排泄物进行的生物考古学研究表明，十字军战士无意中把新的寄生虫引入了近东，如引起痢疾的溶组织内阿米巴（*Entamoeba histolytica*）。[56]

在思想层面，返回西方的十字军战士所带回的信息在西欧引发了一系列辩论。塞尔柱人是一个特别令人着迷的群体，因为他们此前在很大程度上还不为人所知。他们的突然出现给学术界带来了找出其起源和种族根源的挑战。面对这样的困境，当时的知识分子的做法是潜心钻研手中的档案以寻找灵感，不过他们研究的结果各不相同。一些学者提出的看法是，塞尔柱人是古典时代帕提亚人（Parthians）的后代，因为两者都喜欢在战争中运用弓骑兵。另一些学者则引用了一个古老的传说，称特洛伊陷落后，一群难民逃离了这座城市，经过长期的流浪后分为两个群体，因而建立了法兰克和塞尔柱民族。[57] 令人惊讶的是，塞尔柱人自己也可能认为他们与法兰克人有所关联，但原因不同。他们似乎认为，这两个民族的起源相似，都是圣经人物诺亚的孙子歌篾（Gomer）的后裔。[58]

从伊斯兰教的角度来说，法兰克人也吸引了穆斯林的注意，并给学者们带来了一些发人深省的问题。其中的一些挑战在一部印制于阿勒颇的波斯文著作中得到了证实，该著作名为《珍稀美德之海》（*The Sea of Precious Virtues*），12 世纪中叶写于叙利亚，主要内容是对一位年轻的塞尔柱贵族的建议和忠告。这本书在神学理论上对基督教信仰体系中的要素表现出相当大的敌意，尽管作者显然已被法兰克宗教文化中的某些方面打动。他赞扬了法兰克人对他们的司铎所表现出的尊重，并建议他的穆斯林同胞在与伊斯兰宗教领袖的关系中效仿这种恭敬的行为。[59]

《珍稀美德之海》的作者似乎也对法兰克人在战场上获胜的速度和频率感到苦恼。他记录了一场发生在巴格达的辩论。在这场辩论中，有一位提问者问道，为何在伊斯兰教兴起之初，穆斯林单凭少数人马就能以少胜多，击败大批异教徒，现在反而是一小部分异教徒就能够战胜优势巨大的穆斯林军队。他得到的回答是，信仰伊斯兰教的人民在近年来早已堕入恶习的深渊，他们早年的美德此时已被敌人拥有。[60]

上述这些情节不过是十字军东征时期各种文化广泛接触中的一个缩影，这些互动的多样性和复杂性正是其魅力所在。当不同文明碰撞时，所有参与其中的人物都不得不考虑在这种交流交往中采取什么样的立场。他们需要问问自己，有哪些生活中的领域他们准备分享，哪些不愿意分享；在哪些领域他们准备学习，而哪些领域他们只打算指导；在哪些方面，他们准备淡然处之，而在哪些方面，他们只能强硬对待；对哪些思想他们可以敞开胸怀，哪些思想他们必须断然拒绝。这种复杂的姿态几乎总是各种因素混合的产物，包括人物个体的文化和宗教规范，他们的性别和社会地位，交流的类型——战场上、浴室内、市场中、婚床上——以及他们的性格和个人性情。观察这些场景尤其有趣：无论出于何种原因，当一个社会在遇到另一种文化后，在意识到一些问题或疑问在现有的传统中没有答案时，这个社会感受到了挑战或威胁。

不难想象，12 世纪最初十年中的一系列事件会给阿勒颇的人民带来诸多这样的问题。他们处境凶险，需要做出艰难的抉择。最近数十年来，他们的城市被各方势力反复争夺，现在又被内乱吞噬；他们的农田也屡屡被外敌蹂躏。他们所在的地域已成为诸多民族施展抱负的竞技场，阿拉伯人、塞尔柱人、亚美尼亚人、法兰克人纷纷登场。此时，在 1118 年，法兰克人似乎占据了上风。阿勒颇人民能否甘心接受自己的家园沦为法兰克保护国？土库曼人接管的前景是否更具吸引力？有无良策可以让他们保持自身的独立地位？当然，他们处于风暴的中心，而接下来的数年将是决定性的。

82

第三章

一决胜负
（1119 年）

　　　至 1118 年时，法兰克人正稳稳地将阿勒颇纳入己方的掌控之中。安条克公国已经占据了该城周围的许多城堡，并越发以该城的宗主自居。安条克的将领们很清楚，这座城市的陷落终将使他们独霸一方，其领地和物产将大幅提升十字军国家向南扩张的实力。贾兹拉的土库曼统治者们也同样清楚这座城市正渐渐滑入基督徒的怀抱，他们也意识到这将对自身的领土构成威胁。在他们看来，法兰克人的扩张必须受到遏制。近东的斗争现在正处于一个重大转折点的边缘。这两个敌对征服者之间的大决战已是一触即发。

　　1118 年至 1119 年，近东的战事连绵不断。在南面，耶路撒冷国王鲍德温一世率领一支远征军深入埃及，但他在己方部队到达尼罗河三角洲后不久便身染重病。据传，当他在尼罗河游泳时，一处旧伤复发，而且未能痊愈。意识到自己将不久于人世后，他试图让侍从用担架将自己抬回耶路撒冷，但还是于 1118 年 4 月 2 日在途中去世。继承王位的人是埃德萨伯爵布尔克的鲍德温，他成为耶路撒冷国王鲍德温二世。

颇有争议的是，布尔克的鲍德温并非已故国王指定的继承人。鲍德温一世原本希望将王位传给自己的兄弟布洛涅的尤斯塔斯三世（Eustace Ⅲ），但尤斯塔斯远在西方基督教世界，而耶路撒冷王国又急需一个新的守卫者。布尔克的鲍德温在正确的时间出现在正确的地点。他在国王的死讯传来前不久正好前来耶路撒冷朝圣，于是，在宗主教为他的继承权慷慨激辩之后，他被选为已故国王的继承者。他在 1118 年复活节受膏成为耶路撒冷国王鲍德温二世，并于 1119 年圣诞节加冕。已经动身前往东方的尤斯塔斯及其支持者被取而代之，于是不得不打道回府。[1]

鲍德温二世继位后不久，耶路撒冷王国在干旱的 1118 年夏季同时遭到来自北面大马士革塞尔柱人和南面埃及人的进攻。新国王在南北夹击的情况下未免顾此失彼，于是鲍德温二世向安条克公国和的黎波里伯国的法兰克人求援。未几，图格塔金又与亚实基伦的法蒂玛军队会合，在南面重兵压境。然而，埃及与大马士革的联合军队一事无成，只是造成了一场旷日持久的对峙。交战双方都没有绝对的军事优势，也就没有试图攻击彼此。

而后，耶路撒冷王国的军队在东北侧翼的方向主动出击，对大马士革的领地发动了一系列袭扰。这种破袭战在中世纪的战争中经常发生，法兰克人和塞尔柱人都会运用这种战术。破袭战虽然残忍，却是一种行之有效的战争手段，因为它的目的是摧毁敌方的农村基础设施。其基本原则是带走一切有价值的东西——钱、人和牲

畜，然后烧掉或毁坏剩下的一切。这是一场经济战争，在巩固自身

地位的同时，通过剥夺敌方的资源来削弱对手。这种进攻战术的最大优势在于，攻方通常可以在不冒着与敌方进行全面会战的风险的情况下行动。袭扰部队可以残酷地执行其破坏工作，然后在敌军救援部队到达之前逃回自己的领地。当时，耶路撒冷王国面向大马士革的主要边境据点和突袭基地是加利利海西岸的太巴列城。这座边城的领主库特奈的若斯兰（Joscelin of Courtenay）是个能干的战士，在 1118 年，他的军队在塞尔柱人的领土内大范围机动，取得了一系列小规模的胜利。

最终，若斯兰的入侵行动激怒了图格塔金，后者不得不采取行动，派出自己的儿子塔杰·穆尔克·布里（Taj al-Mulk Buri）率领一支军队追杀由若斯兰率领的、130 名骑士组成的小队。对于大马士革军队来说幸运的是，若斯兰严重误判了形势，他的突袭队为了寻找霍姆斯附近的肥田沃土已经转进到了大马士革的北方，距离耶路撒冷王国边境足有数百英里之遥。他们已经暴露了自己的位置，塞尔柱军队猛扑向这支队伍，将其困在一座小山头上。随着法兰克骑士团成为瓮中之鳖，图格塔金亲自赶到，指挥他的军队将这座山头团团包围。他只是打算将这支小部队牵制住，作为一位经验丰富的将领，他知道即使是与如此少量的基督徒重骑兵进行正面对抗也是下下之策。在冒着直接对抗的风险之前，把他们拖垮更有意义。[2]

问题是图格塔金的儿子并不如他父亲那样审慎。冲动的布里不顾基督徒冲锋的危险，选择直接率兵上山进行仰攻。结果是灾难性的。被置之于死地的法兰克骑士团更加凶猛地作战，将大马士革全

军打得狼狈而逃。

南方战争的命运为北方正在酝酿的阿勒颇争夺战埋下了伏笔，后者意义更为重大。图格塔金的势力出乎意料地被削弱了，大马士革的边界也亟待巩固。因此，他动身前往阿勒颇和贾兹拉，向伊尔加齐寻求援助。颇具讽刺意味的是，图格塔金在进入叙利亚北部的时候遇到一个来自阿勒颇的代表团，而这些人正是被派去向图格塔金请求援手以对抗法兰克人的。

阿勒颇的局势已进一步恶化。阿勒颇人原本一直仰仗安条克公国的保护，但事实证明法兰克人是不值得信赖的守护者。近来，他们的军队开始拦路打劫经过阿勒颇地区的商人，将其掳为奴隶并没收其货物。阿勒颇的市民向法兰克人提出交涉，要求对方不要违背协议。一开始，法兰克人让步并归还了赃物，但随后不久，他们就悍然撕毁了协议，袭击阿勒颇的乡村地区并攻占了阿扎兹城（Azaz）。[3] 法兰克人感到已经稳操胜券，再也不需要与阿勒颇市民间的任何协议，可以采取行动完全控制住局面。阿扎兹城的沦陷——该城位于阿勒颇北部，拥有一大片肥沃农田——不啻晴天霹雳，意味着法兰克人对阿勒颇的包围圈进一步收紧。[4] 阿勒颇危在旦夕。

在一片恐慌之中，阿勒颇的人民开始重新寻找新的守卫者。他们原本对图格塔金青睐有加。这位统治者长期坐镇大马士革，经验丰富，是一位远近皆知的善战武将。然而，他新近败于若斯兰之手，非但没有能力向阿勒颇施以援手，反而自身也在请求外援。故而，阿勒颇人又向遥远的摩苏尔统治者寻求支持，但此人也无能为力。最后，在走投无路之下，他们向土库曼将领伊尔加齐打开了城门。此君是一个极不得人心的选择，以残忍好杀和政治立场有争议而为人所知。当他的军队接近阿勒颇时，市民们的决心发生了动摇，于是当着他的面关闭了城门；然后他们再次动摇，又允许他入城。[5]

伊尔加齐的上台一如市民们所担心的那样糟糕，他最初的举动证明他们当初的犹豫是完全合理的。他清洗了城内的精英人士，残酷地攫取了大权。他通过此举发出的信息很明确：他要长驻于此、大权独揽，而且将建立自己的统治制度。他的下一步举动是不惜血本，向法兰克人购得和平。这种和平并不是他早先于 1115 年与法兰克人会商的那种联盟，当时他与安条克公国联合，对抗塞尔柱大将布尔苏克。如今的妥协不过是为了给自己喘息的空间，以组建他所能招募的最大规模的军队。如果伊尔加齐打算保住阿勒颇，就必须把法兰克人赶走。一场关乎该城未来统治权，因而也是关系整个叙利亚未来走向的重大对抗此时已是迫在眉睫。

1119 年，伊尔加齐开始集结自己的全部力量。他还与图格塔金结盟，后者也与他同样期望逐退法兰克人。他们的目标是确保伊尔加齐在面对法兰克人近期攻势的情况下维持对阿勒颇的控制权。两人都是身经百战的武将，单是在复杂多变而又凶险莫测的塞尔柱政治世界里生存如此之久的事实，就已揭示了他们的强悍能力。

图格塔金从一开始便参与了塞尔柱人对叙利亚的征服行动。在 11 世纪 70 年代塞尔柱人入侵期间，他曾在苏丹阿尔普·阿尔斯兰麾下服役，后来又辅佐苏丹的儿子突突什。图格塔金在为自己的塞

尔柱主公效力时屡立功勋，他们也认可他的能力并予以赏赐。就在
第一次十字军东征到来前夕，图格塔金得到允许，与萨夫瓦特·穆
尔克（Safwat al-Mulk）成婚，对他来说，这是一项莫大的荣耀，因
为后者曾是突突什的夫人。[6] 而这一联姻也使得他成为突突什之子杜
卡克的继父，杜卡克在其父于 1095 年殒命后成为大马士革的统治
者。但太过年轻的杜卡克还无法亲自掌权，于是图格塔金以阿塔贝
格的名义代他统治。自此，图格塔金开始治理这座城市，最开始是
以杜卡克的名义，在杜卡克死后又短暂地以他兄弟姐妹的名义统
治，最后于 1104 年成为唯一的统治者。

作为大马士革的领主，图格塔金颇具威势。这座城市的居民人
口众多、家给人足且识文断字（按照当时的标准）。[7] 图格塔金似乎
被公认为治国能手，而且同时代的史家也称赞他的诸多美德。[8] 他的
主要目标就是在中东的乱世中生存下来，理想情况下能够发展壮
大。这一雄心壮志面临着三个重大挑战。几乎可以肯定的是，最大
的危险就是来自东面的塞尔柱苏丹国的颠覆威胁，尤其是在巴尔基
雅鲁克与苏丹穆罕默德的内战结束之后，数支苏丹的大军压境，使
得图格塔金为之悚惧，时刻担心苏丹会将其统治强加于整个地区，
从而摧毁自己的独立状态。这种担忧是如此强烈，以至于图格塔金
一度准备站在法兰克人一边（正如他在 1115 年所做的那样），只要
法兰克人能够阻止苏丹的野心。

另一个主要威胁来自法兰克人。图格塔金是第一批与这个新的
敌人交手的塞尔柱武将之一，在第一次十字军东征期间，他与自己
年轻的主公杜卡克曾率领大马士革军队试图为安条克解围。[9] 那次努

力失败的结果似乎教会了图格塔金一个道理：在面对法兰克人时要小心谨慎为妙。在十字军征服耶路撒冷后的近十年时间里，他从没有真正试图将法兰克人从黎凡特沿海地带驱逐出去，而是大体上甘愿采取防御姿态：抵挡入侵的军队，驱逐他们的袭掠小队，并援助被法兰克人围困的沿海城市。

然而，这并不意味着图格塔金反对开疆辟土。作为一位久经沙场的老将，他在塞尔柱王朝征服叙利亚北部地区的过程中崭露头角。然而，图格塔金非但没有与军事技艺精湛的法兰克人硬碰硬，反而将自己的大部分精力用于拓展自己与主公在东北方的贾兹拉地区的利益。1099 年，耶路撒冷被法兰克人攻陷后不久，大马士革军队就朝相反的方向出发，试图征服遥远的城镇迈亚法里津（Mayyafariqin）。[10] 在 1103 年和 1104 年，大马士革政权又两度发起远征，攻占并控制了远在东面的幼发拉底河沿河城镇拉赫巴。[11] 这些意图夺取拉赫巴的冒险行动表明了图格塔金和杜卡克的战略重点。拉赫巴坐落在大马士革至伊拉克的一条重要路线上。如果控制了拉赫巴，大马士革得到的不仅是一个情报哨点，更是一个前进基地，面对着那些塞尔柱人在苏丹继承战中反复争夺的兵家要地。

图格塔金对拉赫巴城的念兹在兹也与他的第三个重大外部威胁有关。与里德万和这一地区的其他塞尔柱统治者一样，他治下的一大部分人根本不愿意安安稳稳地成为塞尔柱人的顺民。在图格塔金的治理下，大马士革的人民看起来大体上还能保持缄默（不像里德万治下的阿勒颇人民），但在他更广阔的领地上这种情况并不普遍。1101 年，贾巴拉的卡迪（法官）请求大马士革的兵马接管该城的港口，但图格塔金派去的代理人和他的塞尔柱武士很快就被愤怒的民众赶了出去。[12] 到 1107 年时，阿拉伯部落沙班家族又在拉赫巴城扯起叛旗，拒绝承认大马士革的宗主地位。[13] 甚至连法兰克史家也认识到阿拉伯人对其塞尔柱宗主的仇恨，一位名叫亚琛的阿尔伯特（Albert of Aachen）的作家记录道，在 1100 年，大马士革军队被迫放弃了对一支法兰克军队的夜袭计划，因为他们担心可能会遭到己方的阿拉伯辅助部队的攻击。[14] 更糟糕的是，在图格塔金南部领地边缘的阿拉伯贝都因部落经常与法兰克人合作，劫掠从大马士革出发前往埃及的商队（即便这些商队全副武装）。[15]

在尽力同时应对这些问题时，图格塔金通常的做法是在可能的情况下要么对法兰克人置之不理，要么用金钱安抚他们。总体而言，在过去，来自东方的威胁给他的生存造成更大的挑战，而饱受战争摧残的贾兹拉地区带来的扩张机遇则更为诱人。显然，只要有可能避免的话，他就无意与令人生畏的法兰克重骑兵正面交锋。

这似乎是他多年来的总体政策。然而时势正在变化，而且并没有向好的方向发展。法兰克人的领土不断扩大，而且他们的将领开始更深入地袭击图格塔金的领地和他的邻国的领地。在他的东线，伊拉克地区的内战业已结束，新的塞尔柱苏丹对干涉叙利亚表现出了令人担忧的热情。尽管如此，图格塔金仍然是个老练的外交家，至 1119 年，他已经向世人证明了他挑动两方相争、自己从中渔利的能力。当苏丹于 1113 年派遣摩苏尔的马乌杜德讨伐法兰克人时，图格塔金加入了这支军队并向耶路撒冷王国发动了一场惩罚性战争，对太巴列周围的边境地区进行了猛烈攻击。1115 年，他又一反

90

之前的做法，与法兰克人为伍，驱逐布尔苏克率领的苏丹大军。他已经证明，只要支持任何一方符合他自身利益，他都能从中受益。然而，在 1118 年，各方之间的均势正在迅速改变。法兰克人正在沿着整条边界线全面出击。如果图格塔金还想维持自己对大马士革的统治，就必须遏制住法兰克人。

　　伊尔加齐的战略处境与图格塔金的相似：两人都处于类似的危局之中，都在试图保卫自己的领土免受各种各样的威胁。与图格塔金一样，伊尔加齐也是一位历经多年戎马生涯磨砺出的天生幸存者。他的家族阿尔图格王朝（Artuqids）最初是在塞尔柱统治者突突什的庇护下发迹，然后在 1085 年至 1086 年他的父亲得到耶路撒冷作为自己的伊克塔（*iqta*，封地）。伊尔加齐与他的兄长索克曼在他们的父亲去世后继承了这份封地，尽管不久之后他们便在 1098 年被法蒂玛王朝的军队赶出了耶路撒冷。索克曼返回到父亲在贾兹拉地区的另一块封地；而伊尔加齐则前往伊拉克，希望在塞尔柱苏丹国爆发的内战中为自己开创一番事业。[16]

　　伊尔加齐在伊拉克平步青云，升任显赫的官职——巴格达的"沙黑纳"（*shihna*①，总督之意）。伊尔加齐的发迹在部分程度上可能要归功于一群土库曼部落对他的长期支持，这些部落构成了他麾下的一大部分武装力量，在他的一生中为其立下汗马功劳。在他担

91

————————

　　①　从波斯语 shahna 转化而来，相当于突厥语中的"巴斯哈"（basqaq），后来这个官职在蒙古帝国时期得到广泛应用，即蒙古语中的达鲁花赤（daruqai）。

任总督期间，巴格达人民对他恨之入骨，他的所作所为最终导致了民众骚乱。当伊尔加齐的一群手下因一名渔夫行船至他们所在河岸速度太慢而将其射杀之后，这种行径显然引发了众怒，致使民怨沸腾，就此成为压垮骆驼的最后一根稻草。愤怒的民众抓住行凶的首恶并且在伊尔加齐企图释放这个罪犯时向他投掷石块。面对激化的矛盾，伊尔加齐做出的反应竟是洗劫了城内的棉商聚居区。[17]

这一政治生涯中的不光彩阶段伴随着穆罕默德与巴尔基雅鲁克争夺塞尔柱苏丹国统治权的内战结束而收场。伊尔加齐曾经是巴尔基雅鲁克的支持者，于是当穆罕默德于 1105 年在继承战中胜出时，他打算将伊尔加齐撤换掉。于是，伊尔加齐离开巴格达，长途跋涉来到贾兹拉地区，接管了他已故兄长在哈桑凯伊夫（Hisn Kayfa）周边的领地和马尔丁城（Mardin）。在自己与穆罕默德之间尽可能地建立缓冲区之后，他开始图谋反对苏丹并与穆罕默德的敌人结盟。当苏丹开始于 1110 年至 1115 年派遣军队进入叙利亚和贾兹拉时，这种惹是生非的行为给伊尔加齐带来了麻烦。他一开始谨慎起见，做出了一些表面功夫以示支持。他参加了马乌杜德于 1110 年对埃德萨发动的第一次战役（敌我双方胜负未分），但他拒绝参加第二次（1111 年），只是派自己的儿子阿亚兹（Ayaz）代为出阵。至于马乌杜德后来于 1112 年和 1113 年对法兰克人的讨伐，尽管伊尔加齐派阿亚兹率领一些兵马参加了 1113 年的作战行动，但他本人还是缺席了。

1114 年，苏丹派遣另一支军队在阿克桑古尔（就是后来试图入主阿勒颇的那位）的率领下征讨法兰克人。这一次行动的主要目标是埃德萨，但阿克桑古尔奉命要在行军途中迫使伊尔加齐就范。
因此，这两位武将之间爆发了零星的战斗，结果以阿克桑古尔的决
定性失败告终。伊尔加齐虽然在战场上大出风头，却在政治上孤立
无援。于是，他在当年向法兰克人示好，并在第二年与法兰克人一
起抵御苏丹的军队。而苏丹的将领布尔苏克于 1115 年发动的那场
战役之所以意义重大，还有一个更加悲伤的原因：在苏丹的军队于
泰勒达尼什之战中惨败给安条克公国的骑士后，布尔苏克的手下处
决了被他们扣为人质的伊尔加齐之子阿亚兹。[18]

　　至 1118 年，伊尔加齐的事业以每每见风使舵且对苏丹权威的
不臣之心为特点。然而，他的优先目标正在改变。阿勒颇的逐渐衰
弱既引发了担忧又刺激了野心。一方面，法兰克人的胜利——在
1117 年至 1118 年似乎即将到来——将不可估量地壮大他们的声势，
而且法兰克人大举攻入贾兹拉地区的可能性也将飙升。另一方面，
如果伊尔加齐能够占领这座城市，那么他自己的地位就会大大提
高。另一个重要的事件是苏丹穆罕默德于 1118 年驾崩。这改变了
政治游戏，使得伊尔加齐与苏丹国重建关系的可能性大大增加。因
此，他派遣数位信使前往巴格达，既是为了寻求抵抗法兰克人的援
手，也是为了与新继位的苏丹马哈茂德二世（Mahmud Ⅱ）建立联
系。[19]变革正在酝酿之中，而阿勒颇成为诸多领袖施展抱负的焦点。

　　到了 1119 年，图格塔金和伊尔加齐都在集结自己的全部力量，
意图对法兰克人发动大规模进攻。此种情形对于这二人来说均殊为
罕见。在 1119 年之前，伊尔加齐和图格塔金的戎马生涯最重要的

特点之一，就是他们都没有表现出任何与法兰克人作战的真正决心。图格塔金对法兰克人的态度还算稍微好战一些，他可以自诩在 1113 年对耶路撒冷王国予以了沉重打击。然而，他所发动的战役总体而言属于防御性质，而且他对于将法兰克人逐出耶路撒冷一事肯定没有表现出多少热情。而伊尔加齐的军事履历虽然令人印象深刻，但他几乎从没有亲自上阵对抗过基督徒军队。

后世的穆斯林作家在回顾这些能干的领导人的功绩时，会对他们的壮举大加颂扬，将他们奉为伊斯兰教的伟大英雄。他们的一生被树立为倡导宗教义举（图格塔金的成分多一些，伊尔加齐的成分少一些）和积极抵抗法兰克人（伊尔加齐的成分多一些，图格塔金的成分少一些）的典范。但这不过是史家希望后人记住这两位人物的春秋笔法而已。

在现实中，这些塞尔柱领袖对"圣战"的投入，如同他们对伊斯兰教本身的投入一样（至少在历史上的这一时段），似乎充其量也就是一种机会主义行为。在 1119 年之前，塞尔柱人的行动几乎没有任何迹象表明他们持续投身于针对法兰克人的"圣战"，而且塞尔柱人本身对"圣战"也不甚了了。在早期入侵伊斯兰世界之前，信奉萨满教的塞尔柱人更习惯于成为这种"圣战"的攻击目标，而不是参与其中。在后来的年代里，随着塞尔柱人缓慢地皈依伊斯兰教并开始遵循穆斯林的生活方式，他们似乎对此类想法有了些许了解。在 1098 年的安条克之战中，卡布加的军队里编入了"圣战"志愿者，而穆斯林哈里发也在试图阻止第一次十字军东征的过程中做出一些努力，寻找愿与塞尔柱人并肩作战的"圣战"武

93

士，但是回应他号召的人屈指可数。[20] 塞尔柱人自身还有其他要面临的难题。

在第一次十字军东征结束数年之后，一位名叫苏拉米（al-Sulami）的大马士革学者试图激励塞尔柱苏丹加入反抗法兰克人的"圣战"，他相当正确地指出，法兰克人兵力如此之少，而其外援又远水解不了近渴。然而，他对"圣战"的热情呼吁应者寥寥，无论是苏丹本人还是他的直接统治者图格塔金都毫无反应。眼睁睁地看着法兰克人坐大，人数和领地与日俱增，而自己的塞尔柱主公却无动于衷，这种情形一定令他沮丧至极。[21]

实际上，对于伊尔加齐和图格塔金这类人来说，"圣战"这一想法在他们的内心中可能掀不起多少波澜。他们与自己的游牧部族同胞一样，在这一阶段只是部分吸收了伊斯兰教的文化和信仰，而且继续信奉着草原文化和信仰体系的大部分内容。图格塔金和伊尔加齐都以喜好长时间的纵酒狂饮而广为人知。本来伊斯兰教法是禁止饮酒的，而塞尔柱人继续不变地保持饮酒的作风则反映出大草原的悠久习俗，那里的统治者通过组织一场又一场的大范围酒宴活动来展示自己的权威。其他突出的非伊斯兰特征还包括图格塔金喜欢把战死的敌人的头骨做成饮酒器具。[22] 他还喜欢把俘虏绑在柱子上，用箭射死他们。[23] 包括弓和箭在内的具有象征性的行为是游牧部族精英仪式的核心，且弓和箭也被用作塞尔柱王朝硬币上的符号。[24] 另外，图格塔金将俘虏剥皮的行为在史书上也有记载。[25] 伊尔加齐也被记载在进行决策时经常寻求占星术指导，这也是游牧部族的一个常见癖好。[26]

归根结底，尽管后世的一些作家为图格塔金和伊尔加齐塑造了理想化的肖像，但他们都是作为过渡性人物出现在历史上的，他们的习俗和做法反映了不同文化和信仰的融合。他们在某种程度上信仰伊斯兰教，举个例子，他们鼓励法兰克囚犯改宗为穆斯林。[27] 不过，他们新近皈依的信仰显然是与其先祖的传统拼接在一起的。

安条克公国的统治者萨勒诺的罗杰最初是在 1119 年 6 月得知，伊尔加齐率军越过幼发拉底河并直奔基督徒的领土而来。塞尔柱人的意图明确无误：这是一场全面攻击，旨在击退法兰克人并维护伊尔加齐对阿勒颇的统治。安条克公国已经很久没有迎战过一场正面进攻了，大多数塞尔柱势力的攻击者在到达基督徒的边界之前就因长时间地陷入内部纠纷而止住了步伐。尽管如此，罗杰还是愿意出兵与伊尔加齐正面对决，所以他立即开始召集麾下的军队。

罗杰于 1113 年在安条克公国上台掌权。罗杰的前任坦克雷德没有继承人，所以他在 1112 年临终之时下令，他的亲戚萨勒诺的罗杰应当接管权力。[28] 这是一个很务实的选择。另一位公开的竞争者是博希蒙德之子博希蒙德二世，但他还是个孩子。安条克公国急需一位统治者，于是罗杰迅速控制住了局面。但他在公国内的权力上升之路并非一片坦途。一些人声称他的统治应该在博希蒙德二世有能力接替他治理国家的时候结束，而其他人则不太关心博希蒙德二世作为继承人的权利。关于公国继承问题的激烈争论甚至吸引了穆斯林史家的注意，他们记述了这一事件。[29] 然而，教会最终出面平息了事态。不久之后，感觉自身地位足够稳固的罗杰引兵向南，

95

为耶路撒冷王国提供军事支持。

　　罗杰本人在主政安条克公国时期得到的风评褒贬不一。他被公认为英勇无畏、英俊潇洒。[30] 显然，他也是一位很有能力的战地指挥官，取得过数次重要的胜利，其中最有名的当属 1115 年的泰勒达尼什之战。他的声名让敌人不寒而栗，其中的一位形容他是一个"真正的恶魔"。[31] 他在近东复杂多变的政治世界中也如鱼得水。罗杰对这一地区及其政治生态的深刻理解，反映出他与坦克雷德的关系之深及其家族在安条克公国的经营之久。他的父亲理查是坦克雷德最信赖的副手之一。[32] 与坦克雷德一样，罗杰深知在必要的情况下与相邻的阿拉伯和塞尔柱势力保持积极关系的重要性，就像他明白向实力弱小的邻国榨取贡金的政治价值一样。在将自己的妹妹嫁给了大贵族库特奈的若斯兰之后，他进一步巩固了自己的地位。

　　当然，罗杰也有恶习。指责他贪婪成性的人不在少数，甚至在支付自己手下士兵的军饷时他似乎也有吝啬的表现。[33] 更令人担忧的是，他是个声名狼藉的通奸者。像其他的统治者那样，他的婚姻是政治性的，而罗杰选择娶布尔克的鲍德温（埃德萨伯爵和后来的耶路撒冷国王）的妹妹为妻。尽管他的配偶有王室关系，但众所周知，他并不是一个忠贞的丈夫。[34] 这对整个公国而言是一个干系重大的问题，因为同时代的人认为统治者的罪恶将会给他的国家和人民的精神世界投下阴影，使他们失去上帝的眷顾。1119 年 6 月，当安条克公国的各路部队集结在一起时，所有人都清楚地意识到他们需要上帝的祝福来迎接即将到来的战斗。

　　罗杰一犯再犯的通奸行为并非唯一困扰着这支于 1119 年 6 月

集结的军队的信念问题。这支军队的集结点位于阿尔塔赫城
（Artah），这是一座坚固的据点，位于安条克城东北方向一片肥沃
平原的边缘；同时信使也被派往耶路撒冷国王鲍德温二世那里，请
求后者支援。不久之后，安条克宗主教瓦朗斯的伯纳德（Bernard of
Valence）也加入他们的行列，并建议罗杰等待鲍德温二世到来后
再寻敌决战。这一提议可谓万全之策，而且对于罗杰来说尤其在
理。因为在 1113 年，罗杰曾出兵援助耶路撒冷王国对抗大马士革
军队的一次进攻，结果却发现鲍德温一世未等待他的援兵到达便鲁
莽地与图格塔金交战。随后鲍德温一世的战败令罗杰火冒三丈。对
于鲍德温一世未能等待他来援一事，罗杰很是气恼。所以，他知道
合力拒敌的重要性。[35]

　　不过，这种大失所望的记忆似乎已经消失了，因为这一回，在
1119 年的初夏，罗杰决定在没有援兵支持的情况下出击，与伊尔加
齐一争高下。宗主教并非唯一试图劝阻他的人：甚至那些领地受到
伊尔加齐兵锋威胁最大的边境领主，也一致同意罗杰应该等待援
兵。尽管如此，罗杰仍然固执己见。[36] 于是，大战一触即发。

　　是否与敌开战对于任何一位中世纪将领来说都是艰难的抉择，
而对于十字军国家的统治者来说，这更是一个特别棘手的问题。[37]
一方面，罗杰可能觉得他别无选择，只能在等不及友军到来的情况
下开战。他可能已经意识到敌军部队的庞大规模以及他们推进的速
度足以压垮他在边境的防御力量。如果他选择等待援军再与敌交战
的话，就会在自己有能力对付敌军之前任由塞尔柱人蹂躏公国境内
的一大片地区。这种决定会削弱他作为统治者的公信力，暴露出他　97

在保护人民方面的疏忽。而随后的重建工作需要时间和金钱，这会抑制他自己的扩张野心。基于这些理由，他无法承受等待的代价。更进一步说，如果能在这一阶段以一己之力完胜伊尔加齐，那么他的地位将大大加强，也将凸显他作为一名伟大的基督教战士的资格。

另一方面，罗杰本应当意识到兵凶战危，而且十字军国家的大多数法兰克统治者都力图避免大规模的正面会战。虽然安条克公国的军队可能是一支精锐劲旅，但其规模偏小，无论人员还是马匹一旦遭遇重大伤亡便无法轻易补充。所以，即使是来之不易的胜利也可能使他陷入比对手更糟糕的境地。罗杰的人力资源储备极其有限，而他的对手则会轻松地找到新的土库曼部落民来填补队伍里的空缺。因此，此战胜则难保万全，败却大祸临头。1104 年的哈兰之战已经证明一次重大失败将会造成何等可怕的损失，其后果将使公国及其领土完整面临长期受损的危险。

罗杰还是选择开战。也许他回想起了早先于 1115 年在泰勒达尼什大胜塞尔柱人的光辉事迹。也许他意识到在塞尔柱人中保持一种巨大的恐惧感和尊重感是何其重要，如果他拒绝出战的话这种感觉就会消失。也许他希望对阵伊尔加齐如能取胜的话，将为随后征服阿勒颇铺平道路。毫无疑问，这座城市的未来取决于这两位争强好胜的追求者之间决斗的结果。不管怎样，罗杰出击的决定极具争议，并且违背了他的许多最亲密谋臣的明确意愿。

意识到罗杰决心已定之后，宗主教强烈要求罗杰忏悔自己的罪过，这样他就可以不受过去所犯罪孽的玷污而投入战斗。罗杰被这种直言相责的行为打动，在自己的大帐里，他忏悔了自己的不端行为，并得到聚集在那里的神职人员的赦免。

随后，安条克军队在萨尔马达（Sarmada）扎营，该地后来以 98
血地（*Ager Sanguinis*）闻名后世。法兰克人加固了己方营地的防御
设施，但很快就意识到那里的食物和水都很匮乏。就在这时，第一
批敌军侦察兵伪装成卖鸟人赶来了。他们摸清了这片土地的地形，
找到了通往基督徒阵地的最佳路径。

不久之后，消息传来，伊尔加齐发动了他的第一轮攻势。他攻
击了基督徒的边境要塞阿萨里布。这座战略地位重要的据点，是法
兰克人向阿勒颇发动进攻的中转站。[38] 如果阿萨里布陷落的话，伊
尔加齐将会得到一个接近罗杰大营的稳固基地。

像阿萨里布这样的据点对于安条克公国的防御体系来说至关重
要。公国边境的平靖依赖于拥有坚固的要塞化城镇和城堡，如宰尔
代纳、阿帕米亚、阿尔塔赫、卡法塔布和阿扎兹。但并非所有的十
字军国家都是如此。有些地区，如耶路撒冷王国面对大马士革的边
境，在这些年来很少有外敌来犯，于是法兰克人维持着少量防御据
点。[39] 但叙利亚北部地区的战争烈度之高，使得安条克公国必须在
与阿勒颇接壤的地带维持严密的防御体系。密集修建的大型要塞群
能够阻滞敌军的进攻，直到安条克公国的野战军可以集结并赶来救
援。这些据点还能够放大安条克野战军主力的威慑效果。敌军将领
不愿与依托附近城堡支持的法兰克军队交战，因为这些据点既可以
向法兰克人提供情报和资源，又可以为他们提供避难的场所。另外
还存在一种危险，即城堡守军会在两军交战的过程中出城突击，从

己方意想不到的方向攻来。这种城堡与野战军相结合的策略，使法兰克人能够阻挡住数量远超于己、单凭己方微弱的步骑部队无法吓阻住的敌军。

99   塞尔柱人在组织进攻时，总是可以选择避开这些要塞，只要从它们旁边绕过向前推进，直接杀入法兰克人的心脏地带就可以了。然而，实际上，无论是在 1119 年还是其他情况下，塞尔柱人极少选择过这种策略。将一座守备兵力充足、位于己方撤退路线上的敌军要塞置于后方不顾是非常危险的：如果进攻失利，塞尔柱将领将无路可逃。即便攻势进展顺利，守军仍然能够在塞尔柱军队的归途中制造麻烦，因为掠夺来的财物、俘虏以及偷来的牛羊对于塞尔柱人来说都是负担。因此，塞尔柱进攻者更愿意先凿穿安条克公国的边境防御体系，然后再向其腹地推进。

修建一座城堡所需的资金不菲且耗时日久，因而在大多数情况下，早期的法兰克统治者像塞尔柱统治者一样，更喜欢扩建现有的防御工事，而不是从零开始建造新的要塞。这是一个成本相对较低的替代方案，而建筑材料经常掠夺自古代希腊或罗马的遗迹，法兰克人凭借这些建材可以轻而易举地重建防御工事。在重新利用古典时代的遗址的例子中，最引人注目的是位于霍兰地区的布斯拉（Bosra）要塞，在 12 世纪和 13 世纪的时候，前后几代塞尔柱统治者将一座古罗马竞技场改造成一座堡垒。[40] 其他许多据点都是围绕着通常起源于拜占庭时代的古代堡垒建造的。只有很少数的要塞是新建成的。即使是维护和强化现有的设防城镇，如阿萨里布、宰尔代纳和阿扎兹等据点，其成本也相当高昂。许多城镇在起初被攻陷时受损严重，阿萨里布在坦克雷德于 1110 年发起的长期围攻战中受到了尤其严重的破坏。此外，1114 年发生的一场波及整个地区的大地震，对上述三座城镇都造成了严重毁坏。虽然如此，法兰克人在这三座据点投入重金，以最快的速度进行修复。这些城镇都拥有坚固的防御工事，其中部分城镇的防御设施由两道城墙组成，所以修复的费用——尤其是考虑到法兰克人必须在受到攻击的威胁下迅速重建或重新加固工事——肯定是非常可观的。对于安条克公国的法兰克人而言幸运的是，他们在此期间的财政收入似乎同样令人印象深刻，大量铸造的货币和每年征募军队的能力都证明了他们拥有雄厚的财政资源。[41]

城堡并不仅仅用于边境防御，它们在修建完成后可以用于各种目的，包括作为组织进攻的基地。1111 年，坦克雷德就开始在夏萨附近兴建一座堡垒，法兰克人可以从那里发动攻击并通过无情的袭扰来扼杀这座城市。这是一种很常见的战术，而在更远的南方，鲍德温一世也于 1117 年采用了同样的策略，通过修建一座名叫斯卡德里昂（Scandalion）的堡垒来孤立提尔。[42]

在远离边境的公国中心区域，安条克男爵们兴建的城堡在敌人来袭时可作为避难场所，是法兰克人在农村地区定居的中心，也是法兰克人统治地位的显著象征。这类城堡中一个尤为突出的例子是索恩堡（Saone，在现代的叙利亚被称为"萨拉丁城堡"），该城堡的主人是马祖瓦尔（Mazoir）家族。和其他城堡情况一样，索恩堡以前是拜占庭时代的遗址，但当马祖瓦尔家族于 1108 年前后控制这座城堡时，他们大幅扩建了其防御工事。[43] 索恩堡与许多十字军

100

城堡的另一处相同点在于，法兰克人充分利用了其天然的防御优势。这座城堡坐落于一座山谷突出的尖端处，城堡的三面都是直落谷底的陡峭斜坡。剩下的一面连接着山谷尖端与周围群山，由一条宽大的护城壕沟保护，这条壕沟从坚硬的岩石上开凿而出，宽20码（18米），深28码（26米）。[44]

城堡在各个十字军国家有多种用途。这里距离西方基督教世界如此之远，人数如此之少，除了大海之外无路可退，此种情形必定让人心生不安。城堡有助于缓解十字军国家一直存在的人力资源不足的军事弱点，同时也有助于构建一个由安全据点组成的网状体系，法兰克人可以借此以点控面，强化自身对所征服土地的控制并迁入己方的族民。或许，这些城墙、塔楼和壕沟也有助于他们将目光放远，在超越自身固有的不安全感的同时也坚定了他们的希望：虽然对海岸线的掌控一时脆弱，但终将能有一个未来。无论动机如何，法兰克人修建城堡的速度在所有十字军国家里都是快的，在安条克公国也不例外，"陡峭的山坡上和狭窄的山谷里一定不断地响起石匠的锤子声"。[45]

1119年，萨勒诺的罗杰已经准备好应对伊尔加齐向阿萨里布城堡的进攻，并已派出额外的人手去协助守军。当塞尔柱人兵临城下的时候，他们向这座要塞发动了一次正面攻击，然后开始撤退。塞尔柱人的计划似乎是伪装逃跑，好将基督徒守军诱入埋伏圈中。然而，他们的把戏破绽百出，结果遭到维约-蓬（Vieux-Pont）的罗贝尔率领的城堡守军的痛击。安条克公国的军队赢得了第一回合。[46]

阿萨里布击退敌军进攻的消息振奋了安条克军队的士气，罗杰进而寻求在首轮回合得胜的基础上顺势出击，制订了向要塞进军的计划，用意是迫使敌人撤退。考虑到除了要路经一段低矮的山脊之外，其余路程都是在平坦的地形上，他的行军路线还算相对安全。正是在这种信心不断增强的气势下，安条克诸将制订了派遣侦察兵的计划，为他们的前进做好准备。

然而，这种信心并没有持续多久。正当聚集在一起的将领们马上就要结束他们的战前会议时，一个陌生的女人走进他们开会的帐篷。她喋喋不休地呵斥他们，预言这些人将在第二天全部丧命。这一突如其来的惊人事件似乎让许多法兰克男爵惴惴不安，在之前气势如虹的热情氛围内插入了不和谐的音符。第二天，由阿帕米亚大主教主持的晨祷似乎在某种程度上重新鼓舞了军队动摇的士气，于是他们准备将计划付诸行动。[47] 但为时已晚。侦察兵们仓皇返回基督徒军队，他们的战马饱受箭伤之苦。塞尔柱人先下手为强，正沿着三条不同的道路向法兰克人的营地挺进。战斗的阴霾已经笼罩在他们头上。

伊尔加齐让法兰克人措手不及。他们并没有预料到他行动起来竟然如此之快，尤其是在他对阿萨里布的进攻失败之后。罗杰还有时间为即将到来的对决部署好军队，但即便这样，伊尔加齐已经抢先挑选了战场。

在攻打安条克公国之前，伊尔加齐用了数月时间在贾兹拉地区召集兵马，并以自己家族的领地马尔丁作为基地。他深知正面对抗

102

法兰克人需要一支压倒性的力量，而此等规模的军队只能从来到这一地区的土库曼部落中招募。对他来说幸运的是，他来到贾兹拉后发现这些部落民众怒火中烧，正为战斗摩拳擦掌。埃德萨伯国的法兰克人刚刚对这里的土库曼人大肆劫掠了一番，抢走了数百名族人和数以千计的牲畜，得意扬扬地将这些战利品运回了自己的土地。土库曼战士们愿与伊尔加齐同行，并向他献上人质，以示诚意。[48]

当伊尔加齐再次跨过幼发拉底河的时候，他已经集结起一支庞大的军队。在记录军队规模的时候，中世纪史家的估算能力较差是出了名的，而阿拉伯史家对这支军队人数的估计从 2 万到 8 万不等。[49]真实的数字很可能趋向于这个范围的下限，但几乎所有文化背景的作者都强调了这样一个事实：这支军队的规模远远超过同一时期的大多数军队。

可能是由于自己麾下的军队势不可当的力量，以及其中庞大的土库曼战士队伍，伊尔加齐来不及等待图格塔金就发动了进攻。尽管在前一年败于库特奈的若斯兰之手，图格塔金仍然率领自己的部队向北方急行军而来，但伊尔加齐军队中的土库曼首领们并不想拖延。土库曼骑兵是热情洋溢的奔袭者，但他们并非正规军；他们需要源源不断的掠夺和激励才能留在军队中。穆斯林作家伊本·阿西尔（Ibn al-Athir）对这些部落战士的评价是："他们每个人都会带着一袋麦子和一只羊来参战，并且会数着时间，直到他能快速地抢到战利品，然后回家。"[50]伊尔加齐也许在这些部落中威望崇高，但土库曼战士的急躁难耐也可能迫使他立即发动攻势。

在战斗当天，当伊尔加齐的军队准备进攻时，阿勒颇的卡迪

（法官）伊本·卡什沙布（Ibn al-Khashshab）向全军讲话，鼓励他们在对抗法兰克人的"圣战"中英勇作战。这场演说为我们提供了一个土库曼人对"圣战"的概念到底理解与否的重要参照。[51] 一方面，尽管卡什沙布本人是什叶派，而土库曼人（至少在名义上）是在逊尼派的领导下，但他们还是对他表述的这些想法表示接受。另一方面，土库曼人的反应反映出他们相当混杂的宗教信仰：这位卡迪遭到了一位土库曼战士的公然质疑，这位刺头人物诘问自己的伙伴，他们从自己的土地远道而来，是否只是为了听从一个戴头巾的人（意指一位伊斯兰教士）的训话。[52] 这名部落男子显然认为这位卡迪没有资格对他们说三道四，而且在土库曼部落民的眼中，卡什沙布不过是自家城市落入他们主人之手的失败者代表。明面上，伊本·卡什沙布本人对这种无礼的嘲讽置若罔闻，而是继续演讲（想必是以突厥语进行），他的言辞如此有感召力，以至于听者闻之泪下。他以自己的口才让土库曼士兵心悦诚服，但值得注意的是，士兵们之前并没有自动理解或接受这位宗教人士在他们队伍中的存在。他们明显还没有习惯于接受"圣战"思想的教导。

伊尔加齐的军队里的中坚力量是土库曼战士，他们是骁勇善战之士，其军事技能和指挥体系仍在较大程度上反映出他们以往在中亚大草原的生活形态。在那种文化背景下，几乎所有的孩子从小就被培养成骑射好手，因此几乎所有成年男性（和部分成年女性）都掌握适合作战的技能。这与农业社会（比如在欧洲或伊斯兰世界）军事体系的构成大相径庭，在那种社会里只有一小部分男性是为战争而接受培养，而大多数人注定要一辈子在土地上耕耘。[53] 无日不

104

在磨炼自己的箭术和马术的土库曼人都是擅长战斗的行家里手，前往中亚大草原的穆斯林旅行者无不对他们的精湛武艺交口称赞。一位名叫伊本·法德兰（Ibn Fadlan）的阿拉伯使节曾于 922 年从巴格达被派往这些地区，他注意到一名弓箭手在纵马疾驰中，仍能成功地从天上射下一只大雁。[54]

　　土库曼人的武器、盔甲和马匹也反映了他们的游牧背景。他们的一生通常都在马鞍上度过，故而绝大多数的土库曼士兵都是骑马作战。他们的坐骑适应性强但体型相对较小。土库曼人以牧群的形式供养他们的马匹，而且没有栅栏或围墙让它们有选择性地繁育体型和力量出众的品种。骑乘这些体型较小的马匹时，土库曼人若是身披十字军骑士装备的那种重甲的话是不切实际的，尽管他们对法兰克人的链甲推崇备至。土库曼人的盔甲可能大部分是由他们放牧的牲畜身上的皮革制成，他们的主要武器就是弓，这种反曲复合弯弓是威力强大的武器，制作材料也是取自牧养牲畜身上的骨和角。

　　最初，第一代十字军战士在面对一支几乎完全是由弓箭手组成的军队时惊诧不已。在西欧，弓箭手通常是一支组成更广泛的军队中的一个分队，而且这一兵种绝少骑乘马匹。但是，土库曼人在战斗时采取一种与他们的阿拉伯、拜占庭或法兰克敌人截然不同的作战方式，他们高度重视弓箭的运用，依靠流畅的行动和灵活的指挥。对于他们的农业社会敌人来说，战争是一种补给队伍、后勤保障与混编在一起的步兵阵形（层级分明）和骑兵中队相结合的事情。打仗需要金钱、营地和清晰定义的指挥体系。战争通常是为了保护或削弱特定的城镇、城市或据点而进行的。

具有游牧民族特色的土库曼人进行战争的方式却大为不同。他
们的战争技巧以机动性和灵活性为特点，而他们的目标在于控制草
场区域和劫掠财物，占领据点的重要性则等而下之。游牧民族军队
不需要维持与定居民族的军队同等程度的供应链，因为他们随军带
着己方的牧群，这是他们的一大优势。而且游牧民族征战也不需要
承担与农业社会同等程度的成本，这既是因为部落文化背景下进行
的战争不需要以同样的方式定期发放军饷和进行税收，也是由于武
器都是来源于己方的牧群并由战士个人负责。

在战斗中，土库曼人的战术也同样反映出这种灵活性。他们在
各自首领的带领下以部落集群为单位作战。通常情况下，这些作战
分队并没有形成一条稳定的战线；而是分散开来，对敌军摆出包围
态势，在机会闪现时全速突击，射出几轮箭雨，然后再撤退，等待
新的机会。他们好整以暇，一场战役可以分为几天进行。这些战术
导致的结果并非他们的敌人所预想的那种经典会战模式——在预设
好的战场中心进行决定性的肉搏战——而是以无情的反复攻击逐渐
削减敌军的数量并打击敌方士气，最终让对手慢慢"失血"而亡。
土库曼人的行动模式与狮子非常相似：与猎物群体周旋，挑拣落伍
离群者下手，只有在时机成熟时才扑向他们的队伍。

这种战争手段可以产生极大的威慑力，在敌军内散播恐惧和惊
慌。土库曼人试图通过高喊口号、敲打战鼓和吹响喇叭来放大这种
震慑效果，动摇敌军士气。正如后世的一位穆斯林史家曾评论的：
"让（埃米尔）通过展示旗帜、敲打小鼓（*kusat*）和吹响小号
（*buqat*），连同大鼓（*tubul*）和定音鼓（*naqqarat*）的重音来威吓敌

人的内心。"[55]

　　这些战术机动在力图最大限度地发挥土库曼人的强项（机动性强且弓马娴熟）的同时，也最大限度地淡化自身的弱点（轻装甲胄且在肉搏战中非常脆弱）。他们的目标是击溃有组织的大规模敌军战阵，将其打散成较小的、协调混乱的群体，然后就可以逐个击破。

　　塞尔柱人在 11 世纪的征服范围之广，证明了这些草原战术卓有成效。事实表明，塞尔柱人在与众多不同文明背景的部队交锋时可以适应各种军事形势，无论波斯的战象，抑或安纳托利亚的维京雇佣兵，各路敌军兵种都是他们的手下败将，这种战争手段的价值得到了证明。到第一次十字军东征结束时，只有埃及人和法兰克人在战场上（至少在近东战场上）表现出了与塞尔柱人抗衡的一贯能力。

　　塞尔柱人的战争手段与其更广泛的文化组成一样，在他们攻打伊斯兰世界期间并不是一成不变的，待到他们在 1119 年与安条克的罗杰对阵时，与从前在草原上的生活已经相隔了数十年之久。在中间的这个时期内，他们已经征服了伊斯兰世界的大部分地区，其中的许多人很可能已经选择使用更好的武器或盔甲，这些装备或是通过掠夺而来，或是从当地的工匠或商人那里得到。塞尔柱人的领袖也可能通过采购、纳贡或征服获得了更得力的坐骑。塞尔柱人使用多种武器，包括长枪和剑来补充他们一贯使用的弓。他们倾向于使用早期伊斯兰武器模式下的狭长直刃剑，或微微弯曲的马刀，[56]而且他们更加青睐中国、印度或西欧制造的剑刃。

106

塞尔柱人也在学习如何适应法兰克人的战术。法兰克人已经在不同场合多次证明，如果塞尔柱人猝不及防，或者任由己方的部队聚集在一起，他们在法兰克重骑兵的冲锋下就不堪一击，他们的轻骑兵在肉搏战中很快就会被对手打垮。故而，塞尔柱人的目标就是挑起法兰克骑士发起他们可以轻易避开的冲锋，并使对手的马匹疲惫不堪。然后，塞尔柱人就可以靠近体力耗尽的法兰克士兵，将他们挑落马下。塞尔柱人在战斗中也越加频繁地使用钉头锤，这种钝击武器以其冲撞力可粉碎敌人的皮肉和骨骼。钉头锤的设计目的并不是击穿链甲，而是产生穿透金属铠甲的震荡波，从而化解法兰克人在盔甲防御上的巨大优势。

107

与伊尔加齐对阵的安条克军队在规模上要小得多。后来的穆斯林史家认为罗杰召集了 1.2 万至 2 万余人的部队，而一位亚美尼亚史家估计其军队约有 1.1 万人（其中包括 600 名重骑兵）。[57] 安条克的行政总管沃尔特当时亲临战场，他的说法是 700 名骑兵和 3000 名步兵，另外还有辅助部队。[58] 7000 人至 1.1 万人的数字，以及 4000 人的法兰克士兵作为核心部队的说法让人感觉更为合理，并且与在之前的几次会战中部署的安条克公国的法兰克军队人数相吻合。额外的兵员应该是由雇佣兵以及亚美尼亚盟友的一支大部队组成的。

在十字军国家的任何一支法兰克军队中，最重要的兵种就是他们的重骑兵了。尽管人数不多，这些战士却是真正能够扭转战局的。这些重甲骑兵的一次成功冲锋，便能驱散数量上占据优势的敌军部队，正如他们在四年前于泰勒达尼什所为。近东的所有势力都充分体会到了这一战术现实，一位穆斯林史家很痛快地承认了这一点："1000 名（塞尔柱）骑兵（在通常情况下）是无法抵挡住 300 名法兰克骑士的冲锋的。"[59]

这些重骑兵编队的一大优势在于他们的坐骑。中世纪的战马是在种马场里专门为了战斗而饲养的，种马和母马在那里经受选择性繁殖，并被培育为强大的战争工具。种马场自罗马时代便早已有之，当时繁育的战马被称作"骏马"（destriers）或"快马"（coursers），是极其宝贵的战略资产。在混战中，这种受过训练的战马能够撞入战阵，撕咬和踢打敌兵，冲垮敌军战线。它们被训练成以密集编队的形式冲锋，如此一来，一支骑士中队就如一块坚石一般砸向敌军队伍。

108　　中世纪骑士也同样训练有素，往往从小就被培养成能够驾驭马匹和精通兵器的战士。他们几乎总是身披厚重的铠甲，一般穿着一种被称为"锁子甲"（hauberk）的长链甲外衣，这种甲衣基本上是由成千上万个相互连接的金属环组成（直到 14 世纪初，全板甲才得到普及）。链甲从罗马时代就开始使用，具有坚韧而灵活的优点。它还平等地覆盖了躯干的所有部位，不留弱点。锁子甲通常穿在内衬武装衣之外，其设计目的是减轻敌人击打产生的冲击力。锁子甲可以由其他链甲衣物补充，如链甲头巾（coif，本质上是链甲制成的盔式帽），用来保护头部、颈部和上胸部。链甲的防护效果极为出众。乌萨马·伊本·蒙基德讲述了自己的堂兄弟海屯（Hittan）的故事，他曾经被一群法兰克骑士包围，在乱刃交加之下竟然得以

生还，这多亏了他身着的链甲。[60] 作为额外的保护，骑士们还戴上
了头盔，其形状通常为圆锥形，并补充了护鼻甲。盾牌也是骑士们
的常用护具，经常被称作风筝盾，看起来像是倒挂的泪滴，其长长
的尾部可以掩护骑手的腿部。

　　骑士的近战武器一般是骑枪、剑和匕首，但也可使用其他武
器。装备骑枪是为了提高骑兵冲锋时的冲击效果，借助冲锋的马匹
和骑手所带来的势能使其发挥威力。骑枪可以像标枪一样高举在手
臂之上，也可以夹持在手臂之下，而随着时间的推移，后一种方式
变得更加普遍。剑一般都是双刃和宽刃的样式，其设计目的是重创
披甲的敌军士兵。

　　步兵的武器则不如骑士装备的武器先进。在这个时代，一名战
士在战斗中的角色是由他的财富和社会地位决定的，所以步兵拥有
的装备必然是相对廉价的。在战斗中，他们为骑兵中队提供保护，
骑兵可以在步兵相互锁紧的盾墙后方保护他们没有铠甲的坐骑不被
敌人的箭矢射中，直到他们发动全力冲锋的时机到来。步兵可以穿
着链甲或是棉甲，他们通常会装备用于抵御敌方骑兵的长矛。

　　有些士兵还可能携带投射类武器，在十字军东征期间，军人们
越发意识到这种武器在对付塞尔柱弓骑兵时是必不可少的。这些武
器应该是弓或弩。弩的威力更大，但这种武器也需要更长的时间来
重新装填。弩并非中世纪的发明，古代希腊人、罗马人和中国人都
使用过，但直到 11 世纪弩才成为中世纪欧洲的常见武器。士兵们
对于弩的使用贯穿十字军东征的始末，其威力令人闻风丧胆。弩的
射程通常在大约 220 码（约 200 米）之内，并可以刺入一块木头达

109

到几乎 3 英寸（7 厘米）的深度。[61] 这种武器给人们心理上带来如此之大的恐惧感，以至于 1139 年的第二次拉特兰大公会议禁止对基督徒使用这种武器。[62]

当伊尔加齐麾下的军队战士到达战场的时候，罗杰的法兰克军队已经严阵以待。他的步兵已经排列好抵御敌军进攻、掩护己方骑兵的外围阵形。基督徒军队的上方战旗飘扬，号角声在周围的群山间回响。军队的中央竖立着一个巨大的十字架，这件威武的旗帜性象征物内含圣物——一块真十字架（True Cross of the Crucifixion）的碎片。信使在基督徒的各个分队之间来回穿梭，传达着罗杰的指令。军队的骑兵分为数支独立纵队，每一支都由一位高级贵族统领。这些将领奉命向敌军队伍依次发起直接冲锋，意图是像海浪拍击岸边一样，以连续冲击的方式打垮敌军。第一波突击由圣彼得精英战团引导，这支队伍之后是由修士若弗鲁瓦（Geoffrey the Monk）、居伊·弗雷内尔（Guy Fresnel）和圣洛的罗贝尔（Robert of Saint Lo）指挥的分队，最后是土科波利尔（Turcopoles）分队，这些战士通常是游牧部族、东方基督教徒或混血儿，他们作为轻骑兵与法兰克人并肩作战。

在开场的调动之后，罗杰出动自己的骑兵攻向对手，后者的阵形在一开始被基督徒的冲锋打得七零八落。这是一个大有希望的开局，但在冲锋过程中各支骑兵梯队失去了凝聚力并且开始互相阻碍。逃走的塞尔柱战士重新集结起来并加入了第二波塞尔柱骑兵的队伍，他们向法兰克骑兵发起反冲锋，既用弓箭向敌人射击，又冲

教皇乌尔班二世在克莱蒙会议上宣扬并发起第一次十
字军运动。

左：布洛涅的鲍德温（日后的耶路撒冷国王鲍德温一世）和亚美尼亚人。鲍
德温一世和二世都娶了亚美尼亚女子为妻。

右：埃德萨伯爵鲍德温二世。

欧特维尔的坦克雷德，第一次十字军运动时的诺曼人
领导者之一，日后成为加利利公国的亲王以及安条克
公国的摄政。

第一次十字军运动期间，十字军在攻下安条克城后遭到塞尔柱人的反围攻，他们在城内发现了刺穿耶稣身体的圣矛。虽然并非所有人都相信这件圣物的真实性，但仍有许多人把发现圣矛一事解读为上天眷顾。

左：塔兰托的博希蒙德身先士卒登上安条克城墙。

右：十字军围攻安条克城。

ان ملكشاه بن الب ارسلان سلطانا جبارا قيساعده الوقت ووافقته الأيام وكان جملة اسباب سلطنته ضياة وكان مه

نوفتا بالتوفيق الرجاني كان شغل آبانه اعلام وسغله حفظه هم غرس وانجزه الدولة وهو واكل ثمرتها وكان قلدة عقد الدولة وريع سنوان الملك

塞尔柱苏丹马利克·沙的加冕礼，塞尔柱帝国在马利克·沙时代
趋于鼎盛。

提尔围攻战开始于 1124 年 2 月 16 日，该画反映了当时提尔城被威尼斯舰队封锁，并被十字军骑士团围困的场景。

十字军时代的的黎波里城遗址。

由医院骑士团在的黎波里伯国建造的骑士堡，这座巨大的要塞保护着的黎波里伯国面向霍姆斯地区脆弱的边界。

夏萨，中世纪叙利亚的一座城镇和要塞，由蒙基德家族统治，因为它正好位于十字军的行军路线上，所以在十字军运动期间的基督徒和穆斯林政治局势中发挥了重要作用。

卡拉克城堡，十字军时期建造的防御堡垒，由大小不一的石制宫殿和无数通道构成，其厚实的防御墙上有狭窄的箭孔。（感谢朱宇提供照片）

卡拉克城堡遗址前的萨拉丁雕像。1187 年，萨拉丁率军三次进攻卡拉克，最后终于攻克城堡。（感谢朱宇提供照片）

近前去进行肉搏战。面对敌军这轮重新发起的猛攻，由圣洛的罗贝尔领导的分队和土科波利尔分队组成的基督徒战线左翼开始崩溃。塞尔柱人很快就将法兰克人的左翼完全击溃，逃跑的骑兵又阻碍了萨勒诺的罗杰率领的分队。

于是战场形势恶化为一场士兵们各自为战的大混战。在这场血肉横飞的乱战中，一阵强风吹起了被马蹄扬起的干土，空气中弥漫着厚厚的尘埃，这些飞扬的尘土进入了战士们的眼睛里，导致他们的视野受限（1118 年是大旱的一年，土地极为干燥）。

当主战场激战正酣时，雷纳德·马祖瓦尔（Rainald Mazoir）统领的一支骑兵分队与塞尔柱人的一支前锋部队交战并将其击退。取得了这一战果之后，他本可以折返，与主力部队会合，但他本人在战斗中身受重伤，于是他和他的部下不得不在附近的一座塔楼里避难。[63]

随着战斗久拖不决，基督徒开始落入下风。他们本已祭出最强的撒手锏——骑兵冲锋，却招致挫败。他们的敌人虽然暂时被击退，但阵容未乱、士气无损。由于法兰克人的重骑兵此时已陷入艰苦的混战之中并处于守势，塞尔柱人发挥出自身巨大的数量优势只不过是时间问题。被敌军士兵团团包围后，骑士们在与步兵密集防守的僵持中慢慢不支，直至战死。罗杰被击落马下，不久之后，大十字架也倒下了。在感觉到己方占据上风之后，塞尔柱战士蜂拥而上，尽管安条克作家、行政总管沃尔特——他可能也在那个小包围圈里——告诉我们有几个塞尔柱人刚一伸臂去抓住十字架，就被神力击倒。[64]

形势很快便已明了：罗杰已经战死；他被一把利剑刺中，穿鼻而过，透脑而亡。[65] 后来有传言说，罗杰最开始是被俘，而非被杀。他被塞尔柱人围住，敌人剥掉了他的链甲，并试图从他手中夺走他的佩剑。他抵制了这些士兵解除他武装的企图，说他只会把佩剑交给敌军的大将。俘虏他的塞尔柱战士接受了他的说法，并找来一位埃米尔。这位塞尔柱将领如期赶到，摘下自己的头盔，要求安条克公国的这位法兰克军队统治者交出佩剑。桀骜不驯的罗杰暴起反击，砍下了埃米尔的首级，然后当即就被埃米尔的护卫砍倒。[66] 无论到底发生了什么，罗杰已死。

随着骑兵部队的崩溃，幸存的骑士和剩余的步兵试图在附近一座小山上进行最后的抵抗，他们竭力聚集足够的人数以击退敌军的进攻并寻求突围逃命。这是一个徒劳的希望，他们的抵抗最终被粉碎。他们的队伍中——或者说，整个法兰克军队中——只有极少数人死里逃生。许多战俘被塞尔柱人带走，其中包括拜占庭皇帝派来的一个特使，他是来与安条克公国协商联姻事宜的。这名特使后来以 1.5 万枚拜占庭金币（bezant）[①] 的价格被赎回，然后南下与耶路撒冷国王鲍德温二世商讨另一项联姻协议。[67] 俘虏们（约 500 人）被紧紧地捆绑着；伤员则被塞尔柱人用棍子活活打死，并被剥去头皮。[68]

血地之战是一场残酷的大会战，塞尔柱人在此战中充分发挥了他们的绝对数量优势，同时利用自身的机动性从侧翼包围敌人。他112 们采用波浪式进攻战术的决定，以及在战斗的开始引诱基督徒冲锋的做法，帮助他们吸收化解了法兰克重骑兵的冲击力，而且他们的

---

① Bezant 为西欧国家对于拜占庭货币的指称，在十字军王国内有仿制。

弓箭手也给法兰克人的战马造成了惨重伤亡。后来一位阿拉伯史家评论说，在战役结束后，法兰克人倒下的战马身上布满了箭矢，看起来就像刺猬。[69] 这些战术并没有什么特别的新意，不过是塞尔柱轻骑兵将领的文化常态而已，但是运用得当，就产生了毁灭性的效果。塞尔柱人之间的配合似乎相得益彰，执行了一个简单而有效的策略，这充分反映出伊尔加齐有向一支由成分复杂的游牧部落战士组成的大部队下达明确作战计划的能力。

从基督徒的角度来看，最初的骑兵冲锋显然是一场灾难。骑士们任由自己被拉开得太远，远离了相对安全的步兵阵线。就像他们在大多数战斗中所做的那样，法兰克人依靠自身的骑兵冲击部队来抵消敌人在数量上的巨大优势，但这一次他们的骑兵未能给敌人造成足够的创伤以产生恐慌的连锁反应。

随着安条克公国的军队几乎全军覆没，其国门随之洞开。塞尔柱人在法兰克人的腹地纵横无阻，在其可达范围内烧杀抢掠，最远一直杀到安条克城下，甚至将铁蹄踏到了更远的阿马努斯山脉，在黑山地区①杀了一群修士。[70] 当安条克公国的农产区遭到蓄意掠夺的同时，与阿勒颇接壤地区的据点也一一沦陷。阿尔塔赫几乎是立即投降。阿萨里布的城堡被塞尔柱人攻下，其守军（包括一些来自阿勒颇的避难者）被杀。宰尔代纳也陷落了。当图格塔金率领他的大

---

① 此处的黑山（Black Mountains）和前文的阿马努斯（Amanus）山脉指同一处，即安条克以北与奇里乞亚相接的山脉地带。

马士革军队到达后，伊尔加齐的部落大军得到兵员补充，安条克公国的危机进一步深化了。[71]

在评述这一系列胜利时，穆斯林史家伊本·开拉尼希（Ibn al-Qalanisi，约 1071~1160）① 对伊尔加齐没有立即努力去征服安条克城本身，一劳永逸地终结这个法兰克公国的生命恼恨不已。[72] 这个想法肯定在伊尔加齐的头脑中出现过，但对于这一目标他很可能鞭长莫及。虽然他招募了大批土库曼部族战士，但这些部落民在骨子里是掠夺者。很多人在战后直接离队，前往周边乡村地区大肆洗劫。此外，土库曼人生活在一个由迁移和寻找牧场定义的世界，与农业社会的地缘政治格格不入。他们可能不太重视攻占并保留一个远离自己家园的主要城市中心，也不一定会热衷于投身一场艰难的围城战中，因为他们不适合进行攻城作战。至于伊尔加齐，他直到最近才控制了阿勒颇，而且他在该城的统治也远未稳固。再将另一座主要城市吞并的话，这座城市内部酝酿着怨恨和叛乱不说，他很可能因为野心太大而收效甚微，又会成为众矢之的。更好的策略是放手让土库曼部族战士们随心所欲地去劫掠，同时专注于确保阿勒颇的边境安全。无论他的动机是什么，伊尔加齐都没有采取围攻安条克城的行动。

另一个需要伊尔加齐在进行战略规划时戒之慎之的因素就是耶路撒冷王国从南方的飞速驰援。鲍德温二世迅速回应了罗杰的求援，他率军出发，沿着滨海大道向安条克急行军。在途中，他聚集

① 大马士革的政治家和编年史家，曾担任该市市长。他的著作《大马士革编年史续编》是为数不多留存至今的、撰写于第一次十字军东征时代的史书，因此是重要的史料。

了的黎波里伯爵庞斯（Pons）所率的兵马，两位诸侯的联军于
1119 年 8 月初抵达安条克，他们在行军路程的最后一段击败了一支
土库曼袭掠部队。鲍德温二世在到达安条克后发现这里的人民处于
高度戒备状态。安条克宗主教暂时接管了城市并安排城防，应对可
能到来的进攻。鲍德温二世从他那里接过指挥权，并立即开始制订
保障安条克公国生存下去的计划。

　　鲍德温的第一个举动是召开贵族会议安排继承事宜。博希蒙德
之子博希蒙德二世是理所当然的选择，但他当时只是个年仅 11 岁
的男孩，于是会议决定由鲍德温二世本人代为统治安条克公国，直
至博希蒙德二世成年。这次会议还同意博希蒙德二世将会与鲍德温
二世的一个女儿成婚，以此加固两国之间的关系。[73]

　　耶路撒冷国王随后召集了安条克公国残余的战斗力量，下令公 114
国境内幸存的战士在都城集合。他还向埃德萨伯国派出信使，命令
他们尽快派遣部队来援。鲍德温二世此时从理论上来说仍然是埃德
萨伯爵，只不过最近才成为国王，所以他有资格直接发出这一道命
令。待到他集结起这支仓促组建的军队后，鲍德温二世就向东出
发，寻求与伊尔加齐决战。他在泰勒达尼什安营扎寨，这里正是罗
杰于 1115 年取得大捷的故地。

　　伊尔加齐意识到了这一新的威胁，因而起兵前去迎击鲍德温二
世。8 月 14 日破晓，鲍德温二世将他的军队部署完毕。这支部队规
模不大。一位穆斯林编年史家认为，这支军队只包括了 400 名骑士
和额外的步兵；而一位基督徒史家则认为骑兵部队的人数达到了
700 人。[74] 无论哪种说法，法兰克人都是寡不敌众，鲍德温所面临的

逆境可能比罗杰在血地之战中遇到的难度更大。然而，伊尔加齐自身的地位则异常强势。他的部下不仅因为先前的胜利而士气高涨，而且他的队伍中还补充了图格塔金的士兵和数支由阿拉伯战士组成的庞大分队——看来安条克国力虚弱的消息已经四散传开，许多势力受到吸引，希冀在公国剩下的利益中分得一杯羹。[75]

　　在黎明的数个时辰内，两军相遇。法兰克步兵在全军后方列阵，为己方骑兵保障退路。鲍德温二世的前锋由三支骑兵梯队组成，另有六支骑兵分队部署在战线中央。右翼是的黎波里伯国的兵马，左翼为安条克公国的男爵率领的部队。

　　伊尔加齐采用了标准的塞尔柱策略。他的部队在基督徒军队的四周驻扎，如同套在法兰克人脖子上的一道绞索。这种部署方式阻绝了敌军的任何退路，旨在向其心中灌输恐惧感。十面埋伏的压迫感又因天一亮时塞尔柱人在法兰克军队的四周不断击鼓而进一步放大。当盛夏的旭日开始升起时，塞尔柱人向基督徒发起了第一轮进攻。这些看似凶猛的攻击其实并非真刀真枪，而是骑兵小队以车轮战的形式奔驰到法兰克人的阵线前，射出几轮箭雨或投掷标枪后依次撤走。在战事的初期阶段，塞尔柱人将注意力特别集中在法兰克人的后卫步兵上，力求不给骑士们留有退路。他们的目标是彻底歼灭这支人数不多的基督徒军队。

　　这种攻击一直持续到法兰克步兵的阵线明显不会被打乱为止，此时塞尔柱人又试图利用自身压倒性的数量优势，通过一次大规模冲锋淹没并扑杀他们的对手。他们在战斗还没有进行多久时就寻求与敌近战——这本非塞尔柱人的强项，这一决定表明他们自信满满，认定仅凭己方军队的庞大体量就可以将基督徒打垮。

塞尔柱人的冲锋几乎就要奏效了。法兰克步兵伤亡惨重，而部署在前锋位置的三支骑兵梯队也被压制住。面对不断加剧的混乱局面，凯撒利亚大主教站在耶路撒冷王国的旗帜性象征物——真十字架一旁，宣称上帝将向塞尔柱人复仇。[76]

日头渐渐毒辣起来。在 8 月，叙利亚北部的气温应该在 95 华氏度左右（35 摄氏度左右），但据说这场战斗的当天特别炎热。骑士们身着一层又一层的内衬武装衣和盔甲，骑在热汗淋漓的战马上作战，极易出现中暑和脱水现象，而且据说有很多敌人也在激战中因天气炎热而昏厥。[77]

直到塞尔柱军队的大部分人马都与法兰克步兵纠缠在一起时，鲍德温二世才发动骑兵冲锋。他似乎一直等到灾难几乎就要发生的临界点才开始行动，但他的耐心结出了果实。他是想确保大部分敌军在战斗人员的压力下动弹不得，无法分散或逃脱他的冲锋。然后他便出手了，这次冲锋强行突破了敌军战线，从其前锋一直贯穿到后卫部队。塞尔柱大军被打得落花流水，鲍德温二世很快就发现自己主宰了战场。

第二次泰勒达尼什之战算不上是一场胜利，大多数作家将其描述为一场血腥的平局。[78]基督徒阵营伤亡惨重，而且在战场边缘地带，失散的法兰克编队与撤退中的塞尔柱人之间又爆发了数场小规模战斗，基督徒在这些战斗中损失很大。即便如此，塞尔柱人还是被赶走了，鲍德温二世的士兵此刻在战场上昂然挺立，无人敢撄其锋芒。这本身就是一个非凡的成就，尤其是在敌我人数对比极度不平衡的情况下。鲍德温此时可以返回安条克，接受民众热烈的欢迎。这座城市目前已然安全无虞，即使它夺取阿勒颇的野心已经破灭。

战事过后，是双方计算一下代价得失的时候了。对于伊尔加齐来说，第二次泰勒达尼什之战使他先前在血地之战的胜利褪去了光彩。准确地说，伊尔加齐并没有被击败，只是他虽然手握雄兵，却未能决定性地制伏安条克公国。他在返回阿勒颇后，发现市民得到的近期战况消息褒贬不一，有人声称塞尔柱人被击溃了，其他的说法则是塞尔柱人得胜。[79] 更让他烦恼的是，有传言称，一些在伊尔加齐掌权期间饱受折磨的城市精英开始密谋推翻他。

为了平息这些杂音，伊尔加齐立即宣布他赢得了第二次伟大的胜利（尽管与事实不符）。为了强化这一点，他对自己的俘虏严刑拷打，并将他们示众。法兰克贵族罗贝尔·菲茨-富尔克（Robert Fitz-Fulk）尽管曾是大马士革的图格塔金的好友，还是被后者斩首。他的头颅被带到阿勒颇的大街小巷并摆放在富家宅院的门前供人观看，统治者期望这些大户人家通过制作礼物以示谢意。于是，罗贝尔的头骨随后被制成一尊酒器。其他囚犯被砍掉四肢，他们的躯干被扔到公共场所。这些都是残忍的酷刑和虐杀行为，但政治目的很明确。这些行为向阿勒颇人民传达出一个明确无误的信息，即伊尔加齐的意志、权力和冷酷。在对俘虏行刑的过程中，伊尔加齐和图格塔金一直在城墙外搭建的帐篷里尽情喝酒。[80]

伊尔加齐的所作所为令其随从中的一些穆斯林精英深感不安。他在战争中的行为和他对俘虏施加的一些独特的酷刑，与当地宗教领袖的理念似乎有些不合。后来一名法兰克俘虏的记述就暗示了这点：伊尔加齐曾向一位卡迪提供了处决马拉什（Marash）总管阿努尔夫（Arnulf）的机会，但这位卡迪拒绝了，他看起来被正在发生的事情所困扰，并把刀子递给了身旁的一位埃米尔。[81]

　　伊尔加齐的行为可能会让那些随军的宗教领袖感到担忧，但对于苏丹治下那些更遥远地区的统治者和当局来说，他是一位英雄。他对法兰克人施加了决定性的打击，而他在战斗中的光辉事迹被四处歌颂（一般都会对血地之战夸大其词，而对第二次泰勒达尼什之战轻描淡写）。文人们创作了一些诗篇来纪念他的功绩，强调这些成就应被理解为一个虔诚的"圣战"武士对基督教信徒进行的"圣战"行为：

> 古兰欢喜君献捷。
> 福音悲泣忠徒丧。[82]

　　此类想法很少关注过伊尔加齐的行为和目标。他在 1119 年之前几乎很少与法兰克人交手，尽管他很早就开始了戎马生涯，而且他甚至还曾与法兰克人并肩作战。之前，他在亚美尼亚人中以萨勒诺的罗杰的"亲密之友"而为人所知。[83]但在血地之战后，这些都不重要了。重要的是，伊尔加齐已经踏入了传奇的殿堂。无论此人一生中的事迹如何，关于他的记忆在此刻将成为一个有力的象征，这种象征不仅浓缩了捍卫伊斯兰教反抗法兰克人的理念，还可以被穆斯林学者和朝臣用来引导那些只是在一定程度上皈依伊斯兰教的塞尔柱主公完全接受伊斯兰教并将其内化为自身的一部分。至于伊尔加齐本人，他已经为阿勒颇人民提供了一些非常明确的理由，让他们继续尽忠于他的事业。

在边界的另一侧，法兰克人正在重新找回他们的战斗精神。鲍德温二世多次发动突袭，以重新巩固安条克公国在其东部边疆的地位；他还派兵向蒙基德家族发起攻击，后者在血地之战后立刻投靠伊尔加齐并占领了相邻的数座城镇。[84] 鲍德温二世还将他的堂兄、太巴列城领主若斯兰召来接管埃德萨伯国。这位斗志旺盛的贵族迅速掌权，然后对阿勒颇的领土发动了一系列惩罚性袭扰，试图重新夺回法兰克人在其乡村地区的主宰地位。通过快刀斩乱麻的行动以及在泰勒达尼什和随后数周内的无畏作战，鲍德温二世在一定程度上减轻了安条克公国在血地之战后受到的几处剧烈创痛。[85]

这些可能会让安条克公国剩下的守卫者来说感到安慰，但并不能掩盖血地之战所带来的严峻形势。安条克公国的实力大为削弱，之前的一番雄心壮志也严重受挫。法兰克人曾拥有一支雄师劲旅，并由于其可怕的声名而更加令人生畏。这支军队曾经强大到足以让其领袖认真考虑征服（或更有可能是政治兼并）阿勒颇这个目标。法兰克人的军队多年来横扫整个叙利亚北部地区，威震各方势力，然而，这股征服大潮到此戛然而止。此时，安条克军队一败涂地，为公国提供大部分资源的农业地产也被掠夺殆尽。安条克公国在叙利亚北部的征服战争因而偃旗息鼓。如果法兰克人想要继续争夺阿勒颇的话，就只能由耶路撒冷国王鲍德温二世来领导。这对该地区来说也是一个重要变化。在此战之前，安条克公国与耶路撒冷王国曾互相竞争支配地位。此时比赛已经结束，耶路撒冷掌握了主导权。[86]

除了血地之战带来的战略后果之外，这场战役还挫伤了整个拉丁东方世界的法兰克人的自信心。近些年来，十字军诸国的统治者似乎怡然自得，依靠自身资源以及季节性涌入的朝圣者和定居者就能生存下来。他们很少向西方基督教世界写信求援，并且满足于在没有积极寻求更多援军的情况下就发动战争。然而，在此战过后，他们开始心急如焚、郑重其事地向西欧统治者写信求援。[87]他们已经清楚地意识到，法兰克人征服的势头已经停滞不前，他们此时在更广阔范围内的地位脆弱不堪。

血地之战也在法兰克人的领土上引发了对精神世界的强烈反省并持续了一段时间。人们认为战场的成败并不仅仅是骑兵机动与持矛步兵编队的问题，更是上帝的意愿问题。安条克公国的人民究竟做了什么才招来了这等灾难？

为了回答这一问题，法兰克人不得不反求诸己，审视自身的道德行为。他们的恶行导致他们与上帝之间出现了隔阂，使他们在敌人面前孤立无助。胜利需要正己守道，众所周知，第一次十字军东征的军队之所以战无不胜完全是因为他们的道德品行得到了上帝的青睐。血地之战以后，法兰克人对最近的行为反躬自省并发觉自己一无是处。他们犯下了众多罪愆。他们摈弃禁欲和斋戒，沉溺于酒色，任由饕餮之欲摆布自己的头脑。据传，有些人是妓院的常客，纵情声色、荒淫无度。另一些人则甘愿成为金钱的奴隶，执迷贪欲而无法自拔。妇女尤其被道德家指责因轻佻放荡而使自己的人民蒙

120　羞，一心只顾梳妆打扮，不愿为了自己灵魂的救赎而出力。更糟糕的是，上帝早已警示过子民自己的愤怒日甚一日，并于一段时日前在法兰克人的土地降下蝗灾，但无人在意。安条克的人民则更加关注另一个迹象，一场地震已经波及整个地区，但上天的惩罚似乎还不够。安条克已经犯下滔天大罪，它的人民心知肚明，只有愚人才会无视上帝的旨意。[88]

　　在更远南方的耶路撒冷王国，鲍德温二世也得出了相似的结论。1120 年 1 月，在返回自己的王国后不久，他于纳布卢斯（Nablus）① 城召开国事会议。[89]齐集一堂的贵族们在此讨论战争的局势、蝗灾的危害，以及最近一大批法兰克朝圣者在参观圣地时带来的破坏。显然，如果他们还想重新获得上帝的青睐，就需要做出一些改变。因此，他们借鉴拜占庭人的模式，制定了一系列严刑峻法，专门用来改善法兰克人的道德行为。这些法律规定了对通奸、鸡奸、强奸以及与穆斯林发生所有类型的性关系的严厉惩罚。更值得注意的是，这次会议还允许神职人员使用武器进行自卫（这是对传统的重大突破）。[90]会议的另一成果——在一定程度上也是出于血地之战的原因——是聚集在一起的精英人士一致同意的，一小群风尘仆仆、以护卫朝圣者为己任的骑士应得到成立正式组织的认可。假以时日，这个小团体将崛起为基督教世界最强大的宗教组织之一——圣殿骑士团。[91]

_____

　　①　即《圣经》里的示剑，是巴勒斯坦约旦河西岸地区的一个主要城市及纳布卢斯省的首府，在耶路撒冷以北 63 公里。

随着战争风暴在 1119 年的一系列战役结束后平息下来，一些现实情况开始出现。最明显的事实是，安条克公国已经一蹶不振，如果要继续生存下去，就必须在未来几年内得到源源不断的援助。这本身对近东的地缘政治格局就是一个重大的冲击，因为这里的统治者本已习惯了一个积极进取并执行扩张主义政策的安条克公国。而现在，突然间，也是第一次，安条克公国的这一政策在历经十五年的稳步扩张后突然中止。公国已步入死局，一筹莫展，亟待援救。而在现实中能够为其提供支持的也只有耶路撒冷王国了，所以鲍德温二世愿意集中精力为其纾困解难，这对安条克公国来说也是一桩幸事。

耶路撒冷王国拥有资源和人力，可维系其北方的兄弟国家的生存；近年来，其收入和定居人口一直在稳定增长中。它的主要敌人埃及的法蒂玛王朝正在急剧衰落，鲍德温二世或是统治，或能影响所有四个十字军国家：耶路撒冷王国（他自己的王国）、安条克公国（现在处于他的保护之下）、埃德萨伯国（他以前统治的领土，并在最近任命了其统治者），以及的黎波里伯国（从属于耶路撒冷王国）。他决心重启对叙利亚北部的争夺战，恢复法兰克人在血地之战失去的前进势头。与此同时，在边界的另一边，阿勒颇可能已经找到了一个强大的、尽管很残暴的保卫者，但伊尔加齐并没有在该城永久居住，而是回到了马尔丁的基地。这个城市仍然很脆弱。用不了多久，叙利亚的战场就会再次血流成河。

第四章

血腥屠场
（1120～1128 年）

　　血地之战对于安条克公国的法兰克人来说是一次重大失败，基督徒在叙利亚北部地区一往无前的气势就此衰竭。安条克公国拥有的资源已不足以维持自己的边境安全，更不用说支撑一场扩张性战争了。即便如此，争夺阿勒颇的斗争还没有结束。耶路撒冷王国的鲍德温二世对于夺取这座城市胜券在握，他在血地之战后的数年里，一直在斗志昂扬地追求这一目标。他的野心是重拾安条克公国早期统治者的势头，将边界线向东推进。战争会继续下去，但阻挡在通往阿勒颇之路上的障碍比以前大得多。在血地之战发生前，这座城市几至唾手可得，但彼一时此一时，阿勒颇已经有了一位强大的守护者，鲍德温二世将不得不在远离自己王国的地方开展战役，同时又要重建安条克公国。

　　随着时间来到 1121 年 8 月，形势已然明朗：伊尔加齐在这一
年流年不利。数月之前，他收到了来自北方的同胞的求援。格鲁吉

亚人在其国王"建设者"大卫的率领下杀入他们的领地，对第比利斯城（Tbilisi）虎视眈眈。虽然这片疆土远离伊尔加齐在贾兹拉的核心领地，他还是响应了同胞的号召，召集自己的军队参加这场战役。由于最近几年来与法兰克人的斗争难分胜负，他对这样的局势已经受够了，四处寻找更有获胜希望的战机。就在前一年，他向法兰克人控制下的埃德萨和安条克发动进攻，但收获不多。另外，格鲁吉亚的战役也蕴含着取得重大胜利的新机遇，如若取胜，他麾下的土库曼部族战士将满载从格鲁吉亚掠夺的战利品而归。然而，这场战役的结果让他除了颜面扫地之外一无所获。土库曼部队与格鲁吉亚人在战斗中狭路相逢，但在一开始迫使对手退却之后，土库曼人却大败亏输。数千人战死沙场，后来的史家记述道，土库曼人的尸体漫山遍野。[1] 此外还有更多的土库曼战士沦为俘虏，伊尔加齐被迫含恨忍辱地退走。

在格鲁吉亚一战中损兵折将已经足够惨淡，但这只是伊尔加齐噩梦般一年的开始。在他从格鲁吉亚返回的路上，军情传来，他的儿子、阿勒颇总督沙姆斯·达瓦拉（Shams al-Dawla）起兵叛乱并处决了伊尔加齐派驻该城的副帅。雪上加霜的是，甚至在伊尔加齐启程前往格鲁吉亚之前，耶路撒冷国王鲍德温二世就已经着手将阿勒颇置于新的压力之下。他于 1121 年春便开始向边境据点阿萨里布和宰尔代纳发动一系列攻击（这两座城镇都已在血地之战后陷落）。[2] 虽然鲍德温二世发起的两次行动都未能成功，但足以迫使伊尔加齐坐到谈判桌上。为了确保边境安定，以便他能够放心出兵格鲁吉亚边疆地区，伊尔加齐做出了重大让步，允许法兰克人从阿勒颇的领地上征税，甚至连城墙外的郊区也概莫能外。他还承诺将包括阿萨里布在内的几个据点的控制权给予法兰克人。令人沮丧的是，驻扎在阿萨里布的守军拒绝交出他们的要塞，这就危及了双方协议的执行。然后，随着时间来到夏季，当伊尔加齐劳师远征格鲁吉亚人，而他的儿子沙姆斯·达瓦拉兴兵作乱之时，鲍德温二世再一次策动攻势，横扫阿勒颇地区，重新占领了宰尔代纳，攻城略地，摧毁农作物。塞尔柱将领中无人能够阻止他，当鲍德温二世的军队出现在阿勒颇城门外时，法兰克人早已击败了从城内杀出试图将他逐走的小部队。[3]

当伊尔加齐返回自己的定居地时，他的权威已经摇摇欲坠。尽管他在 1119 年赢得了一切，但阿勒颇再次处于从他手中滑走的边缘。这是一个危险的时期，不过他仍然手握优势——他的威名令人闻风丧胆，他的儿子显然对父亲即将再次出现感到担忧。当伊尔加齐的幸存部队到达幼发拉底河处的卡拉特-贾巴尔，并准备踏上前往阿勒颇的最后一段旅程时，沙姆斯·达瓦拉失去了勇气，试图与父亲讲和。伊尔加齐宣称他已经做好了和解的准备，所以当他于 1121 年 11 月抵达阿勒颇时，发现城门敞开，他的儿子已经准备好迎接他。伊尔加齐不能就此罢休。他显然担心这种家族内斗可能对阿勒颇人民一向令人怀疑的忠诚度产生影响，所以他以盛大的排场布置他的入城式，以提醒市民们他的伟大之处。

他还削减了阿勒颇的税收——这是自 1120 年以来的第二次——来试图赢回人民的支持。[4] 在这一时期的某个时间点，他也开始与阿萨辛派建立良好的关系，一如他的前任里德万所为，即使刺客们一向被其他的塞尔柱统治者深恶痛绝。阿萨辛派的实力不容小觑。然后，他惩罚了自己儿子周围的谋逆党羽，对那些领头人物施以严刑，其酷烈程度与他加诸第二次泰勒达尼什之战中被俘的安条克贵族的折磨不相上下。一位同谋者被拔舌挖眼，另一位则被刺瞎双眼、砍掉手足。其他的叛党则被炙烤得眼珠脱落，又被挑断脚筋。这些残忍的行为向未来的叛乱分子传递了一个讯息。他的儿子所受的处罚则宽松得多。沙姆斯·达瓦拉免受任何身体上的刑罚，但他还是快马加鞭地逃到了大马士革。[5]

在雷厉风行地教训了自己的儿子之后，伊尔加齐又转而对付法兰克人。1122 年 6 月，在他的侄子、土库曼盟友巴拉克以及大马士革的图格塔金的佐助下，他发兵重新攻打宰尔代纳。鲍德温二世当时正在的黎波里，闻讯后兼程北上。他得到的情报表明，伊尔加齐的部队装备了投石弩炮，正在围攻这座重要的边境城镇。

结果双方的对峙陷入了僵局。鲍德温二世采取了尾随战术，占据了距离塞尔柱敌人很近、但地势过于险峻而难以攻击的防御阵地，同时拒绝交战。这一计策使他的敌人在攻入基督徒领地时承担着全面决战的不确定性所带来的风险。鲍德温二世的方法成功了，伊尔加齐的联军一无所获，只能撤军并散开。[6]伊尔加齐再一次大失脸面，这也是他最后一次出战。他在这次作战过程中染病，于 1122 年 11 月去世。

随着伊尔加齐的去世，叙利亚北部出现了权力真空。伊尔加齐长期以来一直在贾兹拉及更远的地区说一不二，土库曼各部落也都尊重他的权威。现在，这个地域向新的竞争者敞开了大门。可以预见，最先利用这一机遇的势力就是法兰克人。他们立即发动进攻，长驱直入，杀到阿勒颇以东的巴勒斯（Bales）城下。直到1123年4月，他们在得到赔款和梦寐以求的阿萨里布之后才满意地离开。法兰克人的实力不足以直接进攻阿勒颇，所以他们集中力量加强对其乡村地区的控制。

伊尔加齐的死讯对于法兰克人来说是一个重大利好，但是，正如鲍德温二世很快就在付出代价后发现的那样，叙利亚北部的土库曼各部落并没有等待太久便迎来了新的守护者。他们的新一代领袖是巴拉克，他既是伊尔加齐的侄子，也是一位经验丰富的将领。与
127　他的叔父一样，巴拉克已经在叙利亚北部经营了数十年之久，并且在忠诚的土库曼部落民的支持下积极作为，与多个敌人周旋作战。

巴拉克与法兰克人初次相遇还是在第一次十字军东征期间。当时他以另一个叔父索克曼的名义统治着萨鲁杰城〔Saruj，今为苏鲁克（Suruc）〕。萨鲁杰是位于埃德萨西南部的一个富裕繁荣的城镇。这座城镇在1095年才被塞尔柱人从阿拉伯部落欧盖伊家族手中抢过来，并在此之后据为己有。至1098年，巴拉克正煞费苦心地维持自己对当地民众的管制，当他得知布洛涅的鲍德温（未来的耶路撒冷国王鲍德温一世）已经成为埃德萨的统治者时，便向后者寻求帮助，以对抗拒绝缴纳贡品的当地穆斯林民众。布洛涅的鲍德温出发前往巴拉克的领地，但拟议中的联盟很快就在激烈的争吵中破裂了（一位法兰克史家声称，巴拉克在另一位为法兰克人效力的塞尔柱战士的支持下，一直在暗中密谋反对鲍德温）。[7]无论导致他

们反目成仇的到底为何事，结果是鲍德温率领装备了攻城武器的部队向萨鲁杰进军。当地民众本来就对巴拉克毫无忠诚可言，于是他们将该城献给法兰克人并迫使他们的前任统治者离开。随后数年，索克曼一直无力夺回该城，即便是他发动了一场空费时日的战争。[8]

　　这次早期的接触为巴拉克后来与法兰克人的纠葛定下了基调。与该地区的其他塞尔柱统治者一样，他并没有清晰的反对法兰克人的计划，而是准备根据自己不断变化的利益与后者作战或结盟。1101 年，他与一群塞尔柱统治者联手攻击一支试图穿越安纳托利亚的十字军，但到了 1103 年 10 月，他已转战伊拉克北部，围攻幼发拉底河畔的阿拉伯城镇阿纳（Ana）。[9]他似乎一直在寻找新的作战基地，然而面对当地阿拉伯部落的坚决抵抗，他的进攻失败了。

　　接下来，他于伊尔加齐客居伊拉克、担任巴格达总督的时期再一次出现，在后者手下效力。巴拉克在为其叔父服役时发挥的作用是防止该地区的土库曼各部落攻击从远东向巴格达运送货物的商队。他很好地完成了这一任务，后来他又在贾兹拉辅佐伊尔加齐，与当地的塞尔柱统治者作战，并于 1114 年抵制了苏丹将该地区划归自己控制的企图。[10]

　　在此期间，大约是 1113 年，巴拉克获得了位于安纳托利亚中部的城镇哈普特（Kharput）及其要塞，他利用这个基地在 12 世纪20 年代初对拜占庭人发动了一次毁灭性的突袭，大有斩获。此时，距离巴拉克上一次上阵对抗法兰克军队已经过去了很多年。然而在1122 年，他毅然重返昔日的战场，辅佐伊尔加齐进攻安条克公国，率领一支土库曼部族的大部队加入了叔父的联军。[11]这次远征虽然

128

无功而返，但似乎激起了巴拉克与法兰克人交战的欲望。不久之后，在 1122 年 9 月，他突然发难，杀入埃德萨伯国，目标直指自己以前的据点萨鲁杰。这次进攻行动是一次机会主义的行为，似乎只是为了在他返回位于哈普特的据点时进行一次顺手牵羊式的打击，但事实证明，这次突袭取得了出人意料的巨大成功。

在巴拉克进入埃德萨伯国的境内后不久，埃德萨的统治者伯爵库特奈的若斯兰便率领 100 名骑士组成的部队尾随其后。巴拉克可支配的骑兵数量八倍于基督徒，所以尽管法兰克骑兵威名赫赫，他还是准备与若斯兰在战场上一决高下。更为重要的是，他已经构思出一个新的计策来挫败基督徒的冲锋。他精心选择了会战的地点，引诱法兰克人追击了很长时间，最后在一条河流附近的低地区域严阵以待。若斯兰的骑兵在巴拉克的部队准备好后也堪堪赶到，在经过长久的追赶之后疲惫不堪。随后，塞尔柱人诱使基督徒骑兵穿过沼泽地带发动冲锋。承载重甲骑兵的战马跌入泥泞之中，动弹不得。这时，塞尔柱人很轻松地用箭雨覆盖了法兰克人，直到他们的领袖被迫投降。这是一场小规模战斗，却为巴拉克赢得了一个价值连城的战利品：埃德萨伯爵若斯兰成为他的阶下囚。起初，他希望通过要求若斯兰献出埃德萨来利用好这位高价值俘虏，但若斯兰断然拒绝。结果，若斯兰被不光彩地缝进一张骆驼皮里，运回巴拉克的据点哈普特。[12]

这场战斗对于这位之前名不见经传的塞尔柱首领来说是一次成名之战，来自不同文化的同时代史家此时都开始对他产生更浓厚的兴趣。对于巴拉克来说，这是一场伟大的胜利，而他在伊尔加齐去世后接收了叔父之前的很多领地，自己的事业更是风生水起。借助这股强劲势头，他向法兰克人和亚美尼亚人的领土发动了一轮又一轮的猛攻。

他的第一个举动是围攻法兰克人控制下的城镇加尔加（Gargar）。鲍德温二世于 1123 年 4 月急忙北上去解救该城，但巴拉克为这位国王设下一个完美的埋伏，后者当时冲得过于靠前，将己方军队甩在后面，身边的护卫人数又不多。结果就是，鲍德温二世也被俘虏并被送往哈普特与若斯兰一同收押。[13] 有了第二次这种出人意料的胜利，巴拉克此时已经羁押了两位最重要的法兰克统治者，使耶路撒冷王国、安条克公国和埃德萨伯国群龙无首。受到这种对法兰克人沉重且突然的打击的鼓舞，巴拉克全身心地投入了与法兰克人的斗争。

巴拉克的下一步行动同样雄心勃勃。像叙利亚北部许多其他成功的军阀（无论法兰克人还是塞尔柱人）一样，他开始寻求将最大的战利品——阿勒颇——抢到手。巴拉克一心想维护自己作为伊尔加齐继承人的地位，并剥夺任何其他声索者的权利。控制阿勒颇将会赋予他称霸这一地区的资源，而他以最无情的方式追求这个目标。1123 年 5 月，他开始向阿勒颇步步进逼，占领了位于阿勒颇东北、幼发拉底河东岸的城镇哈兰。5 月下旬，他进抵阿勒颇的乡间地区，纵火焚烧农作物（这显然是他的标志性战术），并封锁该城，引发城内粮荒。他派兵袭扰阿勒颇周围的村庄，并奴役当地民众。至 1123 年 6 月下旬，城内的守军已经苦不堪言，他们打开城门，奉巴拉克为新的统治者。[14]

130　　　与之前的伊尔加齐一样，巴拉克在登上权力舞台的道路上也是心狠手辣。然而，耐人寻味的是，巴拉克作为总督比作为征服者所采取的政策更加温和。他攻城略地的手段可能残暴不仁，但一旦立足已稳，他能认识到更有节制的政策的价值。东方基督教史家对他的美德赞不绝口，认为巴拉克在保护自己臣民的权利方面绝不手软，即使是发现自己的同胞犯下盗窃之罪，也会毫不犹豫地处决他们。[15] 他的法兰克对手也充分认识到了他的能力。[16]

至 1123 年 6 月，巴拉克已经马不停蹄、四处征战了将近一年的时间，然而他的嗜战欲望仍未得到满足。他刚刚征服阿勒颇，便又亲自出马攻向安条克公国，占领了阿帕米亚城。在这一阶段，他对法兰克人和自己的同胞都毫不留情，频频重拳出击的同时又卓有成效。一个新的势力就此异军突起，而群龙无首的法兰克人则颓势尽显。在经受强敌反复攻伐且鲍德温二世与若斯兰均身陷囹圄的情况下，法兰克人征服阿勒颇的目标渐渐变得遥不可及，而且安条克公国自身的边境也危在旦夕。

然而在 1123 年 8 月，一项大胆而又出人意料的行动突然发动，使巴拉克不得不移开聚焦在边境上的目光。鲍德温二世、若斯兰和哈普特的其他囚犯得到了一群亚美尼亚战士的秘密协助，推翻了看管他们的塞尔柱守卫，占领了要塞的监狱。

至第一次十字军东征时，亚美尼亚人对于侵略者早就习以为常。自基督的时代以降，他们经常发现自己身处相互争斗的死敌——罗马人与波斯人，阿拉伯人与拜占庭人——之间的边境地带，而在更近的年代他们又处于塞尔柱人攻伐的路线上。数个世纪以来，他们的族群就生活在各方势力竞相争夺的土地上——高加索山脉与底格里斯河和幼发拉底河上游源头之间，但在 10 世纪，大量亚美尼亚人也开始向西迁入奇里乞亚的沿海地带和阿马努斯山脉。这一运动的催化剂是拜占庭帝国持续发力，将其边界向南推进，其军队深入叙利亚，兵锋直指圣地。在这些战争中，叙利亚北部和安纳托利亚南部的沿海地区被收复，并由大批在拜占庭军队中服役的亚美尼亚士兵定居于此。正是这些西部的亚美尼亚人族群首先遇到了十字军，安条克公国和埃德萨伯国都拥有为数不少的亚美尼亚人口。

亚美尼亚人是一个历史悠久的信仰基督教的民族；公元 314 年，国王提里达特斯三世（Tiridates Ⅲ）成为第一位皈依基督教信仰的亚美尼亚统治者。此后，基督教在这一民族内迅速传播，并由亚美尼亚人形成了自己独特的亚美尼亚教会。[17]

在第一次十字军东征之前的数十年里，亚美尼亚人深受塞尔柱人征战的影响。塞尔柱人席卷拜占庭帝国的边疆（约从 1029 年起），在与帝国军队的作战中取得一系列大捷。随着拜占庭的权威开始衰落，许多先前本来生活在帝国境内的亚美尼亚族群，发现自己被裹夹在两方交战的前线。在后来的年代里，随着他们继续向西朝着君士坦丁堡挺进，还是这些亚美尼亚人生活的同一片土地，陷入了军阀割据、战火纷飞的乱世，土库曼、亚美尼亚或拜占庭背景的地方统治者粉墨登场，群雄逐鹿。甚至在十字军东征发生之前，就已经有法兰克雇佣兵出没于这场厮杀之中，试图浑水摸鱼、划地

131

自立。

不久之后，第一次东征的十字军的到来对这些久居人下的亚美尼亚人来说意味着潜在的机遇。当地亚美尼亚族群的一些成员起初认为十字军的到来实现了他们期待已久的末日预言，这一预言原由亚美尼亚隐士霍夫汉尼斯·科泽恩（Yovhannes Kozern）做出，内容为法兰克人将会到来、征服耶路撒冷并开启末世。[18] 但从表面上看，许多亚美尼亚首领只是试图从这支不期而至的军队所引发的剧变中获取最大的好处和安全保障。一些人向法兰克人寻求保护，譬如埃德萨的亚美尼亚群体，他们请求布洛涅的鲍德温成为他们的统治者。其他人则从塞尔柱人的屡战屡败中看到了驱逐塞尔柱和土库曼部族统治者、维护自身独立地位的良机。

随着十字军国家逐渐成形，法兰克人在亚美尼亚人聚居区强行施加自己的统治时，并不屑于采取怀柔的手段，因而双方之间的关系可能很紧张。归根结底，十字军所征服的土地上政治派系林立，于是当他们选择支持一位亚美尼亚军阀时，就会经常发现自己与其他的地方势力水火不容。此外，法兰克人与其亚美尼亚臣民之间也存在明显的差异。虽然这两个群体都是基督教徒，但他们因文化、语言、宗教派别以及他们的家园相隔数百英里而存在分歧。

尽管如此，在随后的岁月里，有识之士试图尽可能地缩小双方之间的文化鸿沟，强调法兰克人与亚美尼亚人共同的基督教信仰，同时力求忽略他们的神学理论分歧。也许跨文化融合的最大标志就是法兰克人与亚美尼亚人自由通婚，并肩作战。许多亚美尼亚战士成为十字军国家的骑士（一种精英社会阶层），埃德萨的历代法兰克伯爵也同样适了他们的亚美尼亚臣民的文化，遵从当地的习俗，娶亚美尼亚贵族妇女为妻，并对亚美尼亚教会（以及该地区其他东方基督教教会）表示尊重。[19]不过，尽管做出了这些努力，但他们的世界观始终只是在部分方面达成一致。虽然亚美尼亚人可以通过为法兰克人的服务晋升到高级官职，但对于谁是一锤定音的负责人，向来没有任何疑问。两个群体都想合作，但都没有把对方看成是"我们中的一员"。

　　法兰克人与亚美尼亚人可能有彼此心存芥蒂的时刻，但总的来说还是发展出积极的关系，至少部分亚美尼亚人心中对法兰克人产生了深厚的忠诚感。一个由十五名甘于奉献的亚美尼亚勇士组成的小分队对鲍德温二世和若斯兰赤胆忠心，试图用一个异常大胆的计划将他们从巴拉克的据点哈普特解救出来。

　　在得知他们的主人被囚的消息后，这支小分队出发前往哈普特并开始侦察其周边军情。他们很快就发现这座据点的守卫心慵意懒，且很容易上当受骗。更重要的是，负责把守据点的塞尔柱将领此刻正在大摆宴席，已经喝得烂醉如泥。亚美尼亚勇士们走近城门，假装是卷入当地纠纷的农民，来向当局寻求解决办法。他们请求觐见长官，并被带到警卫室等候，同时守军派人向宴会大厅传信，请守将到场处理。当守卫因此分心时，亚美尼亚勇士们夺取了他们的武器，一路杀入要塞。他们释放了被囚禁的俘虏，控制了城堡。这是一次胆气无比豪壮的营救行动，但法兰克战俘和他们的亚美尼亚救兵才出龙潭，又入虎穴。这座城堡远离友军、孤立无援，而巴拉克的地方部队迅速聚集在哈普特的城墙周围，封锁了所有的逃生出口。与此同时，快马信使被派往巴拉克大营，请求他即刻返回。当时巴拉克正在阿勒颇境内，但听闻急报后，他火速班师回返哈普特。[20]

巴拉克足足用了十五天才走完归程，而当他赶到时，事态已经急转直下。若斯兰已经成功地从包围圈中溜了出来，逃向基督徒的领地。他沿途巧妙地避开塞尔柱人的巡逻队，并在夜间借助两个充气袋（他不会游泳）渡过幼发拉底河。[21] 在逃亡途中他得到了一个农夫的帮助，后者帮助他伪装成农民并与他同行，送给他一匹驴子骑乘，还把自己一个年幼的女儿放在若斯兰身前的马鞍上，营造出这只是一个家庭团体的假象。当若斯兰到达土贝塞（Turbessel）时，他迅速组建了一支救援部队。他答应过鲍德温二世，会尽快赶去援助耶路撒冷国王。[22]

134　　　　然而，巴拉克还是早于若斯兰到达了哈普特，并且领先了很长一段时间。他双管齐下，动用攻城器械和地道工兵拆毁城墙，迫使守军投降，然后将被俘的亚美尼亚士兵活活剥皮。只有地位较高的俘虏才免于一死。[23] 在意识到自己已经来不及救援战友后，若斯兰穿行于十字军诸国之间，集结起一支大军，向巴拉克的领地发动一系列猛烈攻击。怒火中烧的他毫不留情地洗劫阿勒颇的土地，夷平墓园、清真寺和果园，所到之处，无一幸免。阿勒颇人所有将他赶走的企图都被他挫败。若斯兰暴烈的入侵行动激起了阿勒颇市民同样狂怒的报复行为，他们摧毁了城内的数座基督教教堂，并将其他基督教教堂改建为清真寺。只有两座教堂幸存下来。该城东正教会的主教也被迫逃到卡拉特-贾巴尔，在阿拉伯部落欧盖伊家族处避难。[24]

　　然而，若斯兰的狂暴行为远没有结束。他领兵渡过幼发拉底河，劫掠土库曼各部落并抢夺他们的牛群。他拦截贸易商队，并纵火将难民熏出他们藏身的山洞。他的怒火可怕之极，而他麾下的士兵也给受害者造成了难以言喻的痛苦，但这些对于那位再次被囚的耶路撒冷国王来说没有什么帮助。

　　与此同时，在得知若斯兰在南方大开杀戒的消息之后，巴拉克又急忙回师阿勒颇。起初，巴拉克的出现迫使他的对手撤退，但不久之后，双方战事进一步升级。另外两名塞尔柱将领——阿克桑古尔和图格塔金——也率兵北上协助巴拉克的部队对付法兰克人。这支强大的联军于 1124 年 1 月集结完毕，向安条克公国的边境城镇阿扎兹发动进攻。[25] 这场攻城战未能成功，但在塞尔柱人决定撤退之前，两方经历了一番苦战。

　　巴拉克刚一离开阿扎兹，便立刻又开始兴兵作战，这一回他将矛头指向一位叛乱的埃米尔，此君名叫哈桑（Hassan），统治着位于阿勒颇东北的城镇曼比季（Manbij）。若斯兰一直在密切关注着对手的动向，将塞尔柱人的这次征讨行动视作与巴拉克在战场决一死战的机会。若斯兰在这段时日显然是在渴望与巴拉克进行面对面的交锋，而他在 1124 年 5 月 5 日这一天如愿以偿。哈桑争取到了若斯兰的支持，使他平添了一项优势。不过，经过若干次恶战，巴拉克最终还是占据了上风，将若斯兰逐出战场。[26]

135

　　连战连胜的巴拉克似乎过于托大。在处决了所有的法兰克战俘之后，他开始组织为部队中的投石机布设阵地，准备破坏曼比季卫城城堡的城墙。在此过程中，他并未穿上自己的盔甲，结果城内的一名守军一箭射中他的左肩。巴拉克很快就伤重不治。亚美尼亚人对这位统治者的离世似乎百感交集。他们很清楚，巴拉克的死对法兰克人来说是一种极大的解脱。然而，后世的亚美尼亚人却会对巴拉克记忆犹新。他统治过许多亚美尼亚臣民，被认为是一位公正和富有同情心的主人。[27]

后世的穆斯林史家将巴拉克视为一位投身"圣战"的伟大英雄——就像他的叔叔在之前得到的待遇一样，他被当作"圣战之剑"而被后人铭记。[28]这样的纪念方式几乎没有体现出巴拉克其人其事，他只是在其漫长的戎马生涯中的最后两年才表现出与法兰克人作战的决心，同时还不忘与其他塞尔柱对手作战。而且，此人对第一次十字军东征的到来的反应竟是要与后者联手。但这不是问题的关键。那些鼓动"圣战"的人需要英雄，而巴拉克为他们提供了充足的素材，让他们将其事迹重新加工为一个鼓舞人心的榜样，好让未来的"圣战者"效仿。

当巴拉克的死讯传到法兰克人的领土时，这一消息必定会令人难以置信，毕竟巴拉克对十字军国家发动的征战于两年前才开始。他在这一短短的时期内发动了很多次战争，而胜负之数在双方之间反复易手。双方的仇恨和敌意几乎被激起到了前所未有的程度，法兰克人和塞尔柱人都犯下了至少与他们的先辈不相上下的暴行。随着这场风暴的过去，很明显，长期处于冲突中心的阿勒颇的未来又一次变得不确定起来。在经历了这么多年的战争之后，各方对这座城市的争夺仍未结束。在这场残酷的游戏中，还有最后一手牌要打出。

巴拉克死后，伊尔加齐之子蒂穆尔塔什（Timurtash）于 1124 年 7 月 25 日在阿勒颇上台掌权，他同意与埃德萨伯爵若斯兰缔结一项旨在释放鲍德温二世的协议。在蒙基德家族的从中斡旋下，这项协议的条款拟定得非常严格。为了重获自由，鲍德温二世同意交付 8 万第纳尔的赎金，移送数位高级别的人质（包括他的一个女儿），并割让阿萨里布、宰尔代纳和阿扎兹以及其他几座较小的城镇。实质上，蒂穆尔塔什希冀通过迫使安条克公国交出其主要边境据点来剥离其外围防区。鲍德温二世接受了这些条件，随后被释放并交由夏萨的蒙基德家族照料。当他抵达该城后，鲍德温二世受到了高规格的礼待，他对蒙基德家族的热情款待也投桃报李，暂停征收他们每年交纳的贡金。[29] 鲍德温二世于 8 月 29 日以自由之身离开夏萨，返回安条克，他在那里召集贵族中的重要人物讨论如何支付他的赎金。

这次贵族会议最终一致同意，法兰克人将不得不违反承诺。无论是赔付巨款，还是放弃保障自身安全的边境城堡，这种代价都不是他们可以承受的。相反，他们与协议规定的行为背向而行，决定向阿勒颇大举进攻。在做出这一决定的过程中，他们又进一步违背了协议中的另一项重要条款：承诺支持蒂穆尔塔什对抗一个危险的新敌人——杜巴斯·伊本·萨达卡（Dubays ibn Sadaqa），此君号称"阿拉伯人之王"，是马兹亚德家族（Banu Mazyad）的

领袖，是一位举足轻重的阿拉伯埃米尔。杜巴斯刚刚到达叙利亚

137　地区，但他的到来及其显赫地位，威胁到了蒂穆尔塔什对阿勒颇的
脆弱掌控。

　　杜巴斯·伊本·萨达卡的家族（马兹亚德家族）是最后一个在
近东拥有雄厚资源的阿拉伯统治家族，尤其是在这一地区日渐由塞
尔柱人当家做主的背景下。他们是一个什叶派穆斯林家族，统治着
伊拉克西北重镇希拉（al-Hilla）及其周边地区。与许多阿拉伯家
族不同的是，马兹亚德家族在塞尔柱人的征服大潮中幸存了下来。
在 11 世纪 50 年代，他们加入了法蒂玛王朝领导的反塞尔柱联盟，
但这一联盟最后土崩瓦解，于是他们被迫改变策略，与征服者虚与
委蛇。[30] 在 11 世纪晚期的乱世中，杜巴斯的父亲萨达卡领导他的家
族在巴尔基雅鲁克与穆罕默德分裂塞尔柱王朝的内战中纵横捭阖，
最后安然无恙。萨达卡起初支持巴尔基雅鲁克，但幸运的是，他于
1101 年转投穆罕默德的阵营。从那时起他便一直忠于穆罕默德，为
后者继承苏丹的大业鞍前马后。在赢得夺位大战后，苏丹穆罕默德
意识到了他在内战中对萨达卡的倚重程度，看起来是有意维持萨达
卡的忠诚，对后者的家族不吝土地和礼物的赏赐。[31]
　　萨达卡深谙保障其家族领地与安全的最好办法就是教导出一位
强大的塞尔柱主子明白自己的支持不可或缺。尽管如此，穆罕默德
对萨达卡的依仗并没有永远持续下去。1107 年，当时距巴尔基雅鲁
克亡故已有数年之久，苏丹的宫廷里开始流传着萨达卡是一名尼扎
里派分子（阿萨辛派的一个成员）的谣言。而塞尔柱人对尼扎里派

一向恨之入骨，这就使谣言成为特别具有破坏力的指控，即便这件事子虚乌有。其他的言论则是提请穆罕默德注意萨达卡的巨大权势和资源，指出这一事实对苏丹的权威构成了潜在威胁。[32] 这些阴谋者成功地在萨达卡与苏丹之间制造了隔阂，于是，尽管两人都不情愿，但彼此之间的关系还是在恶化下去。君臣之间的猜忌最终演化为 1108 年的一场全面战争。萨达卡发现他在这场冲突中并不缺少盟友，伊尔加齐和贾兹拉地区的其他叛党——穆罕默德的对立者——都准备向他提供支持。

这场战争以马兹亚德家族与塞尔柱苏丹在伊拉克北部的一系列重大会战为开端。萨达卡在一开始占据了上风。他可以募集成千上万的士兵，其军队规模甚至与塞尔柱主公所能召集的最庞大的军队不相上下。尽管如此，战势于 1108 年 3 月 4 日发生逆转，当时阿拉伯军队与塞尔柱军队在底格里斯河岸附近的村庄马塔尔（Matar）相遇。萨达卡挑选了一处地势极佳的位置迎战敌军。他小心翼翼地部署自己的部队，对席卷战场的强风加以利用，确保风能直接吹到迎面而来的塞尔柱人脸上。这是一个精明的决定，因为这将破坏塞尔柱人的主要战术优势：他们赖以成名的万箭齐发。然而，风突然背叛了萨达卡，开始往相反的方向吹去。所以当萨达卡的骑兵在冲锋的时候，正好冲入了箭雨之中。塞尔柱人的布阵也十分精妙：己方军队与前进中的阿拉伯骑兵编队之间隔着一条运河。结果，阿拉伯人的冲锋被阻滞，萨达卡的部队就此溃败。这是一场灾难，萨达卡本人也因箭伤而死。[33]

杜巴斯也参加了这场兵败将亡之役，父亲的战死在他以后的一

138

生中留下了不可磨灭的痕迹。此战过后，杜巴斯被俘入狱，并在意识到自己处于不利地位后与穆罕默德讲和。虽然如此，他还是耿耿于怀，一心要寻机给自己的塞尔柱主公下绊子。1118 年，他的机会来了。穆罕默德驾崩后，塞尔柱苏丹国再次陷入内战。穆罕默德的子嗣们与他的弟弟桑贾尔（Sanjar）为了争夺苏丹之位而恶战连连，杜巴斯在这场继承战中通过在对立派系中挑拨离间来抬高自身地位。一时间，他翻云覆雨、从中渔利，但这是一项危险的游戏。1120 年，当他支持的苏丹候选人、穆罕默德之子马苏德（Mas'ud）在战斗中落败时，他自身的地位也变得岌岌可危。杜巴斯突然成为塞尔柱王朝内战中的失败一方，正如伊尔加齐在那些年前的情形一样。现在，轮到他逃往贾兹拉地区的避难处了。他召集自己的人马，将自己的女眷送往伊拉克北部的沼泽地带藏匿，然后起程往北方而去。[34]

　　杜巴斯刚到贾兹拉，便与伊尔加齐订立攻守同盟，因为他知道后者支持过自己的父亲，是有名的叛将。[35]杜巴斯可能以为自己身处遥远的北方就可以高枕无忧了，但即使在此处，他的敌人依然可以将手伸得如此之长。这回是巴格达的哈里发穆斯塔尔希德（al-Mustarshid）对杜巴斯抱有的敌意最大，将他视作自己崛起的心腹大患，新的塞尔柱苏丹马哈茂德二世反而次之。哈里发写信给伊尔加齐，劝说他与这位阿拉伯领袖断绝往来并将其打发走。尽管伊尔加齐并没有同意哈里发的要求，但似乎这封信让杜巴斯相信，是时候重返伊拉克面对自己的敌人了。

　　大约于 1122 年，杜巴斯征募了一支新的军队，然后起兵杀向

巴格达，于是伊拉克北部烽烟再起、战火纷飞。与其父亲的轨迹颇
为相似的是，杜巴斯先是赢得第一场重大战役，却在 1123 年 3 月
输了第二场。他的军队在其父亲的封地希拉附近兵败如山倒，杜巴
斯仓皇渡过幼发拉底河，才堪堪逃出生天。他带着自己还能收拢到
的部队，再次回到了北方。虽然对自己的失败愤恨不平，但杜巴斯
并没有被打倒。[36]

在到达叙利亚北部之后，杜巴斯立刻着手建立一个新的基地。
他深知阿勒颇的人口中有很大一部分是什叶派信徒，而且这一群体
与他们的塞尔柱主子之间的矛盾由来已久。因此，他利用自己作为
一位主要的阿拉伯什叶派领袖的地位，图谋推翻伊尔加齐之子蒂穆
尔塔什的统治。[37]杜巴斯机关算尽，结果还是落得一场空，使得蒂
穆尔塔什大为紧张。忧惧之下，蒂穆尔塔什通过与鲍德温二世约定
释放的条件以寻求耶路撒冷国王助他对抗这一新的威胁。

不幸的是，蒂穆尔塔什的计划适得其反，引火烧身。鲍德温二
世和若斯兰非但没有与杜巴斯开战，反而自食其言，在卡拉特-贾
巴尔通过欧盖伊家族的官员与这位反叛的阿拉伯领袖结盟。然后，
在 1124 年 10 月，法兰克人与阿拉伯人联合起来，向阿勒颇发动了
进攻。[38]

对阿勒颇发动联合进攻的决定，为法兰克人打开了一扇新的机
遇之窗。对于鲍德温二世来说，若想最终掌控这座重要的城市，这
就是一个真正的机会，而这一愿景反过来又使全面征服叙利亚北部
的前景充满诱惑。这些年来，他一再试图重拾法兰克人在建国初期

征服北方的势头，如今这些努力得到了回报。力量的天平已经向法兰克人倾斜，而阿勒颇再一次变得势单力薄。

当杜巴斯的人马与法兰克人在阿勒颇的城墙外会合时，阿拉伯军队已经首战告捷，与蒂穆尔塔什接战并将后者逐出阿勒颇的领土。[39] 这座城市突然间陷入了没有统帅却要面对敌对势力联手进攻的困境之中。鲍德温二世急于终结漫长的阿勒颇争夺战，他已经与杜巴斯达成协议，法兰克人将控制阿勒颇地区，而杜巴斯则作为法兰克人的总督统治阿勒颇城本身。在 10 月开始一场围城之战绝非寻常之事——将领们往往选择在春季和夏季开展作战行动——但值此非常之时，当行非常之事。鲍德温二世决心立即行动，先下手为强。为此，围城部队在阿勒颇的城墙外搭建房屋，以保护他们自己免受寒气的侵袭。

鲍德温二世在阿勒颇城外部署的是一支阵容强大的联军。除了杜巴斯本部兵马之外，卡拉特-贾巴尔的欧盖伊家族也派兵前来助阵。这个阿拉伯家族长期以来就是马兹亚德家族的盟友，而且他们很可能意识到摧毁塞尔柱人在阿勒颇的权威有助于遏制塞尔柱人势力的上升趋势，也就能使这片土地上的阿拉伯统治者摆脱束缚。这141 支联军中还有各路反叛的塞尔柱势力，包括伊尔加齐家族的一位成员，以及——最令人感到奇怪的是——阿勒颇已故统治者里德万的一个儿子。无论是从民族还是宗教的角度来看，1124 年的阿勒颇围攻战都是件令人称奇之事：一个由法兰克人领导，包括阿拉伯人、塞尔柱人，很可能还有亚美尼亚人在内的联军，围攻一座塞尔柱统治者不在城内、人口成分混杂的城市。

随之而来的围攻战十分惨烈。寒冬腊月，战火如炽，阿勒颇的人民忍饥挨饿，城内甚至有同类相食的传言；疾病也在城中肆虐。规模仅有 500 人的守军看起来不足以抵挡住城墙外的强大联军。围城部队试图通过加剧市民的痛苦来迫使他们投降。他们掘开坟墓，在城墙视线可及的范围内肆意侮辱亡者尸体。守城者在这场阴狠的对话中也不甘示弱，凡是落入他们手中的俘虏都要经受公开的酷刑折磨。在围城之初，杜巴斯曾经希望市民能够把他视作自己人并对他及其盟友攻占这座城市予以支持。然而，这场战争的残忍无道还是把他之前曾在民众中享有的些许信誉毁掉了，市民们在城头嘲讽地喝骂他的名字。[40] 战斗人员在冬季围城期间犯下的恐怖罪行反映出，围绕阿勒颇的斗争势成僵局，这场冲突业已蜕变为一场可怕的暴力狂欢。

随着自身困境的日益恶化，阿勒颇人民再次寻找自己的保护者。他们的统治者蒂穆尔塔什是最显而易见的希望，但他并不准备出兵相救。他已经退回到自己父亲的基地马尔丁，并打算一直留驻在那里。事到如今，他很可能已经把阿勒颇视作"金杯毒酒"①，一想到重新争夺这座城市就后怕不已。因此，他非但没有向西发兵，反而朝相反的方向出征，将自己的注意力转向邻近的城镇迈亚法里津——那里的统治者已经过世，这一目标无疑更有希望实现。[41]阿勒颇将不会从他这里得到任何援助了。

---

① 原文 a poisoned chalice 典出莎士比亚名作《麦克白》第七场，通常指那些看上去诱人但可能会带来麻烦的事物。

142　　　然而，事实证明，军阀阿克桑古尔是一个更为可靠的求救对象。他在此时的地位已经扶摇直上，成为富庶大城摩苏尔的统治者（他曾于1115年或1116年就担任过这座城市的长官）。阿克桑古尔有两大强烈的理由发兵援助阿勒颇。第一个动机，他很早就对这座城市念兹在兹。1116年他曾经尝试掌权，但阿勒颇市民拒不承认他的权威。然而，此时他们已经走投无路，心甘情愿地认可他的资格。[42]

阿克桑古尔介入这场围城战的第二个强有力的动机便是他对杜巴斯的切齿仇恨。这种感觉是相互的。两人不共戴天。1108年，阿克桑古尔在杜巴斯父亲殒命的最后一场战役中上阵，并在会战之后将萨达卡的首级献给苏丹穆罕默德。[43]杜巴斯自此一直怀恨在心。后来，阿克桑古尔又以苏丹和哈里发的名义指挥军队讨伐杜巴斯，因而成了杜巴斯的头号对手，他们之间持续存在的争斗进一步加深了对彼此的敌意。此时，到了1124年年末，杜巴斯兵微将寡、孤悬在外，而且远离自己的基地。这是一个真正的机会，好让阿克桑古尔一劳永逸地消灭自己的宿敌。

基于以上原因，当阿勒颇的信使们来到阿克桑古尔处并提出献城的条件后，尽管他当时重病在身，阿克桑古尔还是决定出兵援助阿勒颇。他召集了一支由7000名士兵和4000峰骆驼组成的部队，先出发前往拉赫巴城，从那里写信向图格塔金求援，然后向巴勒斯和阿勒颇地区进发。[44]

围城军队过了好一段时日才收到阿克桑古尔已在前来救援阿勒颇途中的消息。杜巴斯一开始只知阿克桑古尔抱病在身，他欣喜地误认为疾病将会阻止这位宿敌前来解围。欢愉之下，他跑去城前嘲笑阿勒颇市民竟会将得救的希望寄托在一个将死之人身上。然而，事实证明他高兴得太早了。情报陆续传来，阿克桑古尔的军队很快就会抵达围城军队的大营处。杜巴斯对这一威胁予以积极的回应，建议他的法兰克盟友在阿克桑古尔试图渡过幼发拉底河时，趁其半济而击之。[45]

　　这是一个合理的建议，原因有二。其一，军队在渡过大河流时往往处于弱势，因为将一支大军从河岸的一边转移到另一边需要时间。一支军队如果在渡河中途遭到攻击，很可能会在于近岸处完成兵力集结之前就被打得措手不及并被摧毁。法兰克人自己在 1110 年渡过幼发拉底河时，就遭受过这样的失败。其二，阿克桑古尔的军队虽然人数众多，但并没有压倒性的数量优势。阿勒颇城外的联军至少在兵员数量上堪与迎面而来的塞尔柱军队旗鼓相当。

　　然而，鲍德温二世并未同意杜巴斯的作战计划，不打算前去迎击阿克桑古尔。他很可能是在权衡失败的潜在后果与成功带来的机遇之后做出这一决定的。通常情况下，法兰克人不倾向在远离己方国境之处与敌军进行大规模会战，而无论这种正面作战的策略可能对鲍德温二世产生多少诱惑，都会因为他考虑到溃败的灾难性后果而被抵消。如果他的军队被击败，那么幸存下来的部队将不得不在敌境内行军——可能要颇费些时日，同时还要受到塞尔柱骑兵的骚扰（这种追击战可是塞尔柱骑兵的拿手好戏）。他也可能知道阿克桑古尔已经向图格塔金请求援军，而这支援军随时都可能出现。此外，即使他在与阿克桑古尔的战斗中取得胜利，联军也很容易伤亡过大，无法继续围攻阿勒颇，在这种情况下，他们的胜利既危险又

143

毫无意义。

　　1125 年 1 月，鲍德温二世决定解除围城，并率军退往阿萨里布和安条克公国的边境。杜巴斯单靠自己的兵力无法围困阿勒颇，便也抽身而去。阿克桑古尔再次胜过自己的老对手，阿勒颇人民欢迎这位塞尔柱将领成为他们的新统治者。这一结果使杜巴斯羞怒交加，于是他向东出兵，在阿克桑古尔位于摩苏尔周围的领地上大肆劫掠。[46] 后来，他又拥立另一位声称自己有权继承塞尔柱苏丹国的竞争者，开辟了反叛苏丹和哈里发的新战线。

　　在这次不成功的围攻战之后，鲍德温二世回师安条克并从那里返回耶路撒冷。在阔别将近两年的时间后，他于 1125 年 4 月到达圣城。鲍德温二世虽已经证明自己有能力保卫北方的法兰克人，但未能实现自己的主要进攻目标：征服阿勒颇。这场争夺战最终落下帷幕。法兰克人曾在如此之多的机会中距离胜利仅有咫尺之遥，但此时他们的希望已经破灭了。

　　从理论上来说，塞尔柱人在阿勒颇的权威仍然饱含争议；阿克桑古尔的地位仍然不稳。他新近掌权，且城内人口已经锐减至极其严重的地步。鲍德温二世可能拥有征募一支新军的物质资源并可以再次发动围攻，但这种远征行动在政治上已经难以为继。他已经离开自己的王国太久了。耶路撒冷王国才是他的主要职责所在，不可一再忽视。他可能也早就意识到，在耶路撒冷王国的贵族阶层中，很多人对他的长期在外颇有微词。

　　1120 年，贵族们曾试图阻止鲍德温二世携带耶路撒冷王国的伟

144

大象征真十字架（基督殉难十字架上的一大块碎片，在第一次十字军东征后不久发现）北上，以表达他们的不满。更令人忧心的是，鲍德温二世不在国内的这段时间，一个贵族派系开始图谋不轨，甚至提议将王位献予佛兰德伯爵查理（Count Charles of Flanders）①。从法统上来讲，鲍德温二世的国王资格偏弱，而且他本来就是在尚有另一位更具合法性的候选人存在的情况下登上王位的。[47] 鲍德温二世对这个阴谋集团的计划到底了解多少还尚未可知，但他很可能意识到了王国内暗流涌动。他需要重新巩固自己在国内的地位。即便他曾打算投入军队去进攻阿勒颇，但这种想法至此也已经烟消云散了。

145

　　然而，这并不意味着他准备忽视保卫安条克公国的责任。实际上，在回到耶路撒冷后不久，鲍德温二世就不得不组建一支新的军队来抵御阿克桑古尔对安条克发动的大规模进攻。尽管如此，他在这次自己军事生涯中最成功的一次远征中的举动，反映出他的优先目标正在发生变化。

　　在此次战役的开端阶段，阿克桑古尔与图格塔金合兵一处，杀入安条克公国境内，并于 1125 年 5 月迫使卡法塔布要塞的守军投降。然后，这两位军阀又迅速率兵包围了附近的据点阿扎兹。阿克桑古尔是位积极主动的将领，他很快就部署了 12 台投石弩炮，在轰击该城城墙的同时又安排地道工兵在城墙下方进行土工作业。军情紧迫，鲍德温二世再次星夜驰援北方，在行军途中收编了的黎波

———————————

①　此处指的是第 13 代佛兰德伯爵"好人"查理一世（1119~1127 年在位）。

里伯爵的军队并在安条克与北方的法兰克人会合。

此时，阿扎兹的守军愈发担心阿勒颇与大马士革联军的庞大规模会威慑住试图解围的鲍德温二世。因此，守军中的一位法兰克骑士自告奋勇执行了一次英勇无畏的任务。他骑上一匹快马，从城门飞驰而出，冲破堵在他去路上的敌军守卫，然后纵马越过围城部队挖掘出的一条防御性壕沟。他从塞尔柱军队中破围而出，直奔安条克而去，激励鲍德温二世以最快的速度前来救援。他在骑马奔驰中一手持剑，另一只手则将暗藏信鸽的鸟笼当胸紧抱。令人称奇的是，他非但没有被敌人捉住，而且刚一到达安条克便放出信鸽，向守军传递回援军正在路上的信息。不过，这只鸟儿在返回阿扎兹时落入了塞尔柱人的营地，而不是城堡内。阿克桑古尔下令将信鸽携带的信息内容改为命令守军立刻弃城投降。对于法兰克人来说幸运的是，守军意识到这条新信息有些不对头，故而对其中的命令坐视不理。[48]

146　　　　鲍德温二世行动迅速，麾下兵马在此时已逼近阿扎兹。他先是进驻古镇居鲁斯（Cyrrhus）——一处宏伟的古典时代遗址，内有一座古罗马圆形大剧场——在这里存放己方部队的辎重，然后向阿扎兹城外的塞尔柱围城阵地推进。鲍德温二世的军队规模较小，却拥有一支精锐的重骑兵分队（可能有1000多名骑士）和一支强悍的亚美尼亚军团。尽管如此，阿克桑古尔的军队规模仍然远远超出法兰克人，这是无可回避的事实。面对攻来的基督徒，塞尔柱人的还击策略是将其规模较小的军队包围并压制住。两军的交锋很快演变成一场消耗战。塞尔柱人设法将法兰克人逼入一个狭小空间，骑马游走于基督徒的战阵周围并阻止他们收集食物。塞尔柱人还试图通过对法兰克人的战线反复发动小规模攻击，并且发出战吼来打击鲍德温二世及其麾下部队的士气。法兰克人开局不利，但鲍德温二世却捕捉到一个以彼之道还施彼身的战机。

　　在经历了塞尔柱人三天的无情钳制后，鲍德温二世的军队离开阿扎兹，朝附近据点阿萨里布的方向夺路而走。无论从哪方面看，国王都像是在寻找避难所的败军之将。但实际上，他是在给敌军设局。他早已设法向阿扎兹的守军传递信息，指示他们在塞尔柱人出发追击己方离去的军队时发出烟雾信号。鲍德温二世的部队在行进了 2 英里后，忽见烟雾腾空，天光变色。塞尔柱人认定法兰克人正在全线撤退，于是策马冲向撤退中的基督徒军队。当塞尔柱战士逼近自己的敌人时，法兰克骑士们——早已因阿扎兹守军的示警发现尾随而来的塞尔柱人——突然反身对敌，号角齐鸣，向追兵发起冲锋。塞尔柱人根本无法避开肉搏战，干脆也顺势撞向——很可能就此被撞落马下——迎面而来的重骑兵。由此引发的混战使塞尔柱人全军溃败，伤亡达数千之众。[49]

　　这是鲍德温二世在面对叙利亚塞尔柱军阀中最有能力的两位将领时仍然能克敌制胜的一次大捷。如果他心气尚在，大可以乘胜追击，直捣阿勒颇，但他有悖于此的举动流露出他的意向已经变化的明显迹象。他并没有寻求利用此次得胜的契机。相反，他与阿克桑古尔签订了停战协议，然后返回南方。就安条克公国而言，鲍德温二世已经由战略攻势转为战略守势。阿勒颇争夺战已经结束。鲍德温二世需要专注于耶路撒冷王国的发展。虽然在战场上取得了胜利，但他已无心恋战。

鲍德温二世必定是已意识到，他作为安条克公国临时统治者的任期即将结束。博希蒙德二世即将成年，很快就会来到东方。同时保卫两个国家的重任几乎已经完成。

从某些方面来说，耶路撒冷王国（虽然其统治者过于操劳）才是北方密集战事的真正受益者。耶路撒冷的国民也许在很长一段时间内苦于没有国王来统领大局，但很多耶路撒冷王国的敌对势力也将资源投到持续不断的阿勒颇争夺战中，因此停止了对王国的进攻。这些敌人中地位最重要的当属图格塔金。从 1119 年至 1125 年，他频频领兵北上，既是支援自己的盟友，也为了推进自己的计划。这些纠葛使他无暇利用鲍德温二世不在耶路撒冷国内的机会。在这个时期，他仅有一次向耶路撒冷王国发动了规模有限的攻势，却劳而无功，而颇具讽刺意味的是，鲍德温二世当时恰好就在国内。

撇开这些小规模的交锋不论，阿勒颇争夺战起到了掩护耶路撒冷王国的效果。安条克公国与阿勒颇之间的战争将近东所有有实力一战的派系都卷入其中，其他地区得以享受相对和平的环境。随着图格塔金与鲍德温二世在北方连年征战，耶路撒冷王国得以持续发展壮大，建设新的村庄，吸引朝圣者并且鼓励移民定居。城堡有如雨后春笋，贸易蓬勃发展，港口城市一片繁忙。耶路撒冷王国日益成为该地区首屈一指的军事强权，而图格塔金则始终保持谨慎，不愿冒险与鲍德温二世的军队开战（至少是在没有主要盟友帮助的情况下）。

另一个长期威胁耶路撒冷王国的势力是南方的埃及法蒂玛王

朝。相比图格塔金，法蒂玛王朝较为激进，准备得更为充分，一心想趁鲍德温二世不在国内的时候狠下杀手。1123 年春，在信使回报鲍德温二世被俘的消息后不久，一支法蒂玛大军便越过西奈半岛，在亚实基伦扎营，并得到一支由 80 艘船组成的舰队的支持。法蒂玛军队从亚实基伦出发，沿着海岸推进，猛烈围攻重要的朝圣者港口雅法。雅法的守军人数不多，法蒂玛步兵对其城墙发动了数次攻击。雅法守军非常艰难地打退了他们的进攻，根据编年史家的记载，城里的妇女在雅法保卫战中发挥了重要作用，她们为城墙上的守军运送石块和饮用水。[50]

这场围城战持续时间不长。耶路撒冷王国的司厩长①尤斯塔斯·格勒尼耶（Eustace Grenier）在雅法以北的卡昆（Qaqun）点齐兵将，顺着沿海平原向南杀来。法蒂玛军队试图与其接战，但是一触即溃，埃及人在付出惨重的伤亡后被迫撤退。在随后的数年，埃及军队又以亚实基伦为基地发起了数次突袭，尽管这些半心半意的突袭规模很小。

在外部挑战者寥寥无几的情况下，耶路撒冷王国有能力在国王不在的情况下采取战略攻势，并于 1124 年达成了一个期待已久的目标：征服提尔。至 1124 年为止，提尔是南方的雅法和北方的安条克公国之间的黎凡特海岸上唯一留在穆斯林手中的港口。它是地中海东部大体上平淡无奇的海岸线上为数不多的天然港口之一。该

---

① 司厩长的官职起源于罗马帝国，最初的职责是管理马匹，后来在中世纪欧洲演变成负责国王的军械保管与维护，再后来变为军队的重要指挥官甚至总司令。与中国古代的官职"司马"演变历程类似。

城本身建于一个伸入海面的海岬上，为航运船只创造了一个天然的
庇护所。这座城市因仅有一面可以由陆地进入而具备很强的防御能
力。此前法兰克人也曾屡次尝试攻克此城：1108 年，鲍德温一世围
攻提尔达一个月的时间，但由于对攻破其坚固的城墙不抱希望，于
是在收取守军的赔款后撤围。1111 年，鲍德温一世再度对提尔发
难，从陆路海路双管齐下围困该城将近五个月。他手下的工兵制造
了两座巨大的攻城塔并利用它们攻击城墙，但是守军在图格塔金的
部队的支援下，烧毁了这两座攻城塔，最终打退了鲍德温一世的进
攻。在他的第二次努力也以失败告终后，鲍德温一世放弃了直接攻
下提尔的尝试，转而在该城城南建造了斯卡德里昂城堡，用于封锁
提尔并遏制其市民对王国的袭扰。

斯卡德里昂城堡可能有助于在陆上将提尔及其居民与己方领土
隔开，但这座城市一向是耶路撒冷王国的海上心腹大患。这对十字
军国家来说是一个重大风险源，因为其生存取决于定期从西欧抵
达、携带贸易货物和人员的船队。意大利城市威尼斯、热那亚和比
萨是十字军国家在基督教世界海上强国中最重要的盟友。这三座城
邦在支持东方的商业生活方面发挥着重要作用，而它们的战舰也一
直在力求保护横跨地中海东部的海上航线。[51]

摧毁法蒂玛王朝的海军力量是当务之急，唯有如此才能保证从
欧洲南部前往十字军国家的船只安全通行。这一目标可以通过两种
途径来实现。其一是在法蒂玛王朝的舰队出海时寻机决战并将其摧
毁。海上会战确实时有发生，最早的一次即发生在第一次十字军东
征期间，而意大利人取得了数次骄人的战绩。其二是占领法蒂玛王

朝在港口城市，诸如雅法、阿卡、提尔、贝鲁特和的黎波里的海军
基地。法蒂玛王朝的海军使用桨帆船作战，但这些战舰需要大量的
划桨手，这些船员消耗的水量巨大（每人每日大约有 2 加仑之多，
也就是约 8 升）。[52] 如果黎凡特海岸的所有港口都落入法兰克人的手
中，那么法蒂玛海军将无法在亚实基伦以北（这座城市并非港口城
市）为他们的船只补给淡水，舰队的巡航范围将因此大幅度缩小。

如果他们能征服这些港口，法兰克人还可以阻止法蒂玛王朝获
得造船所需的木材。埃及本土没有能提供合适木材的森林，只能依
靠黎巴嫩或叙利亚北部山区的供应。法蒂玛王朝此前一直小心翼翼
地保障木材运往己方领土，并在与耶路撒冷王国签订的条约中插入
了这方面的具体条款。[53] 然而，征服提尔将使法兰克人能够彻底切
断这一供应线，因为这座城市是法蒂玛王朝在这段海岸线上的最后
一个港口。

1124 年，随着一支西方基督教世界的大舰队来到东方，法兰克
人终于迎来了一个突破提尔坚固防御工事的良机。自血地之战的灾
难发生后，十字军国家的领袖们不断写信给欧洲各地的显贵，请求
后者向东方提供援助。1120 年，他们就援助事宜与威尼斯人接洽。
威尼斯总督多梅尼科·米基耶利（Domenico Michiel）对这一请求
做出积极回应，并激励自己的威尼斯同胞为保卫十字军国家组建一
支新的军队。教皇也支持这一冒险活动，并给舰队送去了一面教皇
的旗帜，继而吸引了其他十字军战士的加入。威尼斯人在之前的年
代里就已证明他们是热情的十字军战士，从第一次十字军东征的时
期起，他们就向地中海东部派出了数支舰队。

　　一支大舰队于 1122 年 8 月 8 日从圣马可①之城扬帆起航，沿亚
得里亚海而下，然后向东驶向圣地，于 1123 年 5 月在阿卡登陆。
威尼斯人运载了大约 1.5 万名战士，还带来一些马匹——这是第一
批通过海路从西方基督教世界运送到十字军国家的坐骑。54 这支军
151　队的规模相当可观，几乎是立即取得了重要的胜利。就在威尼斯人
到来前不久，耶路撒冷王国的军队已经击退了法蒂玛王朝对雅法的
围攻，但负责支援、拥有 80 艘舰船的埃及舰队仍在海上游弋。多
梅尼科总督抓住了这一战机，率领舰队开始追击。威尼斯人素来以
其航海技艺而久负盛名，在随后的战斗中，多梅尼科证明自己尤为
擅长海上作战。他向南驶向亚实基伦的方向，天一亮就发动了攻
击。埃及人被打了个措手不及，对协同抗敌没有做好充分的准备。
许多威尼斯舰船成功地利用撞角冲击对手船体的中部，使其倾覆，
据说总督的座舰撞沉了载有法蒂玛舰队司令的船只。结果就是埃及
舰队遭遇了灾难性的惨败。战场周围的海面被鲜血染红，不久之
后，涌来的海浪使尸体开始在岸边堆积。威尼斯舰队继续向南搜
寻，将他们遇到的法蒂玛船只一网打尽。

　　这是一场惊人的胜利，但还算不上威尼斯人的主要军事成就，
当舰队刚一抵达阿卡的港湾时，威尼斯总督就立即前去参观耶路撒
冷的各处圣地，实现他长久以来的愿望。他在耶路撒冷庆祝了圣诞
节，不久之后又与耶路撒冷王国的贵族们参加了一场商讨战争与贸
易问题的会议。讨论的结果是这位总督和耶路撒冷的男爵们（由宗

---

　　①　威尼斯城的主保圣人。

主教领导）达成了一项交易：威尼斯人将协助耶路撒冷王国征服提尔，而作为回报，他们将获得鲍德温二世控制的领土上的一系列贸易和财产权利，最重要的是拥有提尔城及其乡村地区三分之一的收入。

　　提尔围攻战开始于 1124 年 2 月 16 日。这座城市的防御工事固若金汤：陆地一侧由三道城墙防护，临海一侧也有两道防御工事。基督徒军队意识到大马士革方面可能会派遣援军来为提尔解围，于是他们围绕己方营地挖掘了一道壕沟。然后，东方的法兰克人着手制造攻城器械，包括一座攻城塔和数门投石弩炮，同时威尼斯人也在制造更多的攻城武器。在此之后，基督徒军队开始狂轰滥炸，投石弩炮日夜不停，贯穿围城战始终。提尔的守军也以城内的弩炮还以颜色，形成落石的交叉火力，暂时将基督徒从他们的攻城武器旁驱走。随着时日渐长，十字军在这场投射武器对决中稳稳占据了上风，空气中弥漫着灰尘，提尔的外围防御开始崩溃。[55]

　　大马士革与法蒂玛王朝都得知了提尔受困的消息，于是图格塔金出兵为该城解围。甚至连北方的巴拉克都在考虑前来相助。他们都知道这座城市的陷落将会使法兰克人如虎添翼。驻扎在亚实基伦的法蒂玛军队在围城期间也发动了一系列进攻，其中还包括一次对耶路撒冷本身的攻击，似乎希望能诱使法兰克领袖们惊慌失措从而放弃对提尔的围攻。但埃及军队除了杀死一些在城外田间劳作的农民外，并没有取得什么成果。耶路撒冷的市民奋起反抗，将其赶走，法蒂玛军队只好撤离。

　　与此同时，图格塔金的部队也试图解围，有传言说，一支新的

152

法蒂玛舰队正在赶来。十字军为了应对这些危险，将军队一分为三。威尼斯总督命令手下把桨帆船驶入海中——这些船之前已经被拉到了海滩上——向南航行并在那里的海域巡逻，戒备法蒂玛海军。剩余的法兰克人则被分为两部，一部继续围城，另一部离开营地与大马士革军队对峙。在这种情况下，他们的敌人退缩了。图格塔金拒绝交战，威尼斯人也没有发现进犯的法蒂玛舰队。[56]

这一消息使围城军队的士气为之一振，而另一个大快人心的消息则来自埃德萨伯爵若斯兰。飞驰而来的信使报告说巴拉克已死，然后打开行囊，高举巴拉克的首级以证明自己所言不虚。这一出人意料的消息在军中引起一片轰动，若斯兰在一对一较量中击杀塞尔柱悍将的故事开始四处流传。[57]

153　　　至6月下旬，在经历数月的轰炸和饥饿之后，提尔军民的意志大为削弱，开始考虑与围城部队协商投降事宜。图格塔金从中斡旋，促使双方达成协议：作为控制该城的回报，法兰克领袖们同意不伤害城内居民，并允许那些希望离开的人带走他们所有的动产。然而，许多军中的普通士兵，一想到他们将无法掠夺该城，就感到愤怒不已。不过，当法兰克人的联军于6月29日进入提尔时，他们遵守了自己的诺言，而且很多法兰克人对提尔军民的顽强抵抗不吝赞美之词。当他们打开提尔的粮仓时，发现里面只余五杯标准量的小麦，这个事实表明这座城市真的已经战斗到了断粮的地步，因而赢得了法兰克人的尊重。

随着提尔的屈服，该地区的均势进一步改变。耶路撒冷王国在世人眼中越发强大，在军事实力、占有领地和财政收入方面均远远超过其法兰克竞争对手。新近攻克的提尔是一项重要资产。安条克公国的处境则相形见绌。公国的边疆地带遭到蹂躏，不过其核心领土大体上还算保存完整。然而，安条克公国未能像耶路撒冷王国那样得到发展，也很少能享有片刻和平。邻近地区的塞尔柱统治者表现出了令法兰克人沮丧的能力，他们能够在正确的时机合力阻止公国的扩张——尤其是在阿勒颇地区。这并非塞尔柱人计划周全或协调有效的结果，也不是由于诸如里德万、伊尔加齐、图格塔金、巴拉克和阿克桑古尔这样的武将一心认定法兰克人要比他们自己王朝内部对手的威胁更大。尽管如此，通过他们之间的合作，这些将领还是成功地将法兰克人挡在了阿勒颇之外，而阿勒颇民众虽然在1118 年曾考虑过自愿投靠安条克的罗杰，但到 1125 年时，他们已经铁了心与法兰克人势不两立。

　　在赢得对阿克桑古尔的大胜之后，鲍德温二世返回耶路撒冷王国的举动标志着他的战略目标发生了决定性的转变。他完全明白了至少要占领一个敌方主要权力中心的战略需要：阿勒颇、大马士革或开罗。[58] 此时，大马士革取代了阿勒颇，进入了他的视野，而耶路撒冷王国也具备了将可观的兵力投放到该城的能力。与阿勒颇不同的是，他大可直接从自己的王国进攻大马士革，而不需要转道安条克公国。大马士革也缺乏曾有效保护阿勒颇的重型防御工事。

　　几乎是一回到国内，鲍德温二世就派出袭扰部队进入大马士革的领地。在 1125 年的圣诞庆祝活动结束后，鲍德温二世宣布他将集结王国的全部武装力量进行东征。传令官走遍国土全境，收拢兵士和武器。集结地点被设定为拿撒勒以北的定居点萨菲里（Safforie），这个定居点坐落在郁郁葱葱、连绵起伏的山丘上。然后，鲍德温二世举全国之力向东进发，直趋边境城镇太巴列。他们跨过约旦河，进入敌方领土。鲍德温二世自信满满，这是他多年来第一次在进攻性而非防御性的战役中积极寻求全面会战。

与此同时，基督徒来犯的消息也传到了大马士革，图格塔金召集己方军队，并发布了招募志愿者的指令。大批土库曼族战士陆续抵达，热切的年轻战士涌上街头，就连阿萨辛派也加入了他的部队。穆斯林出城前去迎战来势汹汹的基督徒军队。战斗一触即发，冲突迫在眉睫。对近东的争夺已进入了一个新的阶段。阿勒颇争夺战虽然已经结束，但法兰克人征服敌方内陆城市的努力仍将继续。新的战略呼之欲出。争夺大马士革的斗争自此将持续二十多年。争霸的中心已经向南转移。一场新的游戏就此开盘，而博弈双方正举棋布局。

155　　　在鲍德温二世将自己的战略目标南移的同时，对东方期盼已久的博希蒙德二世正在准备自己前往安条克的行程。在到达东方后，他将最终接过先父的头衔，成为安条克亲王。在自己的青年时光里，博希蒙德二世一直在为这项任务时刻准备着，然而这也是他第一次来到东方。地中海东部的世界与西方基督教世界的诸王国截然不同，新来者——无论十字军战士、朝圣者还是定居者——需要在短时间内适应新的环境。因此，对于博希蒙德二世以及其他成千上万乘船前往黎凡特的朝圣者和十字军战士来说，当他们最终到达基督教世界的遥远前哨站——十字军国家时，期待自己会发现什么，将是一件值得玩味的事。

　　著名的史家和修士奥德里克·维塔利斯（Orderic Vitalis）在诺曼底的圣埃夫鲁尔修道院（Abbey of Saint-Evroult）奋笔疾书时，曾记述了一个不同寻常的故事。他写道，巴格达子爵——一个名为巴拉德（Balad）的人——曾经游历阿勒颇并娶国王里德万之女为妻。巴拉德成为该城的统治者并对基督徒发动了战争。他旗开得胜，俘虏了埃德萨伯爵若斯兰和当时正前往埃德萨庆祝复活节的耶路撒冷国王鲍德温。他将自己的俘虏关押在一个叫作卡佩特拉姆（Carpetram）的城堡里。在 350 名骑士的看守下，鲍德温与若斯兰在那里度过了一年多的牢狱生涯。在监禁期间，法兰克囚徒被迫不停地劳动，双脚戴着镣铐，从幼发拉底河运水。他们甘之若饴地忍受着这些任务，鲍德温赢得了守卫的好感，他们对他尊重备至。其他法兰克人的遭遇就远远不如了，塞尔柱人在怒不可遏的时候会从囚犯中任选一人，把他绑在柱子上，用箭将其射杀。最后，法兰克人和一些亚美尼亚囚徒奋起反抗并占领了城堡。然后他们冲进城堡周围的市镇，杀死了所有的异教徒。他们的事迹开始在邻近地区广为传播，而鲍德温的亚美尼亚妻子也派出一些部队前来相助。

　　这时，若斯兰从卡佩特拉姆出发寻找援助。然而，在向基督徒领地行进的途中，他被一个塞尔柱农夫拦住了去路，这位农夫认出了若斯兰，并表示愿意提供帮助。这个农夫以前曾为若斯兰服务，这时正要回到基督徒的领地，因为他更喜欢那里，而不是他的塞尔柱家乡。若斯兰从农夫那里借来衣服，为了使自己的伪装看上去更

156

完美，他把塞尔柱农夫 6 岁的女儿抱在怀里。

在若斯兰离开后不久，人们发现巴拉德的三位夫人躲在城堡的一座塔楼里。其中一位放出信鸽召唤自己的夫君回家。巴拉德在收到飞鸽传书后急忙赶回来围攻城堡。刚一到达卡佩特拉姆，巴拉德便向鲍德温提出抗议，告诉后者扣留他人妻室有违侠义之道。鲍德温担心自己的名誉有损，于是召集麾下的士兵开会商议是否要释放巴拉德的妻室。但巴拉德的一位夫人，法蒂玛王后打断了他们的讨论，毅然否决此事。她鼓励在场的男人们按捺住任何可能出于骑士风度而导致他们释放自己和其他两位夫人的冲动。她转而引导法兰克人以最大的力度反对她的暴君丈夫，力促他们相信上帝，通过追忆古代特洛伊战争期间特洛伊保卫者们的忍耐力来激励他们。她提醒他们法兰克人的高贵血统，并再三保证，她自己和其他两位夫人在他们的看管下很满足。然后，三位女士都要求接受洗礼成为基督徒。

鲍德温对这些恳求并非无动于衷，但最终他还是屈从于巴拉德的要求，交出了三位女士，夫人们在五名高贵的基督徒战士的护卫下，衣着华丽地回到了夫君身边。在交接人质之后，这五名骑士成为巴拉德的俘虏，先是被押送至米底（Medes）国王处，后来又被送到哈里发和苏丹那里。他们之后在为波斯人和米底人效力的过程中表现优异，吸引到了国王的女儿们爱慕的目光。历尽劫难后，他157 们获准返回基督徒的领地——身着丝绸长袍，手持苏丹特赐的金箭，来到同胞中间。与此同时，鲍德温决定让出城堡，这使所有基督徒蒙羞，他的部下也被处决。得知这一消息后，若斯兰不禁大声哀叹，但事已至此，他也徒唤奈何。

　　此事过后，巴拉德与若斯兰在蒙贝克城（Monbec）展开一场大战。战斗前夕，巴拉德的妹妹找到了自己的这位兄长。她是一个法术高强的女巫，警告巴拉德将会在随后的战斗中与一个名叫修士若弗鲁瓦（Geoffrey the Monk）的骑士交手时丧命。对这一忠告大为警惕的巴拉德向若弗鲁瓦提议，如果后者能退出战场，便会得到两头驮着装满黄金袋子的驴子。然而，若弗鲁瓦并不为巴拉德的提议所动，他发誓甘愿杀身成仁，献身天主。随后，战斗打响了；900名法兰克骑士神勇地击退了30万敌方将士，若弗鲁瓦在决斗中手刃巴拉德。于是"上帝发出雷鸣，外邦人的号角断为两截，基督徒昂首向天，向无敌的万军之主（Lord of hosts）① 献上赞美"。59

　　于是这个故事便这般进行下去……

　　从这个故事可以看出，在中世纪时期，十字军国家与西方基督教世界之间的交流并不通畅。信使和返乡的朝圣者单是为了到达欧洲南部的港口，就不得不横渡数百英里凶险莫测的大海。在港口下船后，一些人又踏上前往北方的漫漫长路，翻越阿尔卑斯山，穿过基督教世界的密林，才到达欧洲北部的法兰西、德意志或英格兰；其他人则要乘坐沿海通行的船只或河船。然而，无论是通过陆路还是乘船，都无法掩饰一个事实：这是一场漫长而艰难的旅程。消息在到达欧洲西北部之前，往往会经过许多人之口传递。我们很容易想象到这样一个场景：一名从安条克与敌国战争中归来的骑士可能会在繁忙喧嚣的阿卡港口向一位商人讲述耶路撒冷国王鲍德温二世

① 万军之主，意即耶和华。

158 和巴拉克在北方的争战；这个商人转身告诉一名水手，这个水手再告诉一位返回西方基督教世界的骑士，这位骑士再告诉意大利南部阿普利亚地区布林迪西港的一位商人，商人则会将此事记述下来并形成一份报告送给当地的教区主教，这位主教则将此事告知一位教务会议上与之交谈的大主教，大主教又将此事转告他在法兰西北部的邻居。这种想象中的情景反映了许多信息到达西欧各国人民手中的复杂途径。

奥德里克在写作时可能借鉴了直接来自十字军国家本身的书面材料，但即便如此——无论是基于他自己还是向他提供信息之人的想象——他在关于鲍德温二世在哈普特被囚经历的故事中还是添加了渴求接受洗礼的美貌王后、阴险的女巫、在苏丹宫廷得宠的基督徒英雄，以及黄金厚礼等内容。这也不足为奇，在现实中夺取哈普特的亚美尼亚战士的作用在他笔下被大大削弱，而法兰克骑士的英雄主义色彩却明显增强。

事实记载与幻想在奥德里克的故事中交织在一起，由此，西方基督教世界的骑士所获得的关于遥远的十字军国家的各类信息可见一斑。像奥德里克关于鲍德温二世被囚这样的故事表明了他们是如何看待"那里"的人与事。诸如此类的记载塑造了出发前往遥远的耶路撒冷的十字军战士、朝圣者和商人对圣地的先入之见和预期。当然，有许多关于东方世界的传说在流传，有些大致上源自神学典籍，有些则来源于旅行者的报告。例如，一个尽人皆知的"事实"是，约旦河以东有四条天堂之河，包括底格里斯河和幼发拉底河。在其北面则矗立着高加索的铁门，亚历山大大帝曾在那里囚禁了歌革（Gog）和玛各（Magog）的族民，直至末世。在前往东方的旅途中，坐落着许多富可敌国的城市，尤其是君士坦丁堡，由其巍峨的城墙所环绕的城区远远超出了大多数朝圣者见识此等盛景前的眼界。在东方本来就有狮子、野驴、豪猪、鳄鱼和寻食死尸的鬣狗。其他来自该地区的报告只是放大了这个世界的神秘性；英格兰的史家就接受了一些奇幻的故事，譬如一则伊斯兰教的寓言，其中描述了东方的老鼠是如何喜欢向那些被豹子咬过的人撒尿的。[60]

另一个在西欧逐渐让人深信不疑的观点则认为十字军国家的法兰克人因接触东方的腐朽世界而变得软弱和腐化，一代不如一代，他们接受了"撒拉森人"的文化，并在这个过程中削弱了自身力量。因此，东方的法兰克人得到了一个受人轻蔑的绰号——"普拉尼人"（*Pullani*，"小马崽"之意）。[61]

这些故事或传闻可以让我们对那些成千上万的旅行者来到遥远的十字军国家时所抱有的预期略知一二。当然，在这些年里，大量的男女在法兰克统治者不遗余力的鼓励下启程前往圣地。未来的安条克亲王博希蒙德二世应该是这些新来者中对东方世界了解最多的人之一。他从出生起就由父亲手下的老兵于周围侍奉，所以当他继承先父的头衔时，对于自己的领地究竟如何应该会有一些自己的想法。

博希蒙德二世自小由他的具有高贵王室血统的母亲康斯坦丝抚养，在塔兰托（意大利南部）长大成人，法兰克史家对他的外貌和性格都有不错的评价。在他们的记载中，博希蒙德二世高大英俊、金发碧眼；他是一位勇敢且有能力的统治者，举手投足之间自有一股王者风范。[62] 东方的基督徒史家也对他的美德予以高度评价。[63]

　　1126 年秋，博希蒙德二世率领一支由 22 艘船组成的舰队在安条克附近登陆。他时年约 18 岁，并且已经被封为骑士。他的臣民对他的到来期待已久，向这位新主人报以热烈的欢呼，而耶路撒冷国王鲍德温二世——安条克公国的监护人——也对这个年轻人表达了好感，将自己的女儿艾丽斯（Alice）嫁给了他。鲍德温二世显然急于甩掉安条克的防务重担，他在博希蒙德二世到达的当夜就订购了回耶路撒冷所需的饲料。[64] 他要回家了。

160　　在其短暂的统治期中，博希蒙德二世证明了自己是一个能干和无情的战士。他的第一个行动是夺回了之前被阿克桑古尔攻占的据点卡法塔布。1127 年，他还掠夺了阿勒颇的乡村地区，并在城墙外短暂地集结了自己的部队，在收取了赔款之后方才离开。他缺乏足够的资源来尝试对阿勒颇城墙进行一次认真的进攻，因此，他的意图想必就是进行一次突袭和索取贡金而已。[65]

　　阿勒颇在法兰克人战略中的重要性急速下降，已经不再是一个可行的目标，而任何攻下该城的可能性都在 1128 年进一步变小。一个新的势力在叙利亚北部崛起，这位新的军阀所取得的成就将会远远超过他的那些前辈。里德万、图格塔金、伊尔加齐、巴拉克、杜巴斯和阿克桑古尔等人生存在一个军阀林立的地缘环境中，每一个统治者都占据着若干城镇，既在彼此之间相互竞争，又同他们的法兰克、亚美尼亚和阿拉伯邻居竞争。家族恩怨、短期的盟友关系、新仇旧恨以及民族或宗教间的紧张关系在整个贾兹拉和叙利亚北部地区编织成一张网。有时各路势力为了某一共同目的而通力合作，但多数时候则不然。尽管如此，这个富有特色、暴戾横行、错综复杂的世界很快就会永远消失，取而代之的是一个名叫赞吉的人所打造的新统治集团。[66]

赞吉的早期生涯与他的前辈们有许多相似之处。他于 1084 年前后出生在叙利亚北部的一个土库曼族家庭。他的父亲阿克桑古尔①是阿勒颇的塞尔柱总督，先前曾是苏丹马利克·沙的奴隶亲兵，在 1094 年被塞尔柱统治者突突什杀害。赞吉的母亲也在此前不久被杀，因此他在 10 岁左右就成了孤儿。

从那时起，他在摩苏尔由塞尔柱武将卡布加（正是于 1098 年试图为安条克城解除十字军围困的那位将领）抚养，并于卡布加死后在该城后来的数位总督的照拂下长大成人。在此期间他参加了一系列针对法兰克人的战役，而且 1104 年塞尔柱人在哈兰取得大胜时，他也在场。在这些早年岁月里，他就赢得了能征善战的声誉。在苏丹穆罕默德于 1118 年去世后，他卷入了塞尔柱王朝的内战。由于站在获胜的派系一方，他很快就得到了新的主公、苏丹马哈茂德二世（1118~1131 年在位）的赏识和优待。赞吉在伊拉克获得封地，并于 1123 年在与阿拉伯统治者杜巴斯的作战中发挥了重要作用。在随后的几年里，由于塞尔柱苏丹和哈里发之间的紧张关系加剧，他为苏丹对抗哈里发的军队，在 1126 年取得了傲人的大捷。然后，他成为巴格达的沙黑纳（总督），与之前的伊尔加齐的人生

161

①　与前文中的塞尔柱军阀阿克桑古尔并非同一人。

轨迹如出一辙。

　　他跃居权力舞台的重要一步发生于第二年。摩苏尔需要一位新的阿塔贝格，在自己的支持者支付了几笔巨额贿款后，这一位置便于 1127 年秋被赐予赞吉。摩苏尔是一座重镇，为赞吉在随后数年征服贾兹拉和叙利亚北部大部分地区提供了资源。一座又一座城镇在他的猛攻下陷落，他又通过外交手段或者武力威胁降服了其他城镇；许多军阀，无论阿拉伯人、塞尔柱人还是库尔德人，都投入他的帐下。阿勒颇是他的早期战果之一：他于 1128 年 1 月控制了阿勒颇，并于 6 月亲自抵达。在他的统治下，让人心烦的阿勒颇人并不消停，甚至在赞吉生命的最后一刻，还有他们可能叛乱的传闻。尽管如此，赞吉还是在一定程度上给这座城市带来了几十年来所缺少的稳定与秩序。随着阿勒颇和摩苏尔这两座大城落入他的掌控之下，他的实力超过了大多数竞争对手，却还在持续不断地鲸吞小军阀所拥有的土地。几乎没有人能够抵抗他的军事和政治力量，在叙利亚，他很快就控制了哈马和霍姆斯。只有大马士革强大到足以逃脱他的控制（只不过在当时付出了最艰辛的努力才逃过一劫）。

　　在接下来的十五年里，赞吉只是偶尔才会对法兰克人表现出兴趣。[67]因此，阿勒颇与安条克公国的边境地带交由一位被他任命的总督控制。法兰克人与赞吉的这位代理人之间会发生一些攻袭事件，但绝少发生严重的对抗。事实上，在 1127 年于摩苏尔掌权后，赞吉便与埃德萨伯国的法兰克人媾和。他所专注的主要目标与诸多前辈的非常相似：干涉在伊朗和伊拉克永无休止的塞尔柱王朝的内讧，以及他本人让贾兹拉臣服于己的愿望。而当他用心征讨安条克

162

公国或埃德萨伯国的领土时，总是战无不胜；譬如在 1130 年，他设法攻下了阿萨里布要塞，同时击退了一支法兰克援军。不过，他在这次胜利之后并没有对残敌穷追猛打，而是在短暂地围困山顶要塞哈里姆（Harim）后，收取赔款了事。赞吉在后来的几年里沿着边境征服了一些地区，但他似乎一直满足于维持现状，只是确保法兰克人不再兴风作浪。在 1144 年之前，他的攻势仅仅针对法兰克人的边境防御工事，从不针对大港口或大城市等主要目标。

随着赞吉在整个近东地区统治地位的不断上升，阿勒颇已绝非法兰克人、土库曼部族首领或是其他任何势力所能染指的目标。这座城市不再是一个内乱不断且被十字军国家和土库曼部落包围的孤立的大城市。此时，阿勒颇已成为赞吉的基地，他一手缔造的地区性强权令其前辈的成就黯然失色。无论是安条克公国还是埃德萨伯国，都没有实力单凭自身的资源去征服这座城市。时而会有人讨论对阿勒颇发动新的战役，但后来安条克公国的统治者认识到，如果没有外部的大力支持，这种计划无异于痴人说梦。法兰克人在北方的征服已经结束了。面对赞吉与日俱增的影响力，他们此时最希望的就是维持目前的地位。

在 1128~1143 年的十五年里，阿勒颇只遭到过一次外敌的进犯，即拜占庭皇帝于 1138 年率军入侵叙利亚北部。他确实有实力将阿勒颇从赞吉的手中夺走——不过一旦他撤走，法兰克人是否能够守住这座城市就更令人怀疑了——但他只对这座城市发动了一次半心半意的冲击，结果无功而返。

自从第一次十字军东征结束后，这一地区的地缘政治便发生了天翻地覆的变化。安条克公国此前曾在北部称雄，并与其南部的对手耶路撒冷王国明争暗斗。此时，在血地之战的大溃败之后，且鉴于南方王国在近些年来的发展壮大，安条克公国已不是耶路撒冷王国的对手，更不用说与赞吉相抗衡了。[68] 值得安条克公国庆幸的是，赞吉对法兰克人的领地根本没有足够的兴趣，无意对其发动大规模的战役。然而，不可不察之处在于，正是赞吉一时之间的兴味索然，而非安条克的军事实力，才保证了该公国的生存；地区均势已经发生了永久性的改变，叙利亚北部的法兰克人再也不会有足够的力量来谋求对叙利亚的霸权了。

因此，随着赞吉的崛起以及鲍德温二世战略重心南移至大马士革，十字军争夺近东的历史上的一个篇章即将结束。阿勒颇不再是胸怀大志的法兰克将领们有利可图的目标，从此刻起，这座城市将开始在毁灭十字军国家的过程中发挥自身的作用。

第五章

余波未平
（1128～1187 年）

旷日持久的阿勒颇争夺战象征着法兰克人第一次联合起来，试图通过征服敌人一个主要权力中心的方式将十字军国家的边界线向内陆推进。他们未能实现这一目标则标志着十字军国家历史上的一个重要转折点，法兰克人在北方的扩张主义征服战争就此收场。即便如此，法兰克人想要夺取一座敌方要害之城的雄心依然不减，在后来的数十年里，耶路撒冷王国为实现这一目标又先后做出两次努力，最初将目光投向大马士革，而后又对开罗虎视眈眈。

与先前争夺阿勒颇的全力一搏最后无果而终一样，后来这两次扩张十字军国家疆土的战役同样劳而无功。了解他们失败的原因将有助于回答一个更宏大的问题：为何法兰克人从来没有成功地实现他们的野心，将他们的领土扩张至内陆地区，进而征服近东。

然而，若要寻根问底，先从 12 世纪中叶更广阔的背景下着手探究十字军国家的处境，则必有所获。

166　　　每年，当北方世界开始感觉到秋天要来临时，成千上万的鸟儿从欧洲和俄罗斯大地飞往气候温暖的南方，遮天蔽日。在大多数情况下，它们不愿意在地中海上空长途飞行，于是便选道通过陆桥和狭窄的海面到达非洲：在西方，它们从直布罗陀涌向对岸；在东方，它们则沿着黎凡特海岸迁徙。这是十字军国家每年一度的大事件：在一段时间内，自然界暂时凌驾于人类事务之上。在有些年，天空中密布的飞禽如此之多以至于一位亚美尼亚史家将它们编队成V字形飞翔的行为比作天空争夺战。[1] 在南下迁徙的鸟类中，有一种候鸟名为白鹳，它们穿越保加利亚和小亚细亚，在8月中旬一路经过十字军诸国，从北方的安条克公国飞到南方耶路撒冷王国与埃及接壤的边境。推测一下在1150年那一年向南迁徙的鸟类的沿途所见想必是件趣事。

　　　这些迁徙的白鹳在越过广袤的安纳托利亚大地之后，应该会接近安条克公国，并且远远就能望见一个由一连串强大堡垒护持的人烟稠密之国。然而，它们在途中遇到的第一个障碍应是阿马努斯山脉。林木覆盖的群山相当于一条自然边界，黑山地区数座亚美尼亚修道院也在其间，这些修道院系由虔诚的开山祖师所建，这些开创者醉心于隐居山野、遗世独立。这些神圣的冥想和祈祷之地，连同遍布公国境内的其他宗教场所，一向是西欧修士与他们的东方基督教教友对话和辩论的场所。[2]

　　　一旦越过阿马努斯山脉，白鹳就会进入公国本土，这是一片由陡峭山脊与宽阔山谷组成的土地。在那里，它们会看到安条克法兰167　克人的庄园和农场，定居者们的葡萄园覆盖了山坡，种植的庄稼在谷底迎风起伏。法兰克人是集约型经营的农业民族，他们幸逢天时：恰好在该地区因天气更加潮湿而变得更加肥沃的时期来到这里。他们种植谷类作物和其他粮食以及棉花，用于向南欧出口。[3]

安条克城雄踞于奥龙特斯河之上；此城的防御工事由查士丁尼大帝（Emperor Justinian）修建，沿着山谷的一侧一直延伸到希尔皮乌斯山（Mount Silpius）顶峰处的一座巨大城堡。这是古典时代世界里的一座伟大城市，建于公元前 300 年前后，"基督教"其名也是在这里首创。安条克后来成为宗主教区之一（早期的基督教会为其最重要的主教区设立了五个宗主教区）。其城墙绵延 7 英里之长，城内教堂分属基督教的许多分支教派：天主教会、亚美尼亚教会、希腊教会和叙利亚教会。这座城市又是一个学术中心，来自多种文明背景的神学家和哲学家在此交流思想，其中就包括一位名叫巴斯的阿德拉尔德（Adelard of Bath）①的英格兰思想家。

该城东北则是与安条克同名的大湖，湖岸边居住着基督徒渔民，他们以捕捞大量鳗鱼而闻名，然后成千上万的鳗鱼出口到邻国，在那里被做成一种令人垂涎的美味。[4]

安条克城西北是位于奥龙特斯河口旁的小港圣西梅翁。在该城的另一方向，沿着通往阿勒颇的道路向东 20 英里处，矗立着屡受兵火之灾的边境要塞哈里姆，从其巨大的土丘之巅可俯瞰风景。[5]在更远的南方则是安条克公国的主要港口拉塔基亚，再往南是沿海城

---

① 12 世纪初的英国经院哲学家，曾求学于法兰西。他把欧几里得的几何学著作从阿拉伯文译为拉丁文，后任英格兰金雀花王朝国王亨利二世的老师。

镇贾巴拉和托尔图沙以及的黎波里伯国的边境地带。法兰克人在拉塔基亚以南的沿海狭长地带密集耕作，这一地区包含着一个由村庄和庄园组成的复杂网络。许多村落以小型防御性塔楼为中心，遍布于地中海和内陆山区之间的地区。[6]

168　　　向南飞去，白鹳将会飞过高地和令人生畏的阿拉维山脉（Alawite Mountains），将阿萨辛派的据点抛之身后，飞到霍姆斯峡谷的肥沃平原和的黎波里伯国的北部边境地区。在它们的东面是巨大的要塞骑士堡——城头上悬挂着医院骑士团的荣耀旗帜，这座城堡保护着伯国面向霍姆斯地区脆弱的边界。随着鸟群继续向前飞去，陆地再次抬升，直指黎巴嫩群山，然后就是群山与大海包夹在中间的狭长地带，位于入口处的正是熙熙攘攘的港口城市的黎波里。

的黎波里本身就是船只聚集之处，一些船准备在此港口越冬，可能还有一些船打算抢在冬季大风来临之前出海，将其装载的货物送往基督教世界，这些上等好货都是从遥远的印度和中国经陆路被运到这座城市的。当意大利商人在这个巨大的商业中心与来自天南地北的商贾交流时，多种语言混杂在一起。还有其他较小的船穿越黎凡特海岸而来，紧贴海岸线而行，通过运送旅客、贸易货物和士兵将十字军诸国联系在一起。的黎波里周围是一片肥沃的地带，从山上奔流而下的河水穿过两面都是峭壁的山谷，最后流入沿海平原的肥沃农田。

白鹳们高高飞过沿海大道，一直向南，就会在贝鲁特港（以玻璃器皿闻名于世）越境进入耶路撒冷王国，经过城南的一大片松林之后，会发现一个欣欣向荣的农业社会。[7] 得益于远离边疆之利，王国通过和平发展和持续建设而繁荣昌盛。值此阶段，塞尔柱人对于王国的腹地来说还是一个相对遥远的威胁，故而很多新近建成的建筑防御等级不高——因为建筑师们没有理由预测这些建筑会受到严重攻击。

随着黎巴嫩群山逐渐消失在鸟群身后，取而代之的是耶路撒冷王国富饶而起伏的山峦，一种别具一格的庄园体系浮现在眼前。这些庄园规划得当、产量奇高，证明了法兰克定居者——一般来自法兰西——已经迅速适应了新的环境。加利利的丘陵地带往往构筑了整齐的梯田，而种植葡萄和橄榄的田地由复杂的灌溉渠系统浇灌。较为平坦的土地和沿海平原上种植着谷类作物——尤以小麦和大麦为主——和果树林。[8] 大型的种植园内还栽培着甘蔗，这些甘蔗既供给本地消费，又用于外贸出口。西欧市场对甜食情有独钟，但本土的糖类产品供不应求。[9] 在比萨、热那亚或马赛等地，商人们竞相以高价购入糖类，而在伦敦和巴黎，这种消费品的价格更是高昂无比。十字军国家的法兰克人为了满足这一商业需求，干劲十足地投身到种植和采集甘蔗的农业生产活动中，并将甘蔗运往大的港口城市，以便进行提炼、加工，然后再将成品运往西方进行贸易。

白鹳们将会继续飞过一片错落有致的壮景：结构坚固的农庄、小村庄、塔楼和城堡全部由网格状道路连接在一起。较大的定居点以小教堂为中心，这些小教堂通常有着厚实的墙壁，在实现礼拜中心功能的同时也被充作避难所。这样的村落往往是法兰克人和东方基督徒的家园。法兰克人通常在与他们信仰同一宗教的人群中定居，而很少在拉丁东方世界中那些人口以穆斯林或游牧民族为主的地区安家落户。[10]农村地区的穆斯林社群则与他们的法兰克领主没有过多交流，一般都是交税之后不受干扰。当一位来自西班牙的穆斯林旅行者在 12 世纪 80 年代游历耶路撒冷王国时，他对当地穆斯林与其法兰克统治者之间的和睦关系感到震惊，他不无关切地注意到，在许多方面，在基督徒统治下的穆斯林比在塞尔柱人统治下的同类享有更宽松的对待。[11]

　　沿着海岸线滑翔，白鹳们将会飞越耶路撒冷王国北部的优良港口。它们将会飞过提尔，这座城市于 1124 年被法兰克人征服，商贾云集，尤以威尼斯商人居多。此地以其纺织品、玻璃制品和一种从海蜗牛中提取的紫色染料而名扬四海。再往南就是阿卡，这座港口城市与提尔一样，坐落于一个伸入大海的海岬之上。该城是耶路撒冷王国的商业中心，城内污染严重、人满为患。周边海面上沾满了漂在这座商业都市边缘的污秽脏物。阿卡的南侧就是其大港湾，数十艘诺亚方舟般的巨型"圆船"① 可以在此安然停泊，而这段海岸线上能为焦急的海员提供此等安全保障的避风良港寥寥无几。在城墙以内，市区本身也在不断地建设中，高出拥挤的街道三至四层的房屋拔地而起。[12]这里有许多教堂，还有一座清真寺——主要供来访的穆斯林商人使用。阿卡是一个不眠之城。即使在战争时期，从穆斯林领土以及东方更远的国度进入其城门的货物贸易量也丝毫

---

　　① 圆船（round ship）是十字军时代的一种船型，大多作商业用途。拥有两层甲板，尾高首低。船体长宽之比约为 5：2，亦有稍长一些的类型。双桅杆，前者高大且略向前倾，船尾有尾堡。

没有减少。

像其他许多城市一样，这座城市的特点是融合了多元的文化和传统。穆斯林的祷告之声与基督教堂的钟鸣作响在城内很多院落都可以听得到。穆斯林在十字军诸国内得到允许，可以自由地开展自己宗教的仪式性活动，除了耶路撒冷城之外。[13] 法兰克人则经常光顾公共浴室，这在西方几乎不为人知，但在伊斯兰世界的城市里却是一个常见的景象。穆斯林、犹太人和其他宗教的信徒也从意大利商人设在城市街道两旁的店铺里购买商品和器皿。

飞过位于大平原（到处都是庄园和熙攘的道路）西部边缘的阿卡后，白鹳们继续飞过海法和迦密山（Mount Carmel）① 的高地，一直飞到雅法港周围的海岸地带。此地是十字军在圣地占领的第一个港口，也是每年数以万计的朝圣者前往耶稣生活、死亡和复活之地朝拜的必经之地。从雅法通往耶路撒冷的曲折小径在王国建立初期凶险莫测，但由于圣殿骑士团的不懈努力和王国的稳定发展，此时已经变得安全了。现在，进入东部高地的道路上有许多前往耶路撒冷最后一段旅程的虔诚团体。小村庄沿着道路襟带相连，村中有拱廊商店，售卖食物、小饰品和生活必需品等。[14]

随后经过的是耶路撒冷，它浸润在山地的健康空气里，被果园和葡萄园团团围绕。圣城的景象与沿海商业城市的喧嚣截然不同。城里虽然也有商人和工匠，但大多是为络绎不绝的朝圣者提供服务

---

①　位于现代以色列的北部，濒临地中海，海法就位于迦密山西侧的海角。《圣经》中提及在迦密山发生奇迹，耶和华与巴力竞争，耶和华的先知以利亚获胜，杀死了巴力的450 名先知。

的。银匠和金匠制作朝圣者徽章和宗教仪式纪念物,那些长年累月奔波于朝圣之路的信徒将这些物品虔诚地带回远方的伦巴第、香槟地区和英格兰。新的公共工程迎合了这种宗教往来活动的需要,其中包括新建的篷顶市场、污水处理和排泄系统。[15] 这些都是令人印象深刻的工程,但与教堂相比却相形见绌。这些年来,这座城市日新月异,石匠们辛勤劳作,将耶路撒冷改造为一个如此美丽的地方,以至于朝圣者们可以感受到圣城在宗教层面的恢宏庄严(这也是建造者的初衷)。这些教堂融合了西方、亚美尼亚、拜占庭甚至伊斯兰世界的艺术影响和建筑技术,是十字军国家最伟大的瑰宝和建筑成就之一。高耸于城中塔楼和屋顶之上的是圣殿山,这是一处圣地,上有耶和华神殿 [Temple of the Lord,圆顶清真寺(Dome of the Rock)],神殿顶部竖立着巨大的金十字架,而矗立在一旁的是圣殿骑士团总部 [即阿克萨清真寺(al-Aqsa Mosque)]。城南是伯利恒——基督的诞生地,此处伟大的圣诞教堂(Church of the Nativity)是另一个备受崇敬的圣地,吸引了来自埃塞俄比亚、格鲁吉亚和斯堪的纳维亚等不同地区的游客。教堂内的十二座铜钟——包括一座形似巨龙的铜钟——发出的声音响彻周边大地。[16]

　　飞过耶路撒冷后,鸟群离开了王国北方肥沃的土地,进入沙漠,东边是水生条件恶劣的死海,在死海的另一边是王国在约旦河对岸的远方领地,由法兰克人在卡拉克(Kerak)和蒙特利尔(Montreal)的要塞扼守。位于耶路撒冷正南方的地区曾经都是边疆地带,长期以来在十字军和他们的埃及敌人之间反复易手。数十年来,埃及人从他们位于雅法南面海岸上的边境城市亚实基伦频频发

172

难，对法兰克人控制下的耶路撒冷构成了威胁。然而，法蒂玛军队入侵的威胁早已消退，在 12 世纪 30 年代，耶路撒冷王国又兴建了三座要塞来封锁亚实基伦。王国的南部边境越来越安定，基督教农民和定居者沿着沙漠与大海之间的一片沃土建造了新的家园。这片地带也是贝都因人的领地，法兰克人经常与他们的游牧邻居合作，允许贝都因人在王国边境放牧畜群，并与他们联手在王国的南部边界地区巡逻。然而，贝都因人并不是可靠的盟友。

　　飞过黎凡特上空的白鹳，看到的是一连三片法兰克人的领土，这三个国家仍然是举足轻重的地区性强权。即便如此，尽管他们拥有繁华的港口、丰厚的商业收入、强大的军事修会——圣殿骑士团和医院骑士团、坚不可摧的要塞和威武雄壮的军队，但十字军国家的上空还是乌云密布、风雨欲来。北方的防线正在崩溃，埃德萨伯国已经沦陷。

　　法兰克人征服阿勒颇战争的失败永久性地终结了他们在叙利亚地区夺取霸权的企图。之后，随着赞吉在 1128 年后将阿勒颇牢牢地掌控在自己手中，并将该城的资源也源源不断地输送到自己（而不是法兰克人）的金库，他在叙利亚和贾兹拉统合了大片领土，成为该地区的主宰。至 12 世纪 40 年代，安条克公国的法兰克人已经彻底认识到他们缺少挑战赞吉霸权的实力，所以除了偶尔为之的突袭行动外，他们几乎没有再对阿勒颇领土进行过任何尝试。[17] 正如第四章所述，赞吉对于讨伐法兰克人的兴趣不大，他更多关注的是塞尔柱王朝的内讧和贾兹拉地区的争端。[18] 即便如此，在 1144 年年

173　末，赞吉还是对埃德萨伯国发动了一次突如其来的大攻势，这场战争最终以攻陷埃德萨城而胜利告终。这个惊人的打击让法兰克人难以置信、震骇不已，也宣告了埃德萨伯国末日的开端。1150 年，伯国剩余的法兰克居民撤离该地。第一个十字军国家就这样陷落了。

　　此时，耶路撒冷王国在近东地区作为主导性基督教政权的地位已经无可争议，也是唯一一个强大到足以对主要的塞尔柱势力发动进攻，并且有望取得长期性重大进展的法兰克国家。两大主导性军事集团正在兴起：北方的赞吉王朝与南方的耶路撒冷王国。其余的小国逐渐承认了这一地缘政治现实，与其中的一个或另一个强权结盟，寻求安全保障。较小的法兰克国家、一些贝都因部落，有时还会加上亚美尼亚人和阿萨辛派，都向耶路撒冷王国靠拢。较小的塞尔柱势力、土库曼部落和一些阿拉伯统治家族则投入赞吉的阵营。

　　尽管法兰克人的地区性主导地位日渐受到挑战，但其通过征服一个主要内陆城市、进而占据上风的野心，仍然是压倒一切的首要任务。法兰克人的领土沿着黎凡特海岸线绵延数百英里，极易受到攻击，而且他们占据的土地大多只深入内陆一小段距离。他们的统治者认识到了己方处境的危险性，并深知这种状况从长远来看是无法接受的。法兰克人的生存有赖于进一步向内陆扩张，因此，随着阿勒颇争夺战的失败，大马士革逐渐成为他们的新目标。

　　至 12 世纪 40 年代末，耶路撒冷王国试图占领大马士革的努力已经持续多年。起初，法兰克人希望通过武力征服这座城市，于是在 1126 年和 1129 年，国王鲍德温二世对大马士革的领地发动了两

次大规模进攻。双方为争夺城南肥沃的霍兰地区频频大打出手。大
马士革的粮食供应有赖于霍兰地区的农作物，因此保住这一地区对
该城的安全至关重要。法兰克人的多次进攻取得了不同程度的成
功，但耶路撒冷王国的军队从未进抵至足以围攻大马士革城墙的范
围内。

　　法兰克人在 12 世纪 30 年代改弦易辙，暂时停止了用武力攻取
大马士革的尝试，代之以外交手段怀柔这座城市，诱使其归附己方
阵营。这是合乎逻辑的举措。大马士革日益被孤立出来，而且赞吉
在其北部边境虎视眈眈，伺机突然发难，毕其功于一役。这对法兰
克人来说无异于一个重大威胁：如果赞吉将大马士革纳入他那本就
广袤的疆域内，那么他必将势不可挡。赞吉于 1135 年和 1139 年对
大马士革发动了正面进攻；而在其他时间段里，他争夺的是巴勒贝
克、哈马和霍姆斯等城镇的控制权，这些城镇位于他自己的地盘与
大马士革的领地之间。在这几年里，大马士革需要盟友，而法兰克
人完全有理由提供援助。两方一拍即合，通过协议确保大马士革独
立于赞吉不断膨胀的帝国之外，但耶路撒冷王国的统治者们仍然热
衷于将这座城市攫为己有。大马士革将成为与阿勒颇同等重要的战
利品，并将大大提升十字军国家的地缘优势。

　　法兰克人直到 1148 年才有机会再次认真尝试征服大马士革，
不过那时的战略形势已经发生了重大变化，这里有几个重要原因。
第一个原因是两年前，即 1146 年，赞吉在试图夺取阿拉伯人的据
点卡拉特-贾巴尔时被谋杀。根据大马士革史家伊本·开拉尼希的
记载，赞吉于醉酒后被他的一个太监暗杀。[19] 他的儿子们继承了他

174

在各地区的领地。从法兰克人的角度来看，赞吉最重要的继承人是他的次子努尔丁（Nur al-Din），后者控制了阿勒颇。努尔丁是一位雄才大略的统治者，而且用兵如神，随着时间的推移，他开始虔诚地信奉伊斯兰教逊尼派的教义，并坚定地致力于向法兰克人发动"圣战"。他对伊斯兰教表现出了迥异于其父的献身精神，这种差异在父子二人进行的建设项目上明显地体现出来。赞吉对宗教建筑的建设几乎没有表现出任何兴趣，[20] 而努尔丁则是一个热心的建设者，他兴建和捐助了十数座清真寺、伊斯兰学校（madrasa）① 和圣龛以及其他宗教场所。这些宗教机构则为他的虔诚声誉担保，强化了他在民众中的宗教权威，为发动"圣战"奠定了舆论基础。[21] 重新征服耶路撒冷成为他统治的一个主要目标，1168 年，他自信地委托工匠打造了一尊敏拜尔（Minbar②，讲经坛），用于象征性目的——预备在将来征服耶路撒冷后将其移到圣城。这是一个强有力的宣传，使他的支持者万众一心，为夺取圣城而奋斗。[22]

　　第二个主要变化发生于 1148 年前不久，法兰克人与大马士革的联盟破裂了。双方在 1147 年反目成仇，并且早就为了争夺重要的霍兰农业区频频交战。随着这对昔日盟友刀兵相向，大马士革人将效忠对象更换为努尔丁，这标志着该地区地缘政治的重大转变。

　　第三个重要的形势发展是第二次十字军东征的到来，它为十字

---

① 字面意思是"教学的地方"，泛指伊斯兰世界所有类型的学校，包括世俗学校及宗教学校。

② 又译"敏白尔"，阿拉伯语音译，意为"讲台"、"讲坛"，指设在清真寺礼拜大殿内的宣讲台。专供伊玛目在聚礼和会礼时发表"呼图白"（即宣教词）所用的设施，故亦称"呼图白楼"。

军国家重新进攻大马士革提供了所需的资源。这项声势浩大的军事行动由教皇尤金三世（Eugenius Ⅲ）于 1145 年为了应对埃德萨伯国的覆灭而发起。在教皇首倡后的数个月里，布道者和信使在基督教世界各地往来奔波，为这次新的东征行动寻找兵源，力促骑士和贵族证明自己无愧于先祖（第一次十字军东征中征服耶路撒冷的前辈）之赫赫英名。这一号召激起千层巨浪，两位大国统治者——法兰西国王路易七世（Louis Ⅶ）和德意志国王康拉德三世（Conrad Ⅲ of Germany）——领取十字，率领大军前往东方支援十字军国家。

在第二次十字军东征的早期阶段，这些大军确实有机会从实质上重塑近东的均势，使之朝着有利于法兰克人的方向转变。然而，这两路军队在穿越安纳托利亚时都遭受了惨重的伤亡。康拉德三世的部队在离开拜占庭领土后不久就厄运缠身。由于兵员配备上缺少弓箭手，塞尔柱人得以在其军队的侧翼游击，并利用坐骑的机动优势在向敌军倾泻箭雨的同时避开基督徒骑兵进行肉搏战的企图，德意志军队被拖垮。法兰西军队深入塞尔柱人的领土更多一些，但是他们在试图翻越一个高山隘口时遭到塞尔柱人的突然袭击，落得损兵折将的下场。

最终，这两支大军只余下残部到达了十字军国家，但这批十字军的兵员数量加上本地的法兰克部队，还是足以尝试征服一座敌方的主要城市。尽管收复埃德萨曾是第二次十字军东征的初始目标，但这一目标很快就变得不切实际。埃德萨伯国瓦解已久、民心已散，若要重建非颇费一番苦功才可，而法王路易七世在到达法兰克人的领土后不久便与安条克公国的统治者普瓦捷的雷蒙（Raymond of Poitiers）发生龃龉，在北方进行联合作战的可能性就此烟消云散。因此，十字军的领袖们最后决定向大马士革发动进攻。

进攻大马士革的战事在初期进展得还算顺利。基督教联军进抵城郊，在外围的果园杀出一条血路后到达主城墙。接下来的进程就有些说不清道不明了。出于某些原因，在逼近城墙后，法兰克人突然将他们的主要营地转移到大马士革北面，但新的营地没有水源。他们似乎希望在这片区域的这一侧发现该城的防守很薄弱，然而事实证明并非如此。然后他们试图返回原来的营地，却发现被敌军封锁住了去路。随后他们得到情报，努尔丁的援军不日就将杀到，于是法兰克人被迫解除围困，撤回基督徒的领土。

第二次十字军东征就这样偃旗息鼓了，其战果实在是乏善可陈，令人瞠目结舌。随之而来的是一场激辩的大风暴，沮丧的参战各方和评论家纷纷挑出替罪羊，并试图将责任归咎于这些疑犯。有人将矛头指向当地的法兰克贵族，指控他们被大马士革人收买，因而解围。还有人揣测，十字军内部各派系之间在大马士革落入基督徒手中后由谁来统治的问题上出现了不和。然而，当责备和指控的喧嚣平息下来后，政治现实显出来：又一次有望征服大马士革的尝试失败了。法兰克人又一次未能在内陆打通征服路径，也未能夺取塞尔柱势力的一个主要权力中心。[23]

在第二次十字军东征的部队撤退后，一些大马士革人必定已将努尔丁视为救世主：是他赶走了十字军，保护了这座城市。这种人心所向的发展态势本应将努尔丁推向一个渴望将大马士革据为己有的强势地位，然而当他于 1149 年试图这么做的时候，却遭到坚决抵制，然后大马士革又与法兰克人重修旧好。在接下来的几年里，努尔丁定期袭扰大马士革，在其庄园里安营扎寨，掠夺其农田，并迫使城内居民对他们的法兰克盟友发动"圣战"。这些威慑的手段最终开花结果。1154 年 4 月，当努尔丁封锁了大马士革的粮食供应，并在城外与守军的一场小规模战斗中获胜后，他成功地以强攻手段突破了一座主要的城门，进而控制该城。有志者事竟成。[24]

大马士革落入赞吉王朝之手是一个关键事件。努尔丁此时已经掌控了近东地区最强大的两座城市，他巩固了自己的权势，其地位扶摇直上。他的胜利粉碎了法兰克人长久以来将这座城市收归已方羽翼之下的希望。二十年多年来，他们一直试图攻入大马士革，结果却重蹈阿勒颇争夺战的覆辙，不过他们也不是没有接近实现这一目标的时刻，先是于 12 世纪 20 年代初试牛刀，后又借第二次十字军东征之势卷土重来。然而大马士革争夺战至此已经落下帷幕，努尔丁笑到了最后。

在第二次十字军东征失败后十多年的时间里，法兰克人未能再寻得良机向敌方的一个权力中心发起猛烈冲击。与此同时，努尔丁 **178** 则屡屡重创十字军国家。由于大马士革的领地已经与他原来在阿勒颇的基地牢固地联结在一起，努尔丁控制的领土与耶路撒冷王国及北部的十字军国家有着绵长的共同边界。与阿勒颇和贾兹拉地区的早期统治者不同，努尔丁已经具备了与耶路撒冷王国的野战军全力一战的实力，而不是像前者那样仅派出远征部队缓解安条克公国方面的压力。

　　即便如此，耶路撒冷王国的军队在当时仍可称得上近东地区最强军力，并且有能力给敌军造成沉重打击。此外，即使是在努尔丁于其东北方权势渐长的情况下，王国仍在继续积蓄实力。1153年，耶路撒冷王国的军队最终征服了法蒂玛王朝的城市亚实基伦，大幅消弭了来自埃及的陆上进攻威胁，并使法兰克人得以即刻在紧邻该城的沿海沃土定居。此时，耶路撒冷王国的统治者可以集中精力对付努尔丁了，正如后者也在逐步将心思用来对付法兰克人一样。[25]

　　尽管投身"圣战"的热情很高，但努尔丁在1164年之前与法兰克人的斗争中没能占到多少便宜。他所发动的大多数作战行动集中于法兰克人的边境据点，这些据点相当于通往十字军国家腹地的门户。在安条克公国的边境，哈里姆要塞在两大阵营之间反复易手。[26] 在耶路撒冷王国与大马士革的边境上，巴尼亚斯城（Baniyas）也反复遭到努尔丁的攻击。法兰克人也多次对努尔丁的领地进行扫荡，但他们缺少一举攻克努尔丁主要权力中心的实力。

　　战争的获胜局势一再从一方摇摆到另一方。努尔丁确实取得了一些有限的进展，尤其是在北方，并于1149年赢得一次对安条克公国的重大胜利，但他也遭受了两次重大的战场失利，一次是于1158年在霍兰地区败于耶路撒冷王国之手，另一次是于1163年在医院骑士团的要塞骑士堡附近折戟沉沙。

179　　后一次失败尤其令他难堪。与其他许多战役一样，骑兵成为战场决胜者——就像1115年的泰勒达尼什之战那样，法兰克人故技重施，派出一路骑兵纵队从天而降，在努尔丁军队毫无准备的情况下，冲进了他们的营地。努尔丁在这次交锋中险些丧命，仅以身免。据说在得知法兰克人的冲锋部队迫近时，还在主帅大帐内的努尔丁刚来得及骑上战马。法兰克人早已知悉他的位置，正朝他飞驰而来。他连连驱赶胯下坐骑撒腿奔逃，却发现这匹战马此时仍被牢牢拴住（战马当时被拴上皮带，以防走失）。一个库尔德贴身护卫从自己的骏马上跳下，砍断了主公坐骑的马索。这时基督徒重骑兵距他已经不过数秒的马程，但努尔丁还是设法从乱军之中狂奔得脱。他的军队已然溃散，而他那位忠诚的库尔德护卫还没来得及重新上马就被砍倒了。[27]

努尔丁在1163年的大败还折射出近东战争本质的另一转变。此次会战中的法兰克部队由一名圣殿骑士领导，而战斗本身也发生在一座医院骑士团的要塞附近。军事修会是法兰克诸国国内一股新兴的力量。此时，这些军事修会已成为天主教会的正式组织，修会内的兄弟们立下宗教誓言，献身于保卫耶路撒冷的事业（对于医院骑士来说，则是救助病患）。这两家军事修会都拥有数量可观的骑士和步兵，并逐步地被委以重任，负责把守十字军国家一些最容易受敌攻击的边境要塞（骑士堡便是一例，这座要塞控制着一条明显可以用于入侵的黎波里伯国的路线）。圣殿骑士团和医院骑士团的优势在于富可敌国且在西方基督教世界人脉广泛。近几十年来，欧洲各地数以千计的捐赠者，无论贵族阶层还是非贵族阶层，都踊跃向军事修会捐钱捐物，希望借此支持这两家骑士团保卫东方的工作，当然就医院骑士团来说，受捐的对象还包括他们位于耶路撒冷的伟大医院。军事修会因此变得富有，并将其资金用于在西方基督教世界组建一个由数百座庄园组成的地产网络。这些据点名为分部（commanderies），用作十字军国家的补给基地，而分部的工作人员会招募当地的武士加入骑士团或领取十字前去遥远的圣地参战。他们还筹集资金直接送往耶路撒冷，这些资金不仅来自修会本身资产的收入，还来源于修会结交的当地捐赠者，同时骑士团也在争取更多的捐赠。有了财富的支持，加之守护圣地的坚定承诺，圣殿骑士团和医院骑士团跻身于当世最精锐的部队之列，为法兰克军队增添了新的优势。[28]

至 1163 年，耶路撒冷王国与努尔丁已经相互攻伐多年，然而任何一方都未能取得决定性的优势。努尔丁已经尽其所能地巩固了己方领土，而耶路撒冷王国也积极地向西方基督教世界招募新的十字军战士并寻求与君士坦丁堡结盟，但双方都还没有找到打破僵局、夺取对方主要权力中心的办法。不过，新的机会即将出现。

对于耶路撒冷国王阿马尔里克（Amalric，1163~1174 年在位）来说，1167 年是大获全胜之年，他终于扭转了面对努尔丁的颓势。虽然阿马尔里克之前的几代国王攻略阿勒颇和大马士革的努力可能徒劳无功，但他最终控制了远比这两座城市更为重要的目标：埃及。如此成就在仅仅数年之前还无法想象，但在 1167 年 8 月，耶路撒冷王国的大旗已经在亚历山大城的最高处——壮观的法罗斯岛灯塔，古代世界的几大奇迹之一——猎猎飘扬。埃及基本上成了法兰克人的附庸国，由于军力衰微，只好将生存的希望寄托于耶路撒冷王国。埃及的维齐尔沙瓦尔——该国实际的统治者——刚刚同意每年向耶路撒冷王国支付 10 万第纳尔的天价贡金。而努尔丁派去争夺埃及的穆斯林军队则被逐走。基督徒骑士被派去驻守开罗的主要城门，一名法兰克常任代表也进驻该城。耶路撒冷王国在与努尔丁的争战中刚刚获得了一大优势，今后的事态发展可能会证明这一优势是决定性的。[29]

　　埃及争夺战始于 1163 年。埃及的政治格局当时正处于分崩离析的状态，而外部又有众多虎狼之敌环伺。亚实基伦于 1153 年落入法兰克人之手，而在 1154 年，西西里人——来自那个同名的新兴的海军强国——洗劫了沿海城镇廷尼斯（Tinnis）。在近几年内，法蒂玛军队中的游牧部族派系和苏丹派系[①]内讧不断，发生了一系列政变。最近的一次发生在 1162 年，时任古斯（Qus）总督的沙瓦尔起兵反叛，并成功地推翻了当时的维齐尔。在击败自己的政敌并将其斩首后，沙瓦尔自立为维齐尔，但又在另一个名叫迪尔加姆（Dirgham）的对手发动的政变中被赶下台。[30]

　　法兰克人对尼罗河三角洲不断酝酿的骚乱洞若观火，只是在埃及人没能兑现每年应向耶路撒冷王国缴纳贡金时才进行军事干预。这种定期输送钱财的模式始于阿马尔里克的前任鲍德温三世的统治时期，而且利好之处在于：如果上贡一方拖欠钱款，顷刻之间就会引来一场外部侵略。阿马尔里克便是以此为口实出兵击败了法蒂玛军队，并迫使迪尔加姆允诺支付更高额度的贡金。

　　与此同时，被迪尔加姆推翻的沙瓦尔则逃到努尔丁处，请求后

---

　　①　这里的"苏丹"一词源于阿拉伯语里的 al-Sudan，意指热带非洲的"黑人"。

者派兵帮助自己夺回维齐尔的职位和大权。努尔丁同意了他的请求，于是派出一支兵马前往埃及，领兵的是一个名叫谢尔库赫（Shirkuh）的库尔德裔将领。穆斯林大军以决然之势开始了这次远征，他们从大马士革快速出城，穿过耶路撒冷王国，进入埃及领土。在全军安全到达后，谢尔库赫速战速决，完成了自己的任务。他杀死迪尔加姆，屠杀其追随者，并让沙瓦尔官复原职。以眼下情形，在努尔丁的部将看来必定已是大功告成，但他们的庆祝为时过早。努尔丁的军队刚刚帮助沙瓦尔夺回大权，这位重新上位的维齐尔便一口否认他对努尔丁负有任何义务，并要求谢尔库赫立即走人。这一背信弃义的行为激怒了谢尔库赫，他立即进攻埃及东北部的城镇比勒拜斯（Bilbeis），可能是打算在距离主公的地盘最近的边境附近建立一个据点。

对于谢尔库赫不肯就范、赖在埃及不走的行为，沙瓦尔本就不以为奇，但他缺乏必要的武力将努尔丁军队赶出国境。因此，他转而向法兰克人求援。由于担心努尔丁和谢尔库赫可能就此攫取开罗——而且对沙瓦尔的使者所传递的消息感到震惊——阿马尔里克再次火速出兵，将谢尔库赫逐出埃及。

此后埃及相对太平无事，直至 1167 年，谢尔库赫在那一年说服努尔丁向开罗发动另一次远征，这显然有违后者一向英明的决断。这一次，谢尔库赫直奔这座城市，在吉萨的金字塔附近扎营。他的目的再清楚不过了：这位将领意欲直接征服埃及。法兰克人迅速做出反应，派自己的军队南下。他们与埃及军队联合起来，合力迫使谢尔库赫撤离开罗，沿着尼罗河向南且战且退。随着努尔丁军退却，法兰克人开始追击。随后双方在沙漠中进行了一场胜负未分的会战，法兰克人又被迫向北面的开罗撤退。

谢尔库赫的下一步举动是挥军北进，他占领了主要的港口城市亚历山大，但随后发现自己被法兰克人包围。此时，战局开始对他不利，谢尔库赫最终不得不与法兰克人罢兵讲和并返回叙利亚。埃及人则接受了一项在实质上使自己成为附庸的协定。

因此，在1167年夏，阿马尔里克可以理直气壮地宣称自己取得了一场大捷。此时，法蒂玛王朝的存续有赖于耶路撒冷王国的保护，而谢尔库赫的雄心则再次受挫。但这一成就来得不是没有代价。当阿马尔里克于1164年在埃及征战时，努尔丁利用他出兵在外的机会入侵了安条克公国，并于8月10日在阿尔塔赫之战中大败安条克亲王。数月之后，他又进攻耶路撒冷王国，攻克了边境据点巴尼亚斯。1167年夏，努尔丁再次主动出击，趁阿马尔里克顿兵于埃及之时蹂躏了黎波里伯国的领土。为了控制埃及，牺牲北方十字军国家的防御是一个更为痛苦的代价，不过阿马尔里克可能觉得这种冒险得到的回报很划算。当然，他也可能早就理性地自我安慰，主宰埃及将会为他提供资源，好全面清算努尔丁的这些侵略行径。

著名的史家提尔的威廉（William of Tyre）记述了十字军国家的历史，在回忆起接下来的事时，他表达了自己的愤慨之情。他怒责道，尽管1167年的协定给予了耶路撒冷王国从埃及所能得到的一切——和平、岁入和贸易，但法兰克人的贪欲并没有餍足。[31]

1168 年 10 月下旬，阿马尔里克集结重兵，第四次征讨埃及，意图将法蒂玛政权彻底推翻。这一行为极富争议，虽然阿马尔里克已经在此前与沙瓦尔签订的协定中占尽了好处，但他宁可将其撕毁作废也要将整个埃及置于自己的直接统治之下。圣殿骑士团一开始就拒绝参与这种风险极大且自毁名誉的计划。医院骑士团则甘为驱策，因为阿马尔里克热情地圈出了推翻法蒂玛王朝后，骑士团可以在埃及为自家修会占有的地盘。诚然，国王的动机未必就是不加掩饰的贪婪。在耶路撒冷王国内有传言说沙瓦尔再次与努尔丁密谋勾结。此外，拜占庭人也对阿马尔里克的征服大业寄予厚望，又据说有数位埃及贵族曾写信给阿马尔里克，鼓励他将埃及夺为己有。[32]

虽然阿马尔里克的真实动机暧昧不明，但他取得的作战成果却有目共睹。他督军挺进埃及，于 11 月上旬攻下比勒拜斯，纵兵洗劫全城。然后他移师开罗城下，开始制造攻打城墙所必需的攻城武器。沙瓦尔则老练地予以回应，他向阿马尔里克许下金银无数，以换取后者的撤军，同时又成功地使谈判持续了足够长的时间，一直拖到谢尔库赫带领援军到来。到了 12 月下旬，当阿马尔里克得知谢尔库赫正在接近埃及时，他回师比勒拜斯，希望在此与老对手会战，阻止谢尔库赫与沙瓦尔会合。但谢尔库赫干脆避过法兰克军队，到达了开罗。阵脚大乱的法兰克人在无奈之下别无选择，只好撤退。

谢尔库赫一抵达开罗便刺杀了沙瓦尔，自立为维齐尔，以努尔丁的名义吞并了埃及。法兰克人于 1169 年再次侵入埃及，却一无所获。第三次争夺主要权力中心的斗争再次以法兰克人的耻辱失败而告终。至此，努尔丁控制了埃及。

至 1171 年，努尔丁一人独占阿勒颇、大马士革与开罗三大城，可谓大功毕成。过去六十年的风风雨雨，法兰克人倾力与穆斯林争夺三城中的任一座，但每一次都败下阵来。努尔丁此时已占据上风，并且准备好尽锐出击，与耶路撒冷王国堂堂一战。近东争霸战进入了最后的阶段，耶路撒冷王国的倾覆终成定局。

1171 年 10 月，努尔丁得知他在埃及的部下已经率兵攻打法兰克人位于约旦河地区的要塞蒙特利尔。这座重要的城堡建于 1115 年，从途经其控制的地区到达埃及的商人那里获得了大量收入。此时，努尔丁在埃及的副帅是谢尔库赫的侄子萨拉丁（谢尔库赫已于 1169 年去世）。

努尔丁遂与萨拉丁遥相呼应，发兵南下，寻求两军会合，对法兰克人发动粉碎性的一击。此时进行这种冒险性的军事行动适逢其会，因为努尔丁实际上已经对法兰克人形成战略包围态势。除了最北方之外，他控制了所有与十字军国家陆地相邻的边境地区，加上辖下辽阔的领土所提供的资金和部队，他得以通盘考虑对耶路撒冷王国发动正面进攻。

尽管大有希望，但此次战役还是令他乘兴而去、败兴而归。就在努尔丁率军离开大马士革不久，萨拉丁就班师回国了，声称埃及国内的问题亟待处理。这个借口可能就是事实，但萨拉丁也有可能在暗地里担心，正如后来他所声称的那样，如果他亲自觐见努尔丁的话，就会被人取代埃及统治者的地位。不管是哪种情况，谣言开

185

始甚嚣尘上，两人之间的关系越发紧张，在随后的几年里，紧张程度有增无减。尽管萨拉丁屡进厚礼，抗辩自己依旧忠于宗主，但努尔丁开始渐渐担心萨拉丁拥兵自重，寻求叛离他的政权，进而割据自立。到 1174 年时，很明显，努尔丁只有诉诸武力才能在埃及获得有实际意义的控制权。[33]

　　然而，努尔丁永远不会有机会制服自己的这位部下了。他于1174 年病逝，当时他的军队也还没有做好讨伐萨拉丁的准备。努尔丁是法兰克人有史以来面对的最顽强的敌人，但他也赢得了对手的敬佩。阿马尔里克同样赢得了敌人的尊重，当他与努尔丁在同一年去世时，萨拉丁给继位的法兰克国王鲍德温四世写了一封吊唁信。[34]

　　萨拉丁于 1138 年出生于提克里特城（Tikrit，位于伊拉克北部）的一个库尔德家庭，当时他的父亲阿尤布（Ayyub）以塞尔柱苏丹的名义治理该城。这一年，他的家族投入赞吉的帐下效力，他的父亲被派去镇守贝卡谷地（Biqa Valley）的巴勒贝克城堡。阿尤布和他的弟弟谢尔库赫后来又在努尔丁身边服役。在此期间，萨拉丁在权力集团中稳步攀升，他的叔叔谢尔库赫在 1167 年的埃及战役中对他甚为倚重。1169 年 3 月 26 日，萨拉丁接替其叔父成为埃及的维齐尔。

186　　　　最初，萨拉丁以法蒂玛王朝哈里发的名义统治埃及，但在 1171年，他废黜了法蒂玛王朝的哈里发（什叶派），宣布呼图白（khutbah）中提及哈里发的名字时应以阿拔斯王朝的哈里发（逊尼派）取而代之。萨拉丁迅速在埃及各地建立起自己的权威，利用其家族成员在各地加强控制，赢得民众的好感，积聚钱财，无情地剪除政治上和军事上的异己分子。[35]

到了 1174 年年末，萨拉丁在埃及的地位已经足够稳固，使他敢于率领一支小规模的骑兵部队穿过法兰克人的领地，进入叙利亚。他想插手努尔丁死后的混乱局面，他的目标是大马士革。这是一次冒险而又大胆的行动。该城的新任统治者是努尔丁的儿子和继承人萨利赫（al-Salih），但这个孩子只有 11 岁，而且目前人在阿勒颇。萨拉丁有机会控制该城，但这需要巧妙的外交手段。他不能给外界留下他在篡夺主公继承人权力的印象，所以他把自己粉饰成努尔丁家族和利益的赤诚保护者，只是希望通过掌权来保全这座城市，并继续对法兰克人的"圣战"。他的豪赌成功了。虽然萨拉丁的要求在大马士革的精英阶层中引起了犹豫和不满，但军队中的许多成员站在他一边，允许他接管该城。而后他又通过向民众施舍黄金，进一步巩固了自己的统治地位。萨拉丁在夺取大马士革后，立即向北方出发，试图控制努尔丁的剩余领地。在数月之内，他占领了霍姆斯（虽然最初没有占领其卫城城堡）和哈马，不过阿勒颇逃脱了他的掌控。萨利赫本人含泪哀求阿勒颇民众捍卫他与生俱来的权利，助他对抗萨拉丁，他们响应了他的号召。萨拉丁随后攻下巴勒贝克，击退了据传是应受困的阿勒颇人之请赶来援助的法兰克人。萨拉丁愤怒地谴责他的敌人竟然与法兰克人签订协定——但不久后他自己也做了同样的事情。

正当萨拉丁巩固己方在哈马和霍姆斯周边地区的地盘时，统治叙利亚和贾兹拉的赞吉家族（赞吉王朝）的各个分支也正会合，意图驱除这一新的威胁。他们的联军声势浩大，一心想要阻止萨拉丁实现野心。然而，1175 年 4 月 13 日，他们的联军与萨拉丁在战场交手时却大败亏输，故而被迫放弃了对萨拉丁已经占领的土地的权利。第二年，也就是 1176 年 4 月，萨拉丁与赞吉家族成员之间爆发了第二次大战，这一次努尔丁的后继者们又一次被打得丢盔弃甲。随后，萨拉丁试图通过谈判打开阿勒颇的城门，但萨利赫宁折不屈，使他吃了闭门羹。因此，萨拉丁效仿法兰克人在 12 世纪前二十年间的做法，着手征服阿勒颇周围的城镇，对该城步步紧逼以加强他的优势。

总体而言，在努尔丁去世后的数年内，萨拉丁的军事行动完全集中在推翻自己主公的后继者上；他一次又一次地兴兵征讨赞吉后代治下的剩余据点。他在这一阶段的早期几乎没有与法兰克人交手，一般都是寻求用外交手段使他们置身事外。然而，1177 年发生的事件是一次例外：当年，萨拉丁直接对耶路撒冷王国用兵，趁法兰克军队的主力在北方作战时引兵开拔出埃及，越过耶路撒冷王国南部边境。萨拉丁的大军在战役初期的推进过程中所向披靡，于 1177 年 11 月 23 日进抵亚实基伦城下。留守在王国内的法兰克部队数量太少，无力封锁住他的进军之路，只好躲在亚实基伦和加沙的城墙之后。萨拉丁在敌军抵抗不足的形势下过于自信，结果犯下一个严重的错误：他任由麾下部队四散开来，在沿海平原肆意掠夺。鲍德温四世手下的小规模留守部队突然发动了一次骑兵冲锋，冲垮萨拉丁军散乱的阵型，击溃了萨拉丁的大军。这场会战——后来以蒙吉萨之战（Battle of Montgisard）闻名——不单单是一次军事失

利，更是一场灾难。可供萨拉丁选择的撤退路线上并无友军的据
点，而他的残兵败将要一路经过耶路撒冷王国境内和西奈沙漠才能　**188**
到达安全之地。此外，他的残军在逃回国内的途中一直受到袭扰，
先是遭到受胜利鼓舞的基督徒骑士追击，然后又在穿越沙漠时被贝
都因部落趁火打劫。

在接下来的几年里，萨拉丁在对法兰克人的战争中取得了更多
的胜利，但是，正如努尔丁在 12 世纪 50 年代所发现的那样，他的
部队往往止于在边境上打打杀杀，而未能真正地削弱敌人的有生力
量。他还是执着于对萨利赫和赞吉家族成员的战争，对这些敌人及
其在贾兹拉和叙利亚北部的盟友发动远征。但同样，虽然他在与这
些敌手的交锋中屡战屡胜，他仍未拿下两大地区性权力堡垒——阿
勒颇和摩苏尔中的任何一个。

1181 年 11 月，萨利赫染病身亡，萨拉丁夺取阿勒颇的机会终
于来临了。萨拉丁迅速行动起来，以图控制局面。虽然他并没有立
即成功——阿勒颇的精英阶层发生了内讧，但萨拉丁继续为占领这
座城市而努力着。1182 年，他率军横扫贾兹拉地区，强化己方优
势，并尽可能地削弱赞吉家族成员的实力。他封锁了摩苏尔，但并
没有倾尽全力进攻。1183 年，萨拉丁针对赞吉家族的持续的消耗战
终于有了回报。同年 5 月，在与该城民兵连续进行小规模战斗之
后，赞吉家族的成员终于将阿勒颇割让给萨拉丁。6 月 12 日，萨拉
丁的旗帜高悬于该城卫城城堡之上，"叙利亚之眼"此时终于落入
他的手中。[36] 不仅如此，所有包围十字军国家的主要权力中心——
埃及、大马士革和阿勒颇——现在都处于萨拉丁的控制之下。三年

后，他也获得了统治摩苏尔的权力。双方的博弈正临近终局。

　　观照这些年的战争与谋略，历史学家们反复推敲，试图了解萨拉丁的性格和行为。他的决断和胆识是毋庸置疑的。萨拉丁是一位具备最高水准的政治家，他将外交施压与军事力量结合在一起的能力既有效又令人钦佩。然而，正如数位历史学家所指出的那样，他也许只是一个称职的军人，而非一个超群绝伦的将才，当面对真正具有战术能力的敌方将领时，他往往会吃大亏。[37]

　　一个持续存在的问题是，萨拉丁是否真的相信自己的说辞？他是真正发自内心地倡导"圣战"吗？还是他对"圣战"的虔诚承诺仅仅为了掩盖他那自私的野心？当然，在很多情况下，他的行为似乎与他投身"圣战"的宣言自相矛盾。[38]然而，萨拉丁很有可能认为昭昭天命，非他莫属——自己就是君临近东并且有权领导穆斯林对法兰克人发动"圣战"的唯一人选，因此他从不掩饰的个人野心与其自命的宗教虔诚合二为一。也许在他的眼中，他本人就是"圣战"的化身，故而他的个人动机和伊斯兰世界的利益是一致的。这绝非虚伪做作，而是一种冥冥之中只有他被挑选出来承接特殊命运的信仰。根据这一剧本，与他相同宗教信仰的人就应出于责任感而屈服于他的权威，而那些挡在他命运之路上的人则自动成为要铲除的目标。同样，当他本人偏离了自己所信奉的理想——比如谴责穆斯林同胞与法兰克人签订条约，然后自己却照做不误；或是声称要进行"圣战"，却将精力集中在与穆斯林同胞的战斗上；或是表现出一副作为萨利赫守护者的样子，却在言语和行动上损害后者的利益；或是以最微不足道的借口声索自己对他人城池或领地的权利——他可以为这种行为辩护，称其为实现其最终目标的必要手段。这种信念使得萨拉丁成了一个非常危险的人物。

至 1186 年，没有一个统治者能在近一个世纪以来积聚如此之多的权势。此外，随着穆斯林控制的叙利亚和贾兹拉地区最终落入萨拉丁的掌控，耶路撒冷王国此时已成为他的眼中钉。萨拉丁为了打下自己的基业多年来东征西讨，将大部分精力用于对付自己的穆斯林同胞。现在，他需要通过毁灭法兰克人并收复耶路撒冷来证明，自己无休止的保证中确有一些实质性内容。他在政治上所搭建的纸牌屋①全然以承诺进行一场光荣"圣战"的宣传为根基，而这些承诺至今仍未兑现。他不得不有所行动。

1187 年 7 月 2 日，当耶路撒冷王国的贵族们齐集一堂共商国是时，气氛并不融洽。王国已经在小城堡赛佛瑞亚（Safforie）集结起己方的全部军力，以抵御萨拉丁的又一次进攻。苏丹的大军正在东面虎视眈眈。他已经在前一天率军渡过约旦河，围攻太巴列城。讨论正酣的议题是：王国军队应前去迎战还是原地按兵不动。会议上普遍的共识是全军应该驻扎在目前的阵地上。最强烈主张采取这一行动方针的当属黎波里伯爵雷蒙，他力促与会的贵族们等待援军的到来以充实己方军力。与此同时，他还向众人建议道，应通过封锁敌军的前进路线并巩固己方阵地来挡住萨拉丁，如此一来敌酋必会锐气尽丧而不敢贸然进攻。

---

① 原文 house of cards 为英文习语，意即用权术建立的势力集团徒有其表、一击即破。

190

这实属老成谋国之言。若果真如此，法兰克人可以始终将萨拉丁的优势兵力控制在己方军队的打击范围之内而不必冒大规模会战（毕竟不确定性较高）的风险。这也将对萨拉丁本人形成政治压力——这种压力已经相当之大了，他曾屡次尝试入侵耶路撒冷王国，但收效甚微。尚未触及王国的核心领土就再次陷入僵局显然对他不利，将会损害他作为"圣战"领袖的信誉。

雷蒙的战略评估无疑是公正无私的，因为这一建议与他本人的利益相悖。太巴列是他自己的属城，驻军也是由他的夫人埃丝基瓦（Eschiva）指挥。他的孩子们也在城内，所以他的建议将使自己的家人都处于危险之中（尽管他抱着微弱的希望，认为他的家人可以乘船到太巴列湖上，坚持到援军抵达之日）。[39]

191　　这本是军事良策，但耶路撒冷王国此时旧主已逝（鲍德温四世于 1185 年驾崩，而他的继承人鲍德温五世也在不久之后于 1186 年夭折），新王吕西尼昂的居伊（Guy of Lusignan）为形势所迫，并不能仅根据战术考虑就做出军事决策。他在最近才成为国王，而且上台方式也一直饱受争议。耶路撒冷王国被贵族的纠纷弄得四分五裂，居伊只是凭借政治手腕才得以登上王位。他的支持基础有限，聚集在赛佛瑞亚的贵族中既有盟友也有敌人。居伊不得不在的黎波里伯爵的军事良策与自己的过往经历之间权衡再三，当他于 1183 年担任王国摄政时，曾因执行类似的行动路线而失势。当时的他指挥军队一味避战，借此挡住了萨拉丁的大举进攻，但这一决策使他失去了摄政地位。[40]

拒绝应战并不受人待见。这是一个骑士们在英勇无畏、甘冒奇险、大胆开拓的故事中诞生和成长的世界，他们也坚信上帝会在战斗中赐予他们胜利，尤其是在针对非基督徒敌人的斗争中。居伊不可能不知道，当贵族们激辩作战方针时，骑士们则为拯救太巴列城的女士们的想法而欢呼雀跃。如若知道自己的国王手握一支王国有史以来实力最雄厚的军队却逡巡不前，坐视己方城镇被烧毁，他们该做何感想呢？另一个令他不得不同样重视的事实是，他最亲近的两个盟友，圣殿骑士团大团长和卡拉克城的领主都力主向太巴列城进军。他们在公开辩论中就慷慨陈词，主张采取激进战略，与的黎波里伯爵针锋相对，而且圣殿骑士团大团长与伯爵之间还存在私人恩怨。

最后，国王做出了自己的决定并结束了争论：他们将不会冒险进军太巴列城。然而，数小时之后，在国王回到自己的帐篷就寝时，圣殿骑士团大团长又私下里谒见他，说服他改变了主意。基督徒大军终究还是于清晨拔营进兵。

1187 年 7 月 3 日，耶路撒冷王国的军队开始前进。对阵双方在 192 兵员数量上并不对等。法兰克人部署了 1200 名重骑兵和 1.5 万人的轻骑兵和步兵。萨拉丁的军队则拥有 3 万名作战人员。[41] 不过，双方的将领都意识到基督徒的重骑兵如果运用得当，就可以战胜规模更大的敌军。战役开始时，基督徒军队以紧密的阵形向太巴列城开拔。穆斯林部队起初并没有试图阻挡其前进；相反，他们试图减缓对手的行进速度。基督徒所经之地皆是荒凉地带，泉水稀少，穆斯林更是在 7 月的炎炎高温下阻止法兰克人接近水源。居伊国王未能在第一天到达太巴列城，于是他被迫在夜里宿营。次日，醒来的法兰克人发现他们已经被四面围住，朝太巴列城方向发起的突围行动也不甚成功。萨拉丁持续对基督教军队保持高压态势，疲惫、脱水和敌方的优势人数开始慢慢对法兰克人产生影响。他们的军队崩溃了，幸存者在一个铁器时代（Iron Age）被称为"哈丁之角"（Horns of Hattin）的古堡中困兽犹斗。[42]

哈丁战役对于十字军国家来说是一场灾难。居伊国王从王国内各处守军抽调力量以组建一支足以匹敌萨拉丁的军队，但随着7月4日的夜幕降临，整支大军的成员或是战死，或是被俘。此时耶路撒冷王国剩余的士兵数量太少，无法组成一支新的军队，也无法守护其边界。在接下来的几个月里，王国崩溃了，在有如泰山压顶的萨拉丁大军面前，它的城镇和据点像多米诺骨牌一般倒下。耶路撒冷在10月陷落。王国的城市中唯有提尔设法坚守了下来。萨拉丁继续长驱直入，洗劫了黎波里伯国和安条克公国，既然耶路撒冷王国的军队全军覆没，这两个十字军国家也已经无力与他抗衡。萨拉丁的大胜从根本上改变了均势，使之对他有利，十字军国家此时面临着灭顶之灾。

193　　　当耶路撒冷王国惨败的消息传到西方基督教世界时，教皇当即发动了一场大规模的新战役——第三次十字军东征。教皇登高一呼，基督教世界山鸣谷应，来自四面八方的大批骑士领取十字，决心将耶路撒冷从萨拉丁的手中重新夺回。十字军从西方基督教世界出发，远道而至，一场新的大战很快就在近东酝酿，萨拉丁将在这场战争中遇到他最出名的对手，那就是英格兰国王、被称为"狮心王"（Lionheart）的理查一世。黎凡特大地上的法兰克人仍有一线

生机，他们的国家将在 13 世纪迎来短暂复兴，最后在 1291 年亡
国。然而，此事丝毫没有减弱 1187 年事件的重要性。十字军王国
耶路撒冷王国已经从一个近东的显赫强权沦落为一个局限于一隅之
地的小邦国。

　　回顾十字军国家的历史，从 1099 年征服耶路撒冷到 1187 年灭
亡，当十字军真正有机会从海岸线向内陆扩张，并通过征服阿勒
颇、大马士革或开罗来巩固他们在整个近东地区的统治时，我们可
以清晰地从这一过程中识别出三个阶段。撇开其他原因不论，仅仅
是他们能够对这些权力中心反复发动冲击的事实，就足以证明法兰
克人在黎凡特的败亡并不是一个预料中的必然结局。至少在 12 世
纪 70 年代之前，十字军克竟全功仍然是一个可以实现的结果。
　　在这三个阶段中，法兰克人在阿勒颇争夺战中距离胜利最近。
至 1118 年，法兰克人已经占有了阿勒颇大部分的农业腹地及其卫
星城镇。他们能够对该城本身施加长期的直接压力，这种局面与后
来的大马士革争夺战（1148 年）和开罗争夺战（1168 年）截然不
同，后两者都是一战之后大局底定。此外，在争夺阿勒颇期间，他
们还与重要的地区盟友保持着良好的关系，包括卡拉特－贾巴尔的 194
欧盖伊家族、杜巴斯和亚美尼亚人。在这场争夺战中，法兰克人还
可以借助第一次十字军东征期间和之后建立起来的长期征服势头。
这一次，他们离长驱直入内陆地区、取得地区性主导地位近在咫
尺。因此，争夺阿勒颇的战争，特别是血地之战，必然会被视作近
东争霸战的重要转折点，象征着法兰克人的前进势头受到遏制的关

键时刻。

虽然不乏良机，但法兰克人仍然一次又一次地与胜利失之交臂，在阿勒颇是如此，在后来进攻大马士革和埃及的战役中又一再铩羽而归。事实上，十字军国家及其统治者力图征服这一地区的军事野心的历史，就是一个屡屡功亏一篑的故事，令人疑窦丛生。为什么所有这三次向内陆进军的尝试都失败了呢？每一次战争的发起者都胜券在握，但最后皆惨淡收场。那么，为什么十字军国家到头来还是一直无法在占领敌方权力中心的较量中实现突破呢？

一方面，问题的答案必须要到围绕每一场战役的具体事件中去探寻。正如前文所述，每一场争斗中各个参与主角人物的针锋相对和见招拆招至关重要。所以在每一种具体情况下，这些进攻行动及其失败的原因都是特定战役所独有的。

另一方面，这些受挫的征服战争又带有一种蹊跷的相似性。在每一次争夺战中，法兰克人在发起重大攻势前都与目标城市的市民精英阶层建立了牢固而又互惠的关系：阿勒颇在 1117~1118 年实质上已成为安条克公国的保护国，耶路撒冷王国在 1148 年之前与大马士革有着长期的合作历史，而埃及在 1167 年同意成为法兰克人的保护国。然后，每一次都是法兰克人突然断绝关系，主动发起进攻。[43] 每一次都是他们在围住目标城市之后，便屯兵于城墙之外，而没有尝试发起正面猛攻。然后，随着塞尔柱援军开始抵达，无论是 1125 年的阿克桑古尔、1148 年的努尔丁，还是 1168 年的谢尔库赫，法兰克人——令人诧异的是——都没有表现出与敌军决一死战的意愿。他们在 1125 年并没有寻求邀击阿克桑古尔，尽管杜巴斯力主迎敌。1148 年，大马士革城外的法兰克人也没有寻求从缺少水源的营地一路杀回更有利的阵地。1168 年，阿马尔里克的确试图在谢尔库赫向开罗挺进的时候拦截后者，但他在谢尔库赫的军队到达埃及都城后并没有奋起余勇，继续尝试攻击对手。所以，每一次都是法兰克人在最后关头退缩。

法兰克人的这些未竟事业之间存在着不同寻常的相似之处，这就揭示出其中有着更广泛的因素，妨碍了法兰克人将城市攻坚战进行到底的可能性。其中的一个因素可能是这些目标城市的巨大体量。这三座城市是近东地区最大的城市。若要得出精确的人口数字几无可能，但大马士革和阿勒颇的人口数量在六位数左右，开罗的人口数量在六位数以上似乎是合理的。因此，目标城市的城内人口超出围攻部队许多倍。虽然个中原委并未有史家言明，但也许当法兰克将领考虑到对这些权力中心维持永久性统治的现实困难，以及由此带来的风险和将要消耗的资源时，他们可能会被任务的艰巨性吓倒。过往曾经有过城市将整支突击分队吞噬的教训。1153 年，在围攻亚实基伦时，一支圣殿骑士团分队通过一个在城墙上新打通的突破口发起突击，杀入城内，而后竟然全军尽没。[44] 也许想到一支千辛万苦击败敌军的法兰克军队在穿过敌军城墙后不仅要分散到密布敌意的迷宫小巷里，还要随时提防心怀不轨之人暗中捅刀，这些法兰克将领就不寒而栗，所以这一推论可能会解释为什么法兰克人在任何一次围攻战中都没有对城墙发起坚决的攻击。

另一个共有的因素可能就是法兰克人征服敌军大城市所采用的基本战略方针存在根本性的缺陷。法兰克领袖们似乎认为以武力攻

196　取一座城市的手段，与采取对当地居民中的具有合作精神的派别进行协作的策略是无法和谐统一的。例如，在阿勒颇，法兰克人先是与该城的精英阶层合作，以保护者的角色自居，但后来又将这一政策弃如敝屣，转而采取彻底的敌对政策。在他们对大马士革和开罗的攻略过程中也可以看到类似的模式：在这两次争夺战中，他们先前都是与地方实力派合作，然后又改变立场，悍然对昔日的友方发起攻击。这明显是一种有缺陷的做法，因为后来的"攻势"阶段完全抵消了早先"协商"阶段所产生的任何优势。

　　塞尔柱人在攻取大城市上所运用的战略手法则要老道得多，他们经常将军事恫吓与政治压力有效地结合起来，而且意识到了在城市居民中获得善意的重要性。我们不可忘记的是，就在同一时期，塞尔柱人或库尔德人的将领也多次以武力开道，强行进入阿勒颇、大马士革和开罗，有时还不止一次，与其法兰克邻居在自己的所有尝试中都明显失败的套路如出一辙。塞尔柱人往往更有效地利用城内市民精英阶层内部现有的分歧，以及地方派系间的争吵在民众中赢得盟友和支持者——此即分而治之的手段。内有盟友的暗中操纵，外有己方大军威压（一般是通过切断该城市的粮食供应来实现），塞尔柱人由此获得了极大的影响力。塞尔柱人似乎还拥有另一种天赋，就是在其围攻目标城市的过程中安排一轮又一轮的谈判，他们常常能够找到借口，既能保全对方颜面，又能让城内市民的代表证明投降是合理的选择。此外，塞尔柱人的将领往往至少在名义上是穆斯林，因此可以诉诸共同信仰之大义，这可能也有所助益（尽管我们必须注意到，目标城市的居民其实也愿意与法兰克人的将领谈判）。一旦进入城墙之内，塞尔柱人往往同样善于赢得民众的支持——或者至少使其屈服，方法是要么减少税收，要么反过来残酷地清洗城内的领导阶层——此即胡萝卜加大棒的手段。

因此，对比法兰克人与塞尔柱人征服城市的手段，我们即可看出法兰克人一以贯之的攻城方略中存在数个重大缺陷。他们似乎并没有逐渐形成塞尔柱人那种屡试不爽、行之有效的政战结合策略，即在施加外部军事压力的同时，寻求从城内派系的内斗中渔利。虽然鲍德温二世在 1125 年的阿勒颇围攻战中确实得到了几位塞尔柱和阿拉伯领袖的支持，但他或他们试图利用这种支持在城市居民中制造裂痕并进而将其分化的做法似乎并不奏效。在 1124～1125 年的冬季围攻战中，法兰克-阿拉伯联军试图采用心理战和耍阴谋的努力相当不明智且适得其反，反而刺激城内民众一体同心，共抗围攻者。

最后一个使这些战役存在共通之处的因素或可称之为"对失败后果的恐惧"。再次对比法兰克与塞尔柱军队的相对强弱项之后，我们很快就会发现，法兰克人极不擅长到塞尔柱人领土的纵深之处进行征服战争。如果他们在向敌方城市推进的过程中，与塞尔柱援军进行重大决战败北的话，就会立即发现自己面临着被全歼的危险。战败的法兰克军队将不得不返回对己友好的领土，不仅在大部分时间段里都是徒步行军，同时还要遭受塞尔柱轻骑兵无休止的攻击，而塞尔柱轻骑兵非常适合这种追击战。相反，如果塞尔柱人在遭遇一场大败而未能夺取一座大城市的话，他们可以就地分散，立刻躲避行动迟缓的法兰克追击部队。简而言之，失败的后果对于两

197

方来说是不对等的。基于这些原因，法兰克将领在打击敌方的权力中心时必须格外谨慎，因为他们无法承担在远离己方边界之处遭受重大战场失败的风险。在这种情况下，他们别无选择，只能规避风险。这也许有助于解释为什么他们在围攻阿勒颇、大马士革和开罗期间很少冒险作战，以及为什么他们在与敌方援军作战的问题上持谨慎态度。引申而言，这也许可以在一定程度上解释他们为什么总是与成功失之交臂。

198

　　法兰克人迫使一座敌方主要城市屈服的最好的机会——受制于他们非常有限的战略手段——在于超长的封锁过程。这需要他们长期控制目标城市周围所有的领土和邻近的城镇及防御工事。只有这样，目标城市才会被孤立，法兰克人也可以放心地与任何前来救援的敌军交战，因为即便战局恶化，他们也拥有安全的撤退地点。然后这座城市就可以慢慢地被拖垮，直到其实力虚弱到无法再进行抵抗。这种方略可以奏效。法兰克人先是如此攻陷提尔，后来又如法炮制，攻下亚实基伦。然而，这项工作效率低下、所费不赀，而且进展缓慢，往往需要数十年才能完成。此外，孤立阿勒颇和大马士革这样的内陆城市要比封锁更偏僻的沿海城市困难得多，因为这些城市拥有连接着塞尔柱人在伊拉克的心腹地带的优良补给线。这种军事方略的逻辑也是基于这样的信念：将一座城市的全体市民视作一个集体予以压服，而不是通过政治阴谋和诡计来分化——同样，这也是一个难度更大的任务。

　　法兰克人在对大马士革和开罗发动攻势期间，甚至都没有接近到形成这种封锁模式的程度，但他们在 1118 年已经达到了长期封锁阿勒颇的临界点。到了这一阶段，他们守住了该城周围的许多城镇和防御工事，几乎已经到了将该城与其主要支援渠道隔绝的地步。考虑到这一点，法兰克人在 1118 年至 1125 年未能拿下阿勒颇的严重性就更为突出了。

　　总而言之，在 1099~1187 年这一历史时期内，法兰克人策动了三次进击内陆和征服敌方权力中心的长期攻势。然而，每一次他们都失败了。在这三次攻势中，阿勒颇的争夺战最接近成功。基于这一缘由，法兰克人未能实现占领阿勒颇的目标一事，必然要在试图解释他们无力征服近东地区的原因中占有一席之地。这也凸显了血地之战的重要性，此战发生于法兰克人刚刚收紧对阿勒颇的绞索之时，其结果则打断了围困该城的绞索。

尾 声

当我利用 21 世纪的有利条件，撰写关于血地之战及阿勒颇争夺战的历史时，自然而然地就会思虑叙利亚北部地区的现状。此刻，我们的荧屏上充斥着一个支离破碎、被诸多参战派系包围的阿勒颇，这些画面令人不胜哀之。战争给人类造成的代价在十字军东征时期本就已经足够惨重，但今日之惨状更甚，这是人口密度更高、现代武器杀伤力增强以及草菅人命之程度至少不下于十字军时代（在某些情况下，我怀疑现代战争更恶劣）的结果。

反思当今这一局面，人们很自然地就会在这两场围绕兵家必争之城展开的惨烈争夺战之间进行比较。两场战争之间虽然相隔近 900 年的历史，但仍有一些惊人的相似之处。现代的叙利亚内战又是一场阿拉伯人、土耳其人和库尔德人参与其中的斗争，这些势力深陷于在谈判桌上和战场上同时进行的复杂政治游戏中。主角同样包括"圣战"的支持者和其他派别，其动机包括金钱、权力、政治稳定，或者对许多人来说就是生存。西方世界再次被卷入了一场冲突之中，却对这场冲突不甚了了，本欲试图实现一定程度上的控制，但由于当地众多派系寻求将其干预措施转变成为对自己有利的态势，所做出的尝试也随即走样。而且，现代的这场冲突也没有容易的政治解决方案。

这些显著的相同之处提醒着世人，分裂这一地区的政治、民族和宗教上的隔阂都是积重难返的历史负担。这些问题不会轻易就被解决——如果想要将其彻底解决的话。在酿成这场冲突中发挥作用 202 的敌意、对立和联合早已根深蒂固，经过代代相传，密不可分地嵌入当地社会结构之中。

近年来，政策制定者——尤其是西欧和美国的决策者——承受了巨大的压力，汹涌的民意要求他们"解决"中东的问题。来自政治光谱上各个派别的评论家都施加了这种压力。然而，这种看法大大高估了西方的力量和影响力。西方在塑造近期事件的进程中发挥了作用，无疑也有潜力在解决该地区面临的紧迫问题（如果有可能解决的话）中发挥作用。然而，我们必须认识到，许多核心问题在现代世界之前就已存在，而且其中的大多数问题在十字军东征之前就已存在。事实上，这些紧张局势中的许多问题甚至在十字军东征初期就已经旧病难医了。

政治家借媒体拍照的机会握手言和也许有可能暂时缓解紧张局势，如联合国这样的国际组织也有可能通过隔开交战的派系发挥某种程度上的作用。虽然如此，只有当所有派别和社会各阶层最终正视这些历史遗留下来的敌意，着眼于调和分歧时，才能在社会基层实现长治久安。我们只能寄希望于此。

至于十字军东征和拉丁东方世界的战争，其地位不尴不尬，与现代中东既毫不相干却又高度关联。容我解释一二。对于那些着迷于现代事件的成因和冲突的长期根源的人来说，"血地之战"，或是整个十字军东征，几乎没有构成直接原因。中世纪争夺近东的斗争发生在很久之前，我们今日所处的年代与血地之战相隔近 900 年。

203
在介乎两者中间的时期内，帝国有兴有亡，贸易路线兴起又衰落，领袖们塑造了自己民族的历史而后离世，而无论基督教世界和欧洲，还是伊斯兰世界的帝国，都有许多其他的邻邦和关切的问题分散了它们的注意力。十字军东征只是塑造现代世界的万千事件中的一个环节。诚然，当法兰克人在黎凡特大陆的存在于 1291 年被彻底抹除之后，十字军东征依旧持续了很长时间，但往往是在其他边境地区发动，如波罗的海地区，或是针对异端分子的征讨行动，而且往往是为了所谓保卫基督教世界而发动的，而不是作为侵略性的军事行动。

然而，从另外一个角度来看，十字军东征仍然存在于你我身边。现代"圣战"的鼓吹者对这些已成为过往历史的战争加以利用，篡改这些事件的记忆，好为自己的暴行炮制先例。这就是被武器化的历史：利用过去的历史来创造一种叙事，以推进现代的暴力事件。恐怖分子和"圣战"分子一次又一次地宣布，他们的残暴行为是以打击"十字军"的愿望为指导的，尽管"十字军敌人"的称谓对象范围越来越广泛，几乎包括了所有挡在他们前进道路上的人。令人担忧的是，我也开始听到西方极右翼运动利用与十字军主题相关想法的故事。

当然，所有此类宣扬暴力的论点的讽刺之处在于，实际上的 12 世纪法兰克人与塞尔柱人之间的斗争只是偶尔才与现代仇恨论分子所吹捧的那种宗教间冲突有相似之处。塞尔柱人和法兰克人都比简单的教派暴力冲突更为复杂的计划，他们乐得在利益趋同时相互合作。他们的世界观也足够宽广，足以使他们能够尊重甚至钦佩自己的对手。有些人甚至与敌人成为朋友。中世纪的战争可能是残酷的，但当战斗结束后，交战派系仍有进行贸易、对话和外交的余地。正如我们所见，在十字军东征时代的某些情况下，武士们可以在战斗结束后找到他们的敌人，并共同分享他们在战场上的事迹，自信地知道他们会受到敌人的欢迎与款待。　　**204**

　　这一点值得关注。"中世纪"在现代语境中已沦为一个被滥用的词，表达了野蛮、无知、迷信和落后的思想。当我们谴责当代最糟糕的战争时，将其称作是在"中世纪"的条件下进行的战争，或者我们可能观察到暴力事件已经达到了"中世纪"的程度。即便如此，十字军及其塞尔柱和阿拉伯同行，在这些所谓的黑暗时代，也能跨越战争的界限找到尊重、合作甚至友谊的空间。时至今日，这种情况已经少之又少了。

缩写词

下列缩写词在本书注释中都有使用，在有现代英文译本的情况下，我们均予以引用，以便尽可能方便读者查阅资料来源（尽管本书中使用的原始资料并非都有译本）。

AA Albert of Aachen. *Historia Ierosolimitana: History of the Journey to Jerusalem.* Edited and translated by S. B. Edgington. Oxford Medieval Texts. Oxford, 2007.

AC Anna Comnena. *The Alexiad.* Translated by E. R. A. Sewter. With an introduction by P. Frankopan. London, 2009.

ASC Anonymous. "Syriac Chronicle." Translated by A. Tritton. *Journal of the Royal Asiatic Society* 65 (1933): 69–101.

FC Fulcher of Chartres. *A History of the Expedition to Jerusalem, 1095–1127.* Translated by F. R. Ryan. New York, 1969.

GF *Gesta Francorum: The Deeds of the Franks and the Other Pilgrims to Jerusalem.* Edited and translated by R. Hill. Oxford Medieval Texts. Oxford, 1962.

GN Guibert of Nogent. *The Deeds of God Through the Franks: Gesta dei per Francos.* Translated by R. Levine. Woodbridge, UK, 1997.

IAA(1) Ibn al-Athir. *The Annals of the Saljuq Turks: Selections from al-Kāmil fi'l-Ta'rikh of 'Izz al-Din Ibn al-Athir.* Translated by D. S. Richards. Studies in the History of Iran and Turkey, 1000–1700 AD. Abingdon, UK, 2002.

IAA(2)　Ibn al-Athir. *The Chronicle of Ibn al-Athir for the Crusading Period from al-Kamil fi'l-Ta'rikh.* Translated by D. S. Richards. 3 vols. Crusade Texts in Translation 13, 15, and 17. Aldershot, UK, 2006–2008.

IQ　Ibn al-Qalanisi. *The Damascus Chronicle of the Crusades.* Translated by H. A. R. Gibb. New York, 2002.

KAD　Kemal al-Din. "Extraits de la Chronique d'Alep." *Recueil des Historiens des Croisades: Historiens Orientaux.* Vol. 3. Paris, 1884.

ME　Matthew of Edessa. *Armenia and the Crusades: Tenth to Twelfth Centuries. The Chronicle of Matthew of Edessa.* Translated by A. E. Dostourian. New York, 1993.

OV　Orderic Vitalis. *The Ecclesiastical History of Orderic Vitalis.* Edited and translated by M. Chibnall. 6 vols. Oxford Medieval Texts. Oxford, 1969–1990.

RA　Raymond d'Aguilers. *Historia Francorum qui ceperunt Iherusalem.* Translated by J. H. Hill and L. L. Hill. Philadelphia, 1968.

RC　Ralph of Caen. *The Gesta Tancredi of Ralph of Caen: A History of the Normans on the First Crusade.* Translated by B. S. Bachrach and D. S. Bachrach. Crusade Texts in Translation 12. Farnham, UK, 2010.

UIM　Usama ibn Munqidh. *The Book of Contemplation: Islam and the Crusades.* Penguin Classics. London, 2008.

WC　Walter the Chancellor. *The Antiochene Wars: A Translation and Commentary.* Translated by T. Asbridge and S. B. Edgington. Crusade Texts in Translation 4. Aldershot, UK, 1999.

WT　William of Tyre. *A History of Deeds Done Beyond the Sea.* Translated by E. A. Babcock and A. C. Krey. 2 vols. New York, 1943.

注 释

※ 序 章

1. 关于英文翻译的全文本，见 *The "Chanson des Chétifs" and "Chanson de Jérusalem": Completing the Central Trilogy of the Old French Crusade Cycle*, trans. C. Sweetenham, Crusade Texts in Translation 29 (Farnham, UK, 2016), 67–172。

2. 另见 T. Asbridge, "How the Crusades Could Have Been Won: King Baldwin II of Jerusalem's Campaigns Against Aleppo (1124–5) and Damascus (1129),"*Journal of Medieval Military History*, ed. C. J. Rogers and K. DeVries, 11 (2013): 73–74。

3. T. Asbridge, "How the Crusades Could Have Been Won," 73–93.

※ 第一章　建国双雄：布洛涅的鲍德温与欧特维尔的坦克雷德（1100~1110 年）

1. AA, 533.

2. FC, 139.

3. Ibid., 134. See also AA, 237.

4. J. France, *Victory in the East: A Military History of the First Crusade* (Cambridge, 1994), 246.

5. *The Chronicle of the Third Crusade: The Itinerarium Peregrinorum et Gesta Regis Ricardi*, trans. H. Nicholson, Crusade Texts in Translation 3 (Aldershot, UK, 1997), 234.

6. AA, 533–537, 563; FC, 137–142; IQ, 51; IAA(2), 1: 47; WT, 1:422–424.

7. 关于发动第一次十字军东征的介绍性讨论，见 P. Frankopan, *The First Crusade: The Call from the East* (London, 2012), chaps. 6 and 7; T. Asbridge, *The First Crusade: A New History* (Oxford, 2004), chaps. 1 and 2。

8. 见 N. Morton, *Encountering Islam on the First Crusade* (Cambridge, 2016), chap. 2。

9. AC, 304–305.

10. France, *Victory in the East*, 209.

11. Ibid., 192–196.

12. FC, 90.

13. AA, 175; FC, 91; ME, 169. 相关讨论见 C. MacEvitt, T*he Crusades and the Christian World of the East: Rough Tolerance* (Philadelphia, 2008), 65–71。

14. 关于安条克围攻战的细节讨论，见 France, *Victory in the East*, chaps. 7 and 8。

15. 很多作者都讲过这个故事，但若想了解其中一例，可参阅 AA, 277–279; GF, 44–47。

16. OV, 5: 325.

17. 有数则史料记载了这几位圣人的出现，相关例子可参阅 GF, 69。相关讨论见 E. Lapina, *Warfare and the Miraculous in the Chronicles of the First Crusade* (University Park, PA, 2015), 37–53。

18. 关于圣矛在此战中所起到的作用的讨论，见 T. Asbridge, "The Holy Lance of Antioch: Power, Devotion and Memory on the First Crusade," *Reading Medieval Studies* 33 (2007): 3–36。

19. KAD, 582–583.

20. France, *Victory in the East*, 288–296.

21. M.A. Köhler, *Alliances and Treaties Between Frankish and Muslim Rulers in the Middle East: Cross-Cultural Diplomacy in the Period of the Crusades*, trans. P. M. Holt, ed. K. Hirschler, The Muslim World in the Age of the Crusades (Leiden, 2013), 44–57.

22. B.Z. Kedar, "The Jerusalem Massacre of July 1099 in the Western Historiography of the Crusades," Crusades 3 (2004): 15–75.

23. AA, 553.

24. Geoffrey of Malaterra, *The Deeds of Count Roger of Calabria and Sicily and of His Brother Duke Robert Guiscard*, trans. K. Baxter Wolf (Ann Arbor, MI, 2005), 57–58.

25. Caffaro, *Caffaro, Genoa and the Twelfth Century Crusades*, trans. M. Hall and J. Phillips, Crusade Texts in Translation 16 (Farnham, UK, 2013).

26. 关于法蒂玛军队的讨论，见 Y. Lev, "Regime, Army and Society in Medieval Egypt, 9th–12th Centuries," in *War and Society in the Eastern Mediterranean, 7th–15th Centuries*, ed. Y. Lev (Leiden, 1997), 115–152; Y. Lev, "Army, Regime and Society in Fatimid Egypt, 358–487/968–1094," *International Journal of Middle Eastern Studies* 19, no. 3 (1987): 337–365。

27. RA, 115.

28. R. Burns, *Damascus: A History* (Abingdon, UK, 2005).

29. AA, 511.

30. Al-Muqaddasi, *The Best Divisions for Knowledge of the Regions*, trans. B. Collins (Reading, UK, 2001), 132.

31. 关于大马士革与阿勒颇在地缘政治上重要性的更深层次讨论，见 T. Asbridge, "How the Crusades Could Have Been Won: King Baldwin

II of Jerusalem's Campaigns Against Aleppo (1124–5) and Damascus (1129)," *Journal of Medieval Military History*, ed. C.J. Rogers and K. DeVries, 11 (2013): 93。

32. 阿斯布里奇还考虑了阿勒颇在法兰克人长期的地缘政治野心中所扮演的角色。他在最近的一篇文章中指出，最先积极寻求"实际征服"阿勒颇的是耶路撒冷国王鲍德温二世，而不像他的前任们对收取贡金更感兴趣。见 Asbridge, "How the Crusades Could Have Been Won," 83。然而，在较早的两部作品中，他提出了一种可能性，即安条克公国在其早期统治者萨勒诺的罗杰领导下，一直在考虑对这座城市发动正面进攻。T. Asbridge, "The Significance and Causes of the Battle of the Field of Blood," *Journal of Medieval History* 23, no.4 (1997): 213; T. Asbridge, *The Creation of the Principality of Antioch, 1098–1130* (Woodbridge, UK, 2000), 69.

33. KAD, 589.

34. 关于意大利南部和西西里的诺曼人的讨论，见 J. J. Norwich, *The Normans in Sicily* (London, 1970)。

35. S. Edgington, "Espionage and Military Intelligence During the First Crusade, 1095–1099," in *Crusading and Warfare in the Middle Ages*, ed. S. John and N. Morton, Crusades—Subsidia 7 (Farnham, UK, 2014), 78.

36. Asbridge, *The Creation of the Principality of Antioch*, 47–51.

37. RC, 162–163.

38. Ibid., 164.

39. IAA(2), 1:76.

40. Ibid., 1:79.

41. RC, 165; FC, 177–178; AA, 693.

42. AA, 693.

43. ME, 193.

44. IAA(2), 1:80.

45. FC, 179.

46. 在现存的史料中"土库曼人"一词经常被提到，但很难将其定义为一个群体。在本书中，"土库曼人"一词被用来指称仍然保持着游牧部落生活方式的突厥武士。

47. OV, 6:105.

48. Ibid., 6:109.

49. ME, 212.

50. KAD, 597.

51. Ibid., 595.

52. ME, 202.

53. *Nāsir-e Khosraw's Book of Travels (Safarnāma)*, trans. W. M. Thackston Jr., Persian Heritage Series 36 (Albany, NY, 1986), 12–13.

54. IAA(2), 1: 104.

55. AA, 777–779; William of Malmesbury, *Gesta Regum Anglorum*, ed. and trans. R. A. B. Mynors, R. M. Thomson, and M. Winterbottom, vol. 1, Oxford Medieval Texts (Oxford, 1998), 701.

56. K. Lewis, *The Counts of Tripoli and Lebanon in the Twelfth Century: Sons of Saint-Gilles* (Abingdon, UK, 2017), 41–49.

57. For discussion, see J. France, *Western Warfare in the Age of the Crusades, 1000–1300* (Ithaca, NY, 1999), 117–118.

58. 针对十字军动机的讨论早已有之，关于这一讨论的总结，可参阅 N. Housley, *Contesting the Crusades, Contesting the Past* (Oxford, 2006), 75–98。

59. 相关讨论见 D. S. Bachrach, *Religion and the Conduct of War, c. 300–c. 1215* (Woodbridge, UK, 2003)。

60. RC, 22.

61. S. D. Goitein, "Geniza Sources for the Crusader Period: A Survey," in *Outremer: Studies in the History of the Crusading Kingdom of Jerusalem* (Jerusalem, 1982), 312.

62. D. M. Metcalf, *Coinage of the Crusades and the Latin East in the Ashmolean Museum Oxford*, 2nd ed. (London, 1995), 28.

※ 第二章 逆风而行：塞尔柱人与阿拉伯埃米尔（1111~1118 年）

1. "苏丹"是他的名字，不要与"塞尔柱苏丹"的头衔混淆。

2. 我要感谢凯文·刘易斯在这一点上给我的建议。K. Lewis, *The Counts of Tripoli and Lebanon in the Twelfth Century: Sons of Saint-Gilles* (Abingdon, UK, 2017), 33.

3. IQ, 90, 92.

4. IAA(1), 226.

5. C. Hillenbrand, "Ibn al-ʿAdim's Biography of the Seljuq Sultan, Alp Arslan," in *Actas XVI Congreso UEAI* (Salamanca, 1995), 239–241.

6. KAD, 577.

7. 阿拉伯部落的成员往往与一个伟大的历史前辈有关系或有其他联系。例如，"Banu Kilab"意为"基拉布家族"。

8. "The History of David King of Kings," in *Rewriting Caucasian History: The Medieval Armenian Adaptation of the Georgian Chronicles*, trans. R. W. Thomson (Oxford, 1996), 316.

9. GF, 81; RA, 84.

10. 相关讨论及关于穆斯林在十字军东征之前和东征期间如何看待西欧的不同观点，见 B. Lewis, *The Muslim Discovery of Europe* (London, 1982); D. König, *Arabic-Islamic Views of the Latin West: Tracing the Emergence of Medieval Europe* (Oxford, 2015)。

11. UIM, 145, 148.

12. Ibid., 76–77.

13. F. Daftary, The Ismāʿīlīs: Their History and Doctrines (Cambridge, 1990).

14. IQ, 72–73; UIM, 244–245.

15. AA, 739–741.

16. UIM, 77–78.

17. IQ, 114.

18. IAA(2), 1: 154.

19. IQ, 111.

20. KAD, 600.

21. IQ, 118.

22. Ibid., 118.

23. 见 B. S. Bachrach and D. S. Bachrach, "Ralph of Caen as a Military Historian," in *Crusading and Warfare in the Middle Ages: Realities, Representations. Essays in Honour of John France*, ed. S. John and N. Morton, Crusades–Subsidia 7 (Farnham, UK, 2014), 94。

24. UIM, 80–81.

25. 关于塞尔柱人迁徙的可能原因的评述，见 A. C. S. Peacock, *The Great Seljuk Empire*, Edinburgh History of the Islamic Empires (Edinburgh,

2015), 25。

26. IAA(2), 1: 111–117.

27. KAD, 606–608.

28. Ibid., 608.

29. WC, 90, 92.

30. Ibid., 92–93.

31. Ibid., 95.

32. UIM, 85.

33. WC, 96–104; IAA(2), 1: 172–173; ASC, 86.

34. KAD, 606.

35. Ibid., 611.

36. OV, 6: 129–131.

37. N. Morton, *Encountering Islam on the First Crusade* (Cambridge, 2016), 42–55.

38. IAA(2), 1: 155.

39. AA, 339.

40. GF, 42.

41. 相关例子可参阅 IQ, 149, 271; UIM, 131–132; WC, 90, 164; OV, 6: 113。

42. 见 N. Morton, "The Saljuq Turks' Conversion to Islam: The Crusading Sources," *Al-Masāq: Journal of the Medieval Mediterranean* 27, no. 2 (2015): 109–118。

43. IAA(1), 294.

44. RA, 89.

45. 关于这一政治背景的进一步讨论，见 M. Köhler, *Alliances and*

Treaties Between Frankish and Muslim Rulers in the Middle East: Cross-Cultural Diplomacy in the Period of the Crusades, trans. P. Holt, ed. K. Hirschler, The Muslim World in the Age of the Crusades (Leiden, 2013), 1–174。

46. *The Sea of Precious Virtues (Bahr al-Favā'id): A Medieval Mirror for Princes*, trans. J. S. Meisami (Salt Lake City, UT, 1991), 56.

47. König, *Arabic-Islamic Views of the Latin West*, 11.

48. *Constitutiones canonicorum regularium ordinis Arroasiensis*, ed. L. Milis and J. Becquet, Corpus Christianorum: Continuatio Mediaeualis 20 (Turnhout, Belgium, 1970), 213.

49. "Notitiae duae Lemovicenses de Praedicatione crucis in Aquitania," in *Recueil des historiens des croisades: Historiens occidentaux*, vol. 5 (Paris, 1895), 351.

50. S. R. Candby et al., *Court and Cosmos: The Great Age of the Seljuqs* (New York, 2016), 146.

51. A. J. Boas, *Domestic Settings: Sources on Domestic Architecture and Day-to-Day Activities in the Crusader States*, Medieval Mediterranean 84 (Leiden, 2010), 20–31.

52. N. Kenaan-Kedar, "Decorative Architectural Sculpture in Crusader Jerusalem: The Eastern, Western, and Armenian Sources of a Local Visual Culture," in *The Crusader World*, ed. A. Boas (Routledge, 2016), 609–623.

53. N. Hodgson, "Conflict and Cohabitation: Marriage and Diplomacy Between Latins and Cilician Armenians, c. 1097–1253," in *The Crusades and the Near East: Cultural Histories*, ed. C. Kostick (Abingdon, UK, 2011), 83–106.

54. UIM, 153–154.

55. R. Ellenblum, *Frankish Rural Settlement in the Latin Kingdom of Jerusalem* (Cambridge, 1998), 84.

56. P. Mitchell, "Intestinal Parasites in the Crusades: Evidence for Disease, Diet and Migration," in Boas, *The Crusader World*, 593–606.

57. Morton, *Encountering Islam*, 98–102.

58. Badr al-Din Mahmud (al-Ayni), "Genealogy and Tribal Division," in *The Turkic Peoples in Medieval Arabic Writings*, trans. Y. Frenkel, Routledge Studies in the History of Iran and Turkey (Abingdon, UK, 2015), 67.

59. *The Sea of Precious Virtues*, 57, 215.

60. Ibid., 57.

※ 第三章　一决胜负（1119 年）

1. H. E. Mayer, "The Succession to Baldwin II of Jerusalem: English Impact on the East," *Dumbarton Oaks Papers* 39 (1985): 139–147; A. Murray, "Baldwin II and His Nobles: Baronial Factionalism and Dissent in the Kingdom of Jerusalem, 1118–1134," *Nottingham Medieval Studies* 38 (1994): 60–85.

2. IAA(2), 1: 196.

3. KAD, 614.

4. 另见 T. Asbridge, *The Creation of the Principality of Antioch, 1098–1130* (Woodbridge, UK, 2000), 74。

5. KAD, 614–615.

6. 关于图格塔金的翔实介绍，见 T. El-Azhari, "Tughtigin (d. 1128)," in

The Crusades: An Encyclopaedia, ed. A. Murray (Santa Barbara, 2006), 4: 1204–1205。

7. 该地区的识字率有可能达到两位数——这在当时的世界非常罕见，远高于中世纪的欧洲。K. Hirschler, *Medieval Damascus: Plurality and Diversity in an Arabic Library. The Ashrafīya Library Catalogue*, Edinburgh Studies in Classical Islamic History and Culture (Edinburgh, 2016), 2.

8. IQ, 183–186.

9. IAA(2), 1: 16.

10. IQ, 49.

11. Ibid., 56–57; IAA(2), 1: 72–73, 80–81.

12. IAA(2), 1: 39–40.

13. Ibid., 1: 116.

14. AA, 535.

15. IAA(2), 1: 146, 164.

16. C. Hillenbrand, "The Career of Najm al-Dīn İl-Ghazi," *Der Islam* 58, no. 2 (1981): 254–259.

17. IAA(2), 1: 56.

18. Ibid., 1: 173.

19. Ibid., 1: 197.

20. C. Hillenbrand, *The Crusades: Islamic Perspectives* (Edinburgh, 2006), 104–108.

21. 见 al-Sulami, *The Book of the Jihad of 'Ali ibn Tahir al-Sulami (d. 1106): Text, Translation andCommentary*, ed. and trans. N. Christie (Aldershot, UK, 2015)。

22. WC, 161; GN, 165; Ibn al-Furat, *Ayyubids, Mamlukes and Crusaders:*

Selections from the Tārīkh al-Duwal wa'l-Mulūk, ed. and trans. U. Lyons and M. C. Lyons (Cambridge, 1971), 2: 45–46; C. Hillenbrand, "What's in a Name? Tughtegin— 'The Minister of the Antichrist' ?," in *Fortresses of the Intellect: Ismaili and Other Islamic Studies in Honour of Farhad Daftary*, ed. Omar Ali-de-Onzaga (London, 2011), 469–471.

23. AA, 771; WC, 163; WT, 1: 544.

24. S. R. Candby et al., *Court and Cosmos: The Great Age of the Seljuqs* (New York, 2016), 66, 70.

25. WC, 150; AA, 771; ASC, 99. Hillenbrand, "What's in a Name?," 467–469.

26. WC, 86, 90, 101, 134.

27. Ibid., 161.

28. AA, 837; FC, 204.

29. IAA(2), 1: 160.

30. AA, 837; ASC, 85.

31. Usama ibn Munqidh, *The Book of Contemplation: Islam and the Crusades*, Penguin Classics (London, 2008), 131.

32. Asbridge, *The Creation of the Principality of Antioch*, 165–166.

33. William of Malmesbury, *Gesta Regum Anglorum*, ed. and trans. R. A. B. Mynors, R. M. Thomson, and M. Winterbottom, vol. 1, Oxford Medieval Texts (Oxford, 1998), 695.

34. FC, 227.

35. WC, 111–113; AA, 841–843.

36. WC, 112–113.

37. 关于中世纪武将与敌开战的意愿，学界一直争论不断。关于这种话题的出发点，可参阅 J. Gillingham, "Richard I and the Science of War in the Middle Ages," in *Anglo-Norman Warfare*, ed. M. Strickland (Woodbridge, UK, 1992), 194–207; J. France, "The Crusades and Military History," in *Chemins d'Outre-Mer: Études d'histoire sur la Méditerranée medieval offertes à Michel Balard*, ed. D. Coulon et al. (Paris, 2004), 345–352; R. C. Smail, *Crusading Warfare: 1097–1193*, 2nd ed. (Cambridge, 1995), 138–139。

38. WC, 115.

39. R. Ellenblum, *Crusader Castles and Modern Histories* (Cambridge, 2007), 170–177.

40. C. Yovitchitch, "Bosra: Eine Zitadelle des Fürstentums Damaskus," in *Burgen und Städte der Kreuzzugszeit*, ed. M. Piana (Petersberg, Germany, 2008), 169–177.

41. D. M. Metcalf, "Six Unresolved Problems in the Monetary History of Antioch, 969–1268," in *East and West in the Medieval Eastern Mediterranean I: Antioch from the Byzantine Reconquest until the End of the Crusader Principality*, ed. K. Ciggaar and M. Metcalf (Leuven, Belgium, 2006), 285.

42. WT, 2: 514–515.

43. H. Kennedy, *Crusader Castles* (Cambridge, 1994), 84–96.

44. J. Phillips, *The Crusades: 1095–1204*, 2nd ed. (Abingdon, UK, 2014), 105.

45. Kennedy, *Crusader Castles*, 97.

46. WC, 115–118.

47. Ibid., 119–120.

48. ASC, 87.

49. IAA(2), 1: 204; IQ, 160; ME, 223; KAD, 616.

50. IAA(2), 1: 214–215.

51. KAD, 617.

52. Ibid., 617.

53. J. France, "Warfare in the Mediterranean Region in the Age of the Crusades, 1095–1291: A Clash of Contrasts," in *The Crusades and the Near East: Cultural Histories*, ed. C. Kostick (Abingdon, UK, 2011), 9–26.

54. Ibn Fadlan, *Ibn Fadlān and the Land of Darkness*, trans. P. Lunde and C. Stone, Penguin Classics (London, 2012), 20.

55. Translation of Abu' l-Hasan 'Ali al-Harawi's work, taken from N. Christie, *Muslims and Crusaders: Christianity's Wars in the Middle East, 1095–1382, from Islamic Sources* (Abingdon, UK, 2014), 147.

56. 相关讨论见 Candby et al., *Court and Cosmos*, 145; A. C. S. Peacock, *Early Seljūq History: A New Interpretation*, Routledge Studies in the History of Iran and Turkey (Abingdon, UK, 2010), 76。

57. IAA(2), 1: 204; IQ, 160; ME, 224.

58. WC, 128.

59. IAA(2), 2: 185.

60. UIM, 71.

61. J. France, *Western Warfare in the Age of the Crusades, 1000–1300* (Ithaca, NY, 1999), 26.

62. *Decrees of the Ecumenical Councils*, vol. 1, *Nicaea I–Lateran V*, ed. N. P. Tanner (London and Washington, 1990), 203.

63. WC, 128–129.

64. Ibid., 128.

65. Ibid., 127.

66. William of Malmesbury, *Gesta Regum Anglorum*, 1: 695.

67. OV, 6: 131.

68. WC, 132.

69. IQ, 160.

70. Bar Hebraeus, *The Chronography of Gregory Abû'l Faraj: The Son of Aaron, the Hebrew Physician Commonly Known as Bar Hebraeus*, trans. E. Wallis Budge (Oxford, 1932), 1: 249.

71. WC, 136; KAD, 620; IAA(2), 1: 205; WC, 151, n204. 关于安条克公国完整的领土沦丧的全面评估，可参阅 T. Asbridge, "The Significance and Causes of the Battle of the Field of Blood," *Journal of Medieval History* 23, no. 4 (1997): 303–304; Asbridge, *The Creation of the Principality of Antioch*, 80。

72. IQ, 161.

73. WC, 144.

74. KAD, 620; FC, 228.

75. WC, 150.

76. Ibid., 153–154. 耶路撒冷王国和安条克公国的军队在进入战场时都会带着大十字架作为己方的旗帜性象征物。耶路撒冷王国的十字架包含了第一次十字军东征后不久发现的耶稣受难真十字架的大部分，而安条克公国的十字架则包含了"真十字架"的一块碎片。

77. ME, 224.

78. 相关例子，见 ME, 224。

79. KAD, 621.

80. 见 WC, 156–171; KAD, 622; UIM, 131–132。

81. WC, 165.

82. IAA(2), 1: 204–205.

83. ME, 223.

84. Asbridge, *The Creation of the Principality of Antioch*, 80.

85. Ibid., 80–81.

86. 见 Asbridge, "The Significance and Causes of the Battle of the Field of Blood," 306。

87. J. Phillips, *Defenders of the Holy Land: Relations Between the Latin East and the West, 1119–1187* (Oxford, 1996), 14.

88. WC, 77–84.

89. Phillips, *Defenders of the Holy Land*, 14.

90. 关于这次会议的讨论, 见 B. Z. Kedar, "On the Earliest Laws of Frankish Jerusalem: The Canons of the Council of Nablus, 1120," Speculum 74, no.2 (1999): 310–335; M. E. Mayer, "The Concordat of Nablus," *Journal of Ecclesiastical History* 33, no.4 (1982): 531–543。

91. M. Barber, *The New Knighthood: A History of the Order of the Temple* (Cambridge, 1994), 9.

※ 第四章 血腥屠场（1120~1128 年）

1. The History of David King of Kings," in *Rewriting Caucasian History: The Medieval Armenian Adaptation of the Georgian Chronicles*, trans. R. W. Thomson (Oxford, 1996), 333; IQ, 164; ME, 226.

2. KAD, 627–629.

3. Ibid., 629.

4. Ibid., 630.

5. IAA(2), 1: 261, 231.

6. KAD, 632.

7. AA, 177–179.

8. IQ, 50–51.

9. IAA(2), 1: 76.

10. Ibid., 1: 93–94; ME, 215.

11. KAD, 631.

12. ASC, 90–91; FC, 237; IAA(2), 1: 232; ME, 228.

13. ME, 229; FC, 239–240; IQ, 167.

14. KAD, 636.

15. ASC, 92.

16. WT, 1: 540.

17. C. MacEvitt, *The Crusades and the Christian World of the East: Rough Tolerance* (Philadelphia, 2008).

18. 然而，正如 T. L. 安德鲁斯所指出的那样，法兰克人是自己民族语言中的救世主这一观念似乎随着时间的推移被逐渐淡化，至少对于重要的亚美尼亚史家埃德萨的马修来说是这样。T. L. Andrews, *Mattʻēos Ur·hayecʻi and His Chronicle: History as Apocalypse in a Crossroads of Cultures* (Leiden: Brill, 2017), 121–138.

19. 关于进一步的讨论，见 MacEvitt, *The Crusades and the Christian World of the East*。

20. ME, 230.

21. FC, 249.

22. ASC, 93; WT, 1: 544.

23. ASC, 93.

24. Ibid., 94.

25. IQ, 169–170; KAD, 640.

26. ASC, 94; FC, 262–263; KAD, 641–642.

27. ME, 232.

28. 翻译文本选自 C. Hillenbrand, *The Crusades: Islamic Perspectives* (Edinburgh, 2006), 110。

29. UIM, 132.

30. V. Klemm, *Memoirs of a Mission: The Ismaili Scholar, Statesman and Poet, Al-Mu'ayyad Fi'l-Din Al-Shirazi* (London, 2003), 82.

31. IAA(2), 1: 37–124.

32. Ibid., 1: 124.

33. Ibid., 1: 129.

34. Ibid., 1: 210–213.

35. WC, 150; KAD, 626–628.

36. IAA(2), 1: 242–244.

37. KAD, 644.

38. IAA(2), 1: 244.

39. KAD, 645.

40. Ibid., 647.

41. Ibid., 647–648.

42. IAA(2), 1: 254.

43. Ibid., 1: 129.

44. FC, 274.

45. ASC, 96.

46. ME, 234.

47. A. Murray, "Baldwin II and His Nobles: Baronial Factionalism and Dissent in the Kingdom of Jerusalem, 1118–1134," *Nottingham Medieval Studies* 38 (1994): 69–75.

48. ASC, 97.

49. Ibid., 97.

50. FC, 240–241.

51. J. Pryor, *Geography, Technology and War: Studies in the Maritime History of the Mediterranean*, 649–1571 (Cambridge, 1988), 114.

52. J. Pryor, "A View from the Masthead: The First Crusade from the Sea," *Crusades* 7 (2008): 102.

53. Guibert of Nogent, "Un épisode de la lutte entre Baudouin Ier et les habitants d'Ascalon," *in Guitberti Abbatis Sanctae Marie Novigenti: Historia quae inscribitur Dei gesta per Francos et cinq autres textes*, ed. R. B. C. Huygens, Corpus Christianorum Continuatio Mediaeualis 127A (Turnhout, Belgium, 1996), 255.

54. 关于这一次十字军东征的讨论，见 D. E. Queller and I. B. Katele, "Venice and the Conquest of the Latin Kingdom of Jerusalem," Studi Veneziani 12 (1986): 15–43; J. Riley-Smith, "The Venetian Crusade of 1122–1124," in *I Communi italiani nel regno crociato di Gerusalemme*, ed. G. Airaldi and B. Z. Kedar (Genoa, 1986), 337–350。

55. WT, 2: 10–11.

56. Ibid., 2: 14.

57. Ibid., 2: 16.

58. T. Asbridge, "How the Crusades Could Have Been Won: King Baldwin II of Jerusalem's Campaigns Against Aleppo (1124–5) and

Damascus (1129)," *Journal of Medieval Military History*, ed. C. J. Rogers and K. DeVries, 11 (2013): 73–93.

59. 这个故事及其翻译文本见 OV, 6:109–127; 引用的段落在 127。

60. William of Malmesbury, *Gesta Regum Anglorum*, ed. and trans. R. A. B. Mynors, R. M. Thomson, and M. Winterbottom, vol. 1, Oxford Medieval Texts (Oxford, 1998), 524; UIM, 124.

61. William of Newburgh, "The History of William of Newburgh," in *The Church Historians of England*, trans. Rev. J. Stevenson, vol. 4, part 1 (London, 1856), 535.

62. OV, 6: 135; WT, 1: 33.

63. ME, 237; ASC, 99.

64. UIM, 133.

65. KAD, 656.

66. 关于赞吉最权威且最新的一部传记，见 T. El- Azhari, *Zengi and the Muslim Response to the Crusades: The Politics of Jihad* (Abingdon, UK, 2016)。

67. Ibid., passim.

68. 事实上，安德鲁·巴克认为安条克公国在 1130 年达到了其最大的疆域，见 A. D. Buck, *The Principality of Antioch and Its Frontiers in the Twelfth Century* (Woodbridge, UK, 2017), 21。

※　第五章　余波未平（1128~1187 年）

1. ME, 231.

2. J. J. S. Weitenberg, "The Armenian Monasteries in the Black

Mountain," in *East and West in the Medieval Eastern Mediterranean I: Antioch from the Byzantine Reconquest until the End of the Crusader Principality*, ed. K. Ciggaar and M. Metcalf (Leuven, Belgium, 2006), 90.

　　3. S. K. Raphael, *Climate and Political Change: Environmental Disasters in the Medieval Levant* (Leiden, 2013), 32.

　　4. B. Major, *Medieval Rural Settlements in the Syrian Coastal Region (12th and 13th Centuries)*, Archaeolingua Central European Archaeological Heritage Series 9 (Oxford, 2015), 136; H. E. Mayer, *Varia Antiochena: Studien zum Kreuzfahrerfürstentum Antiochia im 12. und frühen 13. Jahrhundert* (Hannover, 1993), 164–165.

　　5. A. D. Buck, "The Castle and Lordship of Hārim and the Frankish-Muslim Frontier of Northern Syria in the Twelfth Century," *Al-Masāq: Journal of the Medieval Mediterranean* 28, no. 2 (2016): 113–131.

　　6. Major, *Medieval Rural Settlements in the Syrian Coastal Region*.

　　7. 见 D. Jacoby, "Frankish Beirut: A Minor Economic Centre," in *Crusader Landscapes in the Medieval Levant: The Archaeology and History of the Latin East*, ed. M. Sinibaldi, K. J. Lewis, B. Major, and J. A. Thompson (Cardiff, 2016), 263–276。

　　8. 关于对法兰克人农村定居点的重要研究，见 R. Ellenblum, *Frankish Rural Settlement in the Latin Kingdom of Jerusalem* (Cambridge, 1998). A. J. Boas, "Domestic Life in the Latin East," in *The Crusader World*, ed. A. J. Boas (London, 2016), 553–554。

　　9. A. Boas, *Domestic Settings: Sources on Domestic Architecture and Day-to-Day Activities in the Crusader States*, Medieval Mediterranean 84 (Leiden, 2010), 136.

10. 可参见 Ellenblum, *Frankish Rural Settlement in the Latin Kingdom of Jerusalem*, 283, 这部作品为"鸟瞰"耶路撒冷王国的描述提供了基础性内容。

11. *The Travels of Ibn Jubayr: A Mediaeval Spanish Muslim Visits Makkah, Madinah, Egypt, Cities of the Middle East and Sicily*, trans. R. Broadhurst (London, 1952), 316–317.

12. Boas, *Domestic Settings*, 217–218 and passim; Boas, "Domestic Life in the Latin East," 545.

13. B. Z. Kedar, "The Subjected Muslims of the Frankish Levant," in *The Crusades: The Essential Readings*, ed. T. Madden (Malden, MA, 2002), 233–264.

14. E. Yehuda, "Frankish Street Settlements and the Status of Their Inhabitants in the Society of the Latin Kingdom of Jerusalem," unpublished paper.

15. A. J. Boas, *Jerusalem in the Time of the Crusades* (Abingdon, UK, 2001).

16. D. Pringle, *The Churches of the Crusader Kingdom of Jerusalem: A Corpus, vol. 3, The City of Jerusalem* (Cambridge, 2007), 397–434; Boas, "Domestic Life in the Latin East," 561–562.

17. A. D. Buck, *The Principality of Antioch and Its Frontiers in the Twelfth Century* (Woodbridge, UK, 2017), 36.

18. T. El-Azhari, *Zengi and the Muslim Response to the Crusades: The Politics of Jihad* (Abingdon, UK, 2016), passim.

19. IQ, 271.

20. El-Azhari, *Zengi and the Muslim Response to the Crusades*, 137–143.

21. 相关讨论见 D. Talmon-Heller, *Islamic Piety in Medieval Syria: Mosques,*

Cemeteries, and Sermons under the Zangids and Ayyūbids (1146–1260) (Boston, 2007); N. Christie, *Muslims and Crusaders: Christianity's Wars in the Middle East, 1095–1382, from the Islamic Sources* (Abingdon, UK, 2014), 36–41; El-Azhari, *Zengi and the Muslim Response to the Crusades*, 137–141。

22. C. Hillenbrand, *The Crusades: Islamic Perspectives* (Edinburgh, 2006), 151–152.

23. 相关讨论见 J. Phillips, *The Second Crusade: Extending the Frontiers of Christendom* (New Haven, 2007)。

24. IQ, 318–319.

25. WT, 2: 230–234.

26. Buck, "The Castle and Lordship of Ḥ ā rim," 113–131.

27. IAA(2), 1: 141; WT, 2: 306.

28. 关于军事修会的介绍，见 N. Morton, *The Medieval Military Orders* (Abingdon, UK, 2014)。

29. 记载耶路撒冷国王阿马尔里克与努尔丁争夺埃及的战争的主要史料是 IAA(2), 1: 138–184; WT, 2: 302–369。

30. B. A. Catlos, *Infidel Kings and Unholy Warriors: Faith, Power and Violence in the Age of Crusade and Jihad* (New York, 2014), 234–235.

31. WT, 2: 350–358.

32. H. Nicholson, *The Knights Templar: A New History* (Stroud, UK, 2005), 69–70; WT, 2: 350; IAA(2), 2: 172; WT, 2: 348.

33. IAA(2), 2: 198–199, 221.

34. M. C. Lyons and D. E. P. Jackson, *Saladin: The Politics of the Holy War* (Cambridge, 2001), 75.

35. 关于萨拉丁早期崛起并掌权的精彩记述，见 ibid。

36. 引文来自 Lyons and Jackson, *Saladin*, 199。

37. 相关事例可见 P. Lock, *The Routledge Companion to the Crusades* (Abingdon, UK, 2006), 250。

38. 关于这一话题的近期或有影响力的观点的选摘，见 Christie, *Muslims and Crusaders*, 48–52; Lyons and Jackson, *Saladin*, passim; J. Phillips, *Holy Warriors: A Modern History of the Crusades* (London,2009), 165; T. Asbridge, *The Crusades: The Authoritative History of the War for the Holy Land* (New York, 2010), 335–336; Hillenbrand, *The Crusades*, 175–195。

39. "The Old French Continuation of William of Tyre, 1184–1197," in *The Conquest of Jerusalem and the Third Crusade: Sources in Translation*, ed. and trans. P. Edbury, Crusade Texts in Translation 1 (Aldershot, UK, 1998), 36–38.

40. WT, 2: 471–501.

41. 这些估测都是粗略地基于马丁·霍克提供的数字: "Hattin, Battle of," in *The Crusades: An Encyclopedia*, ed. A. Murray (Santa Barbara, 2006), 2: 559。

42. 关于哈丁战役的更多细节描述，见 B. Z. Kedar, "The Battle of Hattin Revisited," in *The Horns of Hattin*, ed. B. Z. Kedar (Jerusalem, 1992), 190–207。有关年代更近的此项研究，见 J. France, *Great Battles: Hattin* (Oxford, 2015)。

43. In some cases the attack destroyed the former relationship established between the Franks and the urban population; in other cases the relationship had already collapsed a short time before. 在某些情况下，这种进攻破坏了法兰克人在之前与城市居民建立的友好关系；在其他一些情况下，这种关系在进攻不久之前就已经破裂了。

44. WT, 2: 227.

延伸阅读

关于十字军国家和中世纪近东的伊斯兰世界，有许多非常有益的著作。在下文中，我提供了一些最有价值、最有影响力的参考资料。之所以选择这些文本，是因为它们代表了一些最新的、最全面的基于考古学和文字资料的综述。我还提供了许多写于中世纪时期的主要原始资料的参考文献，这些资料提供了对十字军东征时期流传的思想和观点的深入见解。

总体介绍

Asbridge, T. *The Crusades: The Authoritative History of the War for the Holy Land.* New York, 2010.

Jotischky, A. *Crusading and the Crusader States.* 2nd ed. Abingdon, UK, 2017.

Phillips, J. *Holy Warriors: A Modern History of the Crusades.* London, 2009.

Riley-Smith, J. *The Crusades: A History.* 3rd ed. London, 2014.

Tyerman, C. *God's War: A New History of the Crusades.* London, 2006.

叙利亚北部与十字军国家

Asbridge, T. *The Creation of the Principality of Antioch, 1098–1130.* Woodbridge, UK, 2000.

Barber, M. *The Crusader States.* New Haven, CT, 2012.

Köhler, M. A. *Alliances and Treaties Between Frankish and Muslim Rulers in the Middle East: Cross-Cultural Diplomacy in the Period of the Crusades.* Translated by P. M. Holt. Edited by K. Hirschler. Leiden, 2013.

MacEvitt, C. *The Crusades and the Christian World of the East: Rough Tolerance.* Philadelphia, 2008.

Phillips, J. *Defenders of the Holy Land: Relations Between the Latin East and the West, 1119–1187.* Oxford, 1996.

———. *The Second Crusade: Extending the Frontiers of Christendom.* New Haven, CT, 2007.

塞尔柱人、法蒂玛王朝和十字军时代的伊斯兰世界

Azhari, T. el-. *Zengi and the Muslim Response to the Crusades: The Politics of Jihad.* Abingdon, UK, 2016.

Christie, N. *Muslims and Crusaders: Christianity's Wars in the Middle East, 1095–1382, from the Islamic Sources.* Abingdon, UK, 2014.

Hillenbrand, C. *The Crusades: Islamic Perspectives.* Edinburgh, 2006.

Mallet, A., ed. *Medieval Muslim Historians and the Franks in the Levant.* The Muslim World in the Age of the Crusades 2. Leiden, 2014.

Mecit, S. *The Rum Seljuqs: Evolution of a Dynasty.* Routledge Studies in the History of Iran and Turkey. Abingdon, UK, 2014.

Peacock, A. C. S. *The Great Seljuk Empire.* Edinburgh History of the Islamic Empires. Edinburgh, 2015.

对十字军国家的考古研究

Boas, A. J. *Crusader Archaeology: The Material Culture of the Latin East.* 2nd ed. Abingdon, UK, 2017.

———. *Domestic Settings: Sources on Domestic Architecture and Day-to-Day Activities in the Crusader States.* Medieval Mediterranean 84. Leiden, 2010.

Ellenblum, R. *Frankish Rural Settlement in the Latin Kingdom of Jerusalem.* Cambridge, UK, 2002.

Major, B., *Medieval Rural Settlements in the Syrian Coastal Region (12th and 13th Centuries).* Archaeolingua Central European Archaeological Heritage Series 9. Oxford, 2015.

关于十字军国家及其邻国的史料翻译

Albert of Aachen. *Historia Ierosolimitana: History of the Journey to Jerusalem.* Edited and translated by S. B. Edgington. Oxford Medieval Texts. Oxford, 2007.

al-Sulami. *The Book of the Jihad of 'Ali ibn Tahir al-Sulami (d. 1106): Text, Translation and Commentary*. Translated by N. Christie. Farnham, UK, 2015.

Anna Comnena. *The Alexiad*. Translated by E. R. A. Sewter. With an introduction by P. Frankopan. London, 2009.

Anonymous. "Syriac chronicle." Translated by A. Tritton. *Journal of the Royal Asiatic Society* 65 (1933): 69–101.

Caffaro. *Caffaro, Genoa and the Twelfth Century Crusades*. Translated by M. Hall and J. Phillips. Crusade Texts in Translation 16. Farnham, UK, 2013.

Fulcher of Chartres. *A History of the Expedition to Jerusalem, 1095–1127*. Translated by F. R. Ryan. New York, 1969.

Ibn al-Athir. *The Chronicle of Ibn al-Athir for the Crusading Period from al-Kamil fi'l-Ta'rikh*. Translated by D. S. Richards. 3 vols. Crusade Texts in Translation 13, 15, and 17. Aldershot, UK, 2006–2008.

Ibn al-Qalanisi. *The Damascus Chronicle of the Crusades*. Translated by H. A. R. Gibb. New York, 2002.

Letters from the East: Crusaders, Pilgrims, and Settlers in the 12th–13th Centuries. Translated by M. Barber and K. Bate. Crusade Texts in Translation 18. Aldershot, UK, 2010.

Matthew of Edessa. *Armenia and the Crusades: Tenth to Twelfth Centuries. The Chronicle of Matthew of Edessa*. Translated by A. E. Dostourian. New York, 1993.

Niketas Choniatēs. *O City of Byzantium: Annals of Niketas Choniatēs*. Translated by H. J. Magoulias. Byzantine Texts in Translation. Detroit, 1984.

Odo of Deuil. *De profectione Ludovici VII in orientem: The Journey of Louis VII to the East*. Edited and translated by V. G. Berry. Columbia Records of Civilization. New York, 1948.

Orderic Vitalis. *The Ecclesiastical History of Orderic Vitalis*. Edited and translated by M. Chibnall. Vol. 6. Oxford Medieval Texts. Oxford, 1978.

Revised Regesta Regni Hierosolymitani. http://crusades-regesta.com/. This website contains a searchable database of legal documents and letters concerning the Crusader States from 1098 to 1291. Summaries of each document are provided in English.

Usama ibn Munqidh. *The Book of Contemplation: Islam and the Crusades*. Penguin Classics. London, 2008.

Walter the Chancellor. *The Antiochene Wars: A Translation and Commentary*. Translated by T. S. Asbridge and S. B. Edgington. Crusade Texts in Translation 4. Aldershot, UK, 1999.

William of Tyre. *A History of Deeds Done Beyond the Sea*. Translated by E. A. Babcock and A. C. Krey. 2 vols. New York, 1943.

索 引

图书在版编目（CIP）数据

血色战场：阿勒颇争夺战与中世纪中东／（英）尼
古拉斯·莫顿（Nicholas Morton）著；谭琦译.--北
京：社会科学文献出版社，2024.6
书名原文：The Field of Blood：The Battle for
Aleppo and the Remaking of the Medieval Middle
East
ISBN 978-7-5228-3534-1

Ⅰ.①血… Ⅱ.①尼… ②谭… Ⅲ.①十字军东侵-
史料 Ⅳ.①K560.6

中国国家版本馆 CIP 数据核字（2024）第 080076 号

地图审图号：GS（2023）4671 号（书中地图系原文插图）

血色战场
——阿勒颇争夺战与中世纪中东

著　　者／〔英〕尼古拉斯·莫顿（Nicholas Morton）
译　　者／谭　琦

出 版 人／冀祥德
组稿编辑／董风云
责任编辑／李　洋
责任印制／王京美

出　　版／社会科学文献出版社·甲骨文工作室（分社）（010）59366527
　　　　　　地址：北京市北三环中路甲 29 号院华龙大厦　邮编：100029
　　　　　　网址：www.ssap.com.cn
发　　行／社会科学文献出版社（010）59367028
印　　装／三河市东方印刷有限公司

规　　格／开本：889mm×1194mm　1/32
　　　　　　印张：8.875　插页：0.375　字数：192 千字
版　　次／2024 年 6 月第 1 版　2024 年 6 月第 1 次印刷
书　　号／ISBN 978-7-5228-3534-1
著作权合同
登 记 号／图字 01-2017-7147 号
定　　价／69.00 元

读者服务电话：4008918866